〔改变命运的高效说话技巧〕
〔丰富实用的口才训练读本〕

口才三绝

会赞美　会幽默　会拒绝

Koucai Sanjue
Hui Zanmei Hui Youmo Hui Jujue

| 盛安之 ◎ 著 |

3堂课**25**个步骤**90**种方法
帮你成为**社交高手**，想认识谁就认识谁

帮助迷茫的年轻人开启"能力"模式，当众讲话不畏惧

立信会计出版社
LIXIN ACCOUNTING PUBLISHING HOUSE

图书在版编目（CIP）数据

口才三绝：会赞美　会幽默　会拒绝/盛安之著. -- 上海：立信会计出版社，2015.6（2020.12重印）

（去梯言）

ISBN 978-7-5429-4515-0

Ⅰ.①口… Ⅱ.①盛… Ⅲ.①口才学－通俗读物 Ⅳ.①H019-49

中国版本图书馆CIP数据核字（2015）第055754号

策划编辑	蔡伟莉
责任编辑	陈　昕
封面设计	久品轩

口才三绝：会赞美　会幽默　会拒绝

出版发行	立信会计出版社		
地　　址	上海市中山西路2230号	邮政编码	200235
电　　话	（021）64411389	传　真	（021）64411325
网　　址	www.lixinaph.com	电子邮箱	lxaph@sh163.net
网上书店	www.shlx.net	电　话	（021）64411071
经　　销	各地新华书店		

印　　刷	北京柯蓝博泰印务有限公司		
开　　本	720毫米×1000毫米	1/16	
印　　张	16	插　页	1
字　　数	207千字		
版　　次	2015年6月第1版		
印　　次	2020年12月第11次		
书　　号	ISBN 978-7-5429-4515-0/H		
定　　价	36.00元		

如有印订差错，请与本社联系调换

PREFACE

前 言

在生活中，我们靠说话维系亲情、建立友情、追求爱情，生活因此变得丰富精彩，人生也由此而更加回味无穷；在事业上，我们用说话强化和维护各种关系，扩大自己的工作领域，提升自己的工作能力和办事效率，使工作变得轻松愉快，且有广阔的发展空间；在个人成长中，我们凭说话获取知识、增加个人魅力，不断壮大自己，不断追寻或提升自己的人生目标，塑造个体的理想形象。所以说，有一个好口才，是人生最受用的资本。

一、好口才是你一生受益的无形财富

在当今这个高速发展的信息时代，传播手段日益现代化，社会竞争日趋激烈，人与人之间联系和交往越来越密切，在社会生活的各个领域，说话越来越起着举足轻重的作用。一个人的说话能力，常常被当做考察这个人综合能力的重要指标，一个人发展的成功与否也往往由他的说话能力所决定。所以，能说会道、能言善辩、口才卓越的人越来越显示出一种独特的优势。

不同的语言，会产生不同的效果。不同的口才能力，可能说决定了一个人在社交场上的影响力、个人魅力程度以及气场的大小。甚至可以

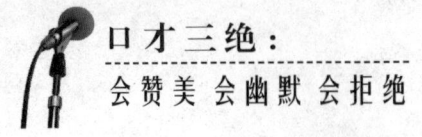

说，良好的口才能够影响或者改变人的命运。因此，有位口才专家曾经大胆断言道："语言是人生命运的纽带。"

而在众多的语言形式中，与我们生活交际最密切相关的有三种，即赞美话、幽默话和拒绝话。

二、口才三绝：会赞美、会幽默、会拒绝

在所有的语言中，最受欢迎的莫过于赞美话。人人都喜欢被赞美，无论是大人还是孩子，被他人夸奖和赞赏总能令心情愉悦、信心倍增。这就是赞美的力量。

说赞美话看似容易，但我们在生活中也听过不少来自别人的赞美而不以为然，其实，说好赞美话是要讲究一些艺术和方法的。赞美话说得过多、过滥、毫无特色或者人云亦云，都不能引起别人足够的兴趣，甚至会引来反感和不快。如何用一句不同凡响的赞美来赢得别人的芳心？这其中的奥妙是趣味无穷的。

可以说，想在瞬间获得他人的好感和喜欢，想用最简单的方法提升语言水平，想在社交场合中成为最受欢迎的人，只需一句幽默足矣。西方有位哲人也说过："世间有一种成就可以使人很快完成伟业，并获得世人的认可，那就是说话令人喜悦的能力。"幽默话正巧做到了这一点。有关幽默的含义和魅力，我们早已领教和体会过了。基本上，天下无人不爱幽默，没有人会拒绝一个有幽默感的人。这就是幽默的强大魅力。

而如何让自己出口即幽默，在给别人带来快乐的同时，增加自己的社交魅力呢？这就需要幽默的技巧。

赞美话和幽默话给人带来喜悦和快乐，与之相比，拒绝话看似不受欢迎。但是，与人交往，说话办事，处处都离不了拒绝话。生活中最常用的拒绝话就是一个字："不"。"不"字听上去简单，说出口却不容易。为何说"不"这么难？为什么我们都害怕拒绝别人和被拒绝？"不"字如何说出口，才不会让别人受伤害，且让自己不纠结？看来，

前 言

一个"不"字关乎人际沟通过程的成败，影响着你与朋友间关系的亲疏。

说好"不"字不容易，但也有方法可循。如果我们掌握了有效的拒绝之道，就会发现，原来说"不"与说"是"一样重要。

三、说好生活中最需要的话才是关键

生活交际中说得最多的话、听得最多的话、用得最多的话，就是赞美话、幽默话和拒绝话。本书是一本生活中必备的口才书。通过赞美话、幽默话、拒绝话阐述日常交际中口才的意义和重要性，用浅显易懂的文字和贴近生活的小故事列举了语言的运用方法和艺术特色，让我们在感受语言的高超智慧的同时提升自己的交际能力和说话水平。书中没有过多的对语言和口才知识的赘述，只是用最简单、最实用的办法告诉我们，如何说出让人爱听的话，如何说出让人开心的话，如何说出拒绝却不伤人的话。

要说好话，说让别人爱听、真正表达自己并帮助自己的话并不是一件简单的事，在生活中，我们与人交往聊天，或去办理某事，因说话的分寸、时机、言辞等，掌控得稍有不当，便会出现不必要的麻烦，不仅使自己蒙受损失，也给别人造成困扰，这种事，我们每个人或多或少都有所体会，只是程度不同而已。而要摆脱这种困扰，唯一的途径就是进行有效的口才学习和语言训练。希望本书帮助每一位读者做到语言上的突破，顺利攻克说话的障碍，达到理想的说话境地，使日常交际畅通无阻，人情友谊根深蒂固，事业生活贵人相助。

CONTENTS

目 录

Part1　全民点赞时代，你的赞美价值百万

一切从赞美开始 / 3
赞美的四种基本方式 / 5
喜欢被赞美是人性的弱点 / 7
赞美是一种正能量 / 9
学会赞美，定会马到成功 / 12
赞美他人，照亮自己 / 14

Part2　每句话都有力量，赞美改变一切

不要吝啬你的赞美 / 17
不同的人用不同的赞美方式 / 18
赞美话要因人而异 / 19
赞美要了解对方的心理需求 / 22
不要将真诚的赞美视为奉承 / 23
欣赏比自己更成功的人 / 25
吃不到葡萄，葡萄仍然甜 / 27

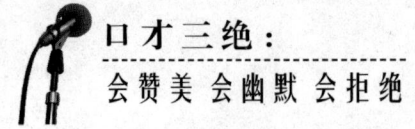

由衷的赞美来自于宽容的心 / 28
为别人喝彩 / 30
给对手一个赞美 / 31
对待异性这样赞美 / 33
做到赞赏不逾时 / 36

Part3 这样夸，让你的赞美与众不同

捧要捧出新意 / 37
赞美越具体越好 / 38
细微处赞美，润物细无声 / 40
多在背后赞美他人 / 41
欣赏别人的缺点 / 44
多谈对方的得意之事 / 45
借"第三人"的角色来赞美 / 47
朴实的赞美话更能打动人心 / 48
夸人减龄，遇货添钱 / 49
准确赞美让人觉得特殊而真诚 / 50
赞美对方最看重的东西 / 52
赞美对方身上新发现的优点 / 53
赞美你希望对方做的一切 / 54
赞美对方最得意的事情 / 55

Part4 幽默无敌：没有比这么说更让人感到开心了

幽默的乐趣 / 59
无处不在的幽默 / 62

目录

幽默的四大类型 / 63

幽默的五大作用 / 66

理儿不歪，幽默不来 / 70

学会用幽默来苦中作乐 / 72

百无禁忌非幽默 / 73

Part5　说得好不如说得妙，社交中的幽默口才

幽默的社交魅力 / 75

幽默是一种神奇的沟通力 / 77

幽默使你游刃于社交场 / 78

幽默让你轻松面对人际关系 / 80

以幽默获得他人的同情和谅解 / 82

幽默的寒暄能够拉近心理距离 / 84

Part6　一句幽默抵万金，幽默的语言艺术

幽默是智慧的产物 / 87

幽默蕴含着机变的灵感 / 89

幽默为你的言谈添增光彩 / 90

幽默的至高境界 / 92

幽默是最别致的心理疗法 / 94

幽默是机智和才能的最佳组合 / 95

Part7　说错话不尴尬：出奇制胜的幽默解围术

用幽默化解人际交往的尴尬困境 / 99

幽默是家庭的"减震器" / 100

以幽默应付意外 / 102

幽默是诙谐的激辩 / 103

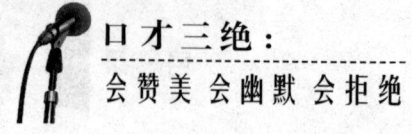

Part8　让你大开眼界的幽默十八法

滑稽比喻幽默法 / 105

荒谬话语幽默法 / 106

偷梁换柱幽默法 / 109

机械模仿幽默法 / 110

强词夺理幽默法 / 112

张冠李戴幽默法 / 114

婉言曲说幽默法 / 116

颠倒错位幽默法 / 118

位移真义幽默法 / 119

借助外力幽默法 / 121

设置悬念幽默法 / 121

设歧引疑幽默法 / 123

含沙射影幽默法 / 124

巧借话题幽默法 / 124

讳言婉语幽默法 / 125

类比幽默法 / 126

一语双关幽默法 / 129

正反对比幽默法 / 130

Part9　生活中的细节让幽默无处不在

职场幽默技巧：如何做一个办公室里的开心果 / 132

婚恋幽默技巧：让爱情因幽默感而升温 / 133

家庭幽默技巧：营造一个笑声满满的家庭氛围 / 134

演讲幽默技巧：语不逗人誓不休 / 137

谈判幽默技巧：化干戈为玉帛的"魔法棒" / 140

会拒绝

Part10　你可以说"不"——"不"与"是"都重要

　　允许自己说"不" / 145
　　"不"是必要的拒绝 / 147
　　说"不"是有主见的表现 / 149
　　积极的"不"帮你赢得"是" / 151
　　过度说"是"是对自己的不负责 / 153
　　在无谓的时间消耗中敢于拒绝 / 155

Part11　为何拒绝很难——说"不"与说"是"的心理影响

　　"爱面子"让你不敢说"不" / 158
　　"酒肉朋友"缺少说"不"的勇气 / 160
　　被拒创伤是导致人们不敢说"不"的重要原因 / 162
　　迷信权威的人多半难以说"不" / 164
　　想讨好并取悦他人的心理让"不"在心口难开 / 166
　　在时机还未成熟时往往不敢说"不" / 169
　　当对方希望你说"是"时,你能说"不"吗 / 171
　　想说"不"先克服说"是"的反射性习惯 / 173

Part12　坚决拒绝的七大场合,你的人生你做主

　　面对知心的朋友,该说"不"时要说"不" / 176
　　面对分外之事,该说"不"时要说"不" / 179
　　面对诱惑,该说"不"时要说"不" / 180
　　面对"情网",该说"不"时要说"不" / 182
　　面对虚荣,该说"不"时要说"不" / 183
　　面对选择,该说"不"时要说"不" / 186

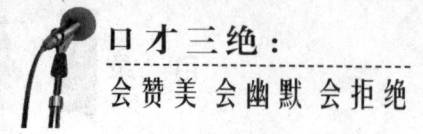

在底线和原则面前，该说"不"时要说"不" / 188

Part13　肢体语言密码中NO的含义

用态度传达拒绝信号 / 190
将拒绝的态度进行到底 / 192
用肢体语言作出拒绝的姿势 / 198
体态不佳的举止就是否定 / 200
中断微笑使对方不安 / 201
想拒绝时，不要碰触对方递过来的物品 / 202
想拒绝时，不妨背着窗户就座 / 203
从对方背后更容易拒绝 / 204
置身于对方触手可及的范围之外表示拒绝 / 206
说"不"时，关系亲近者在远处，不亲近者在近处 / 208

Part14　大声拒绝，让你不失人缘的N种拒绝方法

彬彬有礼地说"不"，而不是公然对抗 / 211
运用"破唱片"技巧，重复说"不" / 213
反复说"真伤脑筋""该如何是好呢" / 217
利用俗语直截了当地拒绝 / 218
运用含糊回避法传达"不" / 220
恰当自嘲，化解掉被他人拒绝的尴尬 / 224
故意转移话题，从侧面说出"不" / 227
要拒绝时，对无关的话语也不说"是" / 232
夸大的"是"就是表达"不" / 234
想拒绝时，最好不要提对方的名字 / 235
多余的敬语，会拉大双方的心理距离 / 237
运用巧问反诘法间接地传达"不" / 239

会赞美

　　在与他人交往的过程中，只是从内心里觉得别人好，或者在眼里判断一个人是美女或帅哥，而从未把这种好的或美的感受说出来，传达给对方，是不够的。所以，大声地说出你的赞美，让对方的亮点通过话语来见证，是最令人开心和骄傲的事。

Part1　全民点赞时代，
你的赞美价值百万

一切从赞美开始

卡耐基曾说过："当我们想改变别人时，为什么不用赞美来代替责备呢？虽然部属只有一点点进步，我们也应该赞美他。因为，那才能激励别人不断地改进自己。"

美国历史上第一个年薪过百万的管理人员叫史考伯，他是美国钢铁公司总经理。记者曾问他："你的老板为什么愿意1年付你超过100万美元的薪金，你到底有什么本事？"史考伯回答："我对钢铁懂得并不多，我的最大本事是我能使员工鼓舞起来。而鼓舞员工的最好方法，就是表现出真诚的赞赏和鼓励。"说穿了，史考伯就是凭他会赞美人，而年薪超过100万美元的。赞美是说话的艺术，合乎人性的法则。适当得体地赞美，会使他人感到开心、快乐。

首先，赞美给人以信心。

多年前，一个伦敦的孩子离开学校，在一家布店当店员，早上5点钟他就要起床，打扫全店，每天干十几个小时的工作，那简直是苦工、奴隶。两年后，男孩再也不愿忍受了，一天早晨起床后，男孩连早餐都没吃，跑了13里路，去找他在别人家里当管家的妈妈商量。他一边哭泣，一边发狂地向妈妈请求不再做那份工作了，他发誓，如果再留在那家店

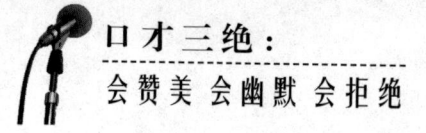

里，他就要自杀。而后，他又给老校长写了一封言辞悲惨的信，说明他心已破碎，不愿再继续这样生活。他的老校长看信后，给了他一点赞美，诚恳地对他讲，他实在是很聪明，应该适合更好的工作，并给他一个教员的位置。自此，那个赞美改变了那个孩子的未来，在英国文学史上，他曾创作了76本书，留下了永久的形象。他的名字就是韦尔斯。

在称赞最微小进步的同时，要称赞每一个进步，并要"诚于嘉许宽于称道"。

其次，赞美使人获得成功。

有一个女孩，5岁就开始登台演唱。她有着优美的歌声，她的天才从一开始就显现无疑。长大后，她的家人请了一个很有名的声乐老师来训练她，不论何时，只要这女孩一想到放弃或节奏稍微不对，老师都会很细心地指正。经过一段时间后，她嫁给了他。婚后他还是她的老师，但是她的朋友们发现她那优美自然的歌声已有了变化，声带拉紧、硬邦邦的，不再像以前那样动听。渐渐地，邀请她去演唱的机会越来越少。最后，几乎没有人邀请她了。而这时，她的丈夫——也是她的老师去世了。

此后几年，她很少演唱，她的才能似乎枯竭了，直到有一位推销员追求她。每当她哼着小调或一个乐曲旋律时，他都会惊叹歌声的美妙。"再唱一首，亲爱的，你有全世界最美的歌喉。"他总是这样说。事实上，他并不知道她唱得好不好，但是他确实非常喜欢她的歌声，所以他一直对她大加赞扬。她的自信心开始恢复了，她又开始前往世界各地演唱。后来，她嫁给了这位"良好的发现者"，又重新开始了成功的歌唱生涯。

再次，赞美能遂己心愿。

有一位美国的老妇人向史蒂夫·哈维推销保险。她带来了哈维主编的杂志《希尔的黄金定律》的全年版，滔滔不绝地向他谈她读杂志的感受，赞誉他"所从事的，是当今世界上任何人都比不上的最美好的工

作"。她的迷人的谈话将主编迷惑了75分钟,直到访问的最后5分钟,她才巧妙地介绍自己所推销的保险的好处。就这样,老妇人成交了指定购买的保险金额5倍的保险业务。

赞美的四种基本方式

赞美是欣赏,是感谢,给人的喜悦是无可比拟的。怎样赞美他人呢?常见的有以下4种方式。

1.直接式赞美

赞美他人最常见的方式就是直接赞美。特别是上级对下级、老师对学生、长辈对晚辈。它的特点是及时、直接。

被誉为"近代物理学之父"的爱因斯坦平日酷爱音乐,喜欢弹钢琴,擅长拉小提琴。有一年,他应邀去比利时访问,比利时国王和王后都是他的朋友。王后也是一个音乐迷,会拉小提琴。他和王后在一起合奏弦乐四重奏,合作得非常成功。爱因斯坦对王后说:"您奏得太好了!说真的,您完全可以不要王后这个职业。"听了爱因斯坦的赞美,王后为此很是兴奋了一阵。

2.间接式赞美

在日常生活中,如果我们想赞美一个人,不便对他当面说出或没有机会向他说出时,可以在他的朋友或同事面前,适时地赞美一番。这样收到的效果会更好。

美国南北战争开始时,北方联军连吃败仗。后来林肯总统大胆启用了一位将军——格兰特。他出身平民,衣着不整,言语粗俗,行为莽撞,有人还说他是个酒鬼。但林肯心里明白,所有对格兰特的传言都是夸大其辞……后来,竟然有人要求林肯撤掉格兰特的军职,理由是说他喝酒太多。林肯则不以为然，他赞扬格兰特说："格兰特总是打胜仗，要是我知道他喝的是哪种酒，我一定要把那种酒送给别的将军喝。"格兰特没有辜负林肯的信任，为结束南北战争立下了赫赫战功，证明自己的确是一位能力卓越的将军。后来，他成为了美国第十八任总统。

3.激情式赞美

朋友之间需要赞美，同事之间需要赞美，恋人之间更需要赞美。赞美既是获取爱情的催熟剂，又是缓和矛盾的润滑剂，还是保持感情的稳定剂。正如拿破仑对他的爱人约瑟芬所说："从来没有哪个女人像你这样受到如此忠贞、如此火热、如此情意缠绵的爱！"对他的女神，拿破仑总是不吝啬赞美。

情人眼里出西施，在拿破仑眼中，他的妻子约瑟芬是天下最有魅力的女人。他用尽了一切华美的、无与伦比的词语去赞美她。拿破仑在行军中给约瑟芬写信说："我从没想到过任何别的女人，在我看来，她们都没有风度，不美，不机敏！你，只有你能够吸引我，你占有了我整个心灵。"他有一次甚至在约瑟芬耳边以哀求的语气说："啊！我祈求你，让我看看你的缺点；请不要那么漂亮、那么优雅、那么温柔和那么善良吧；尤其是再不要哭泣；你的泪水卷走了我的理智，点燃了我的血液。"

对于心爱的人，拿破仑无法掩饰自己的赞美之情，这种激情式赞美使约瑟芬十分的受用和满足。

4.意外式赞美

出乎意料地赞美，会令人惊喜。丈夫工作一天后回家，见妻子已摆好了饭菜，称赞妻子几句；老师见学生把教室打扫得干干净净，夸奖一番。打扫卫生在学生看来是应该的，却得到老师的赞美，其心情是无比愉悦的。

有时，赞美的内容出乎对方意料，也会引起对方的好感。卡耐基在

Part1　全民点赞时代，你的赞美价值百万

《人性的弱点》中写了一个他曾经历过的故事：一天，他去邮局寄挂号信，办事员服务质量很差，很不耐烦。当卡耐基把信件递给她称重时，他说："真希望我也有你这样美丽的头发。"闻听此言，办事员惊讶地看看卡耐基，接着脸上露出微笑，服务变得热情多了。

喜欢被赞美是人性的弱点

　　与人交往，要给别人留下好印象，先从赞美别人开始。人人都爱听赞美之言，因此，会说赞美话在社交中是理所应当的。

　　学会赞美别人，首先要发掘对方比较优越的地方。尤其是请求对方办事时，必须会说赞美话。话说得好听，说得到位，对方就容易接受你的观点。因为每个人需要从别人的评价中，了解自己的成就以及在别人心中的地位。当受到称赞时，他的自尊心会得到极大的满足，并对称赞者产生好感。

　　小胡工作3年多了，每次单位里遇到升职加薪的好事，总少不了他。其他同事都非常羡慕他，觉得他运气好，好事都落到他的头上。其实小胡的条件并不比他的同事好，论学历，他只是本科毕业，单位很多同事都是硕士，甚至博士学历；论业绩，比小胡做得出色的大有人在。

　　那么小胡究竟是凭什么获得这么好的待遇呢？答案很简单，小胡非常善于和领导相处，他总是恰到好处地发掘领导的长处，把本来很平凡的小事夸大到一定的程度，让领导获得很强的满足感，因而单位的领导对他的印象非常好，每次有什么好事或者好的机会都会想到他。

　　在这个世界上，不会说赞美话的人是很难办成事的。即使你学富五车，满腹经纶，才华横溢，若自视太高，难免给人一种骄傲自满的印象。因此，适当的时候给予适当的赞美，你就有机会获得领导的好感，从而为自己赢得机会，开辟更广阔的平台，展现自我价值；反之，若给人留下不好的印象，那么你的人生、事业将会布满荆棘，充满挫折。

赞美别人并不是轻而易举的事，必须有一个度。

1.赞美话要让人乐于相信和接受，所以不能把傻子说成天才

赞扬招致荣誉心，荣誉心产生满足感，如果人们发现你言过其实时，会感到受到了愚弄。所以，赞美不宜夸大无边。

2.赞美是一种高雅的语言艺术，过分粗浅的溢美之词会毁坏了你的名声和品味

阿谀谄媚是一种卑鄙的行为。在交往中，大凡向别人敬献谄媚之词的人，总是抱着一定的投机心理，以表现自己的能力，达到自己的目标，但这样的赞美只能令人厌恶。赞美也不能俗不可耐、低三下四，不可过白过滥，毫无特点。

3.赞美话要坦诚得体，必须说中对方的长处

明知对方讲的是奉承话，心中还是免不了沾沾自喜，这是人性的弱点。赞美别人首要的条件，是要有一份诚挚的心意及认真的态度。言词会反应一个人的心理，因而轻率的说话态度，很容易被对方识破，令对方产生不快的感觉。

4.赞美话不要见人就说，不要给他人滥戴高帽，要在了解对方的基础上来赞美

对于不了解的人，最好先不要深谈。要等你找出他喜欢的是哪一种赞扬，才可进一步交谈。最重要的是，不要随便赞美别人，有的人不吃这一套。有一则寓言说：小偷看见狗从旁边走过，便不停地把小块面包扔给他，狗对小偷说："你这家伙，给我滚开！你这种好意使我感到非常害怕。"这就是不恰当的赞美。

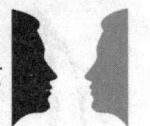

Part1 全民点赞时代，你的赞美价值百万

会赞美

赞美是一种正能量

赞美在生活中是很好的润滑剂，许多尴尬之事都可用它——化解。

1. 异性纠缠

这是令许多女子颇感烦恼的问题。当今社会，青年女子在生活与工作中与男人接触越来越多，自然令一些男人心动神移，生出非分之想。怎样使男人们打消念头，又不至于影到彼此关系，这是摆在青年女子面前的一道难题。我们可在谈话中先恭维对方，给其一个响亮的称呼，从而使对方在盛名之下难以胡作非为。俗话说："爱美之心人皆有之。"你长得年轻漂亮，别人想跟你亲近，不能一概斥之为"好色之徒"。不妨给他戴一顶高帽子，迫使其打消邪念。

有一位女子，相貌出众，在一家公司负责产品销售策划。有一次跟某公司经理谈判之后，经理悄悄主动邀请她："小姐，晚上陪我吃夜宵好吗？"她不得不按时赴约。见面后，经理喜出望外，情意绵绵。两人边吃边谈。女子竭力向经理劝酒，滔滔不绝地向他介绍公司的发展计划，并不时赞扬这位经理，称他是一位有修养、有气质、讲信用、受人尊敬的现代企业家。经理颇为得意，故作谦虚："你过奖了。"最后两人共舞一曲而分别。临别时经理握住女子的手，郑重地说："你是个自尊自爱的女子！我心里会永远记得你这个女孩的完美形象的。"

还有一个故事：几个人拦住了一个漂亮的女子，领头的一伸手摘掉了姑娘的帽子，显然不怀好意。姑娘没有破口大骂"流氓"，也没有惊慌失措。而是冷静地说："你……喜欢我的帽子，是吗？"

"当然，帽子和人一样漂亮。"领头的戏弄道。

"那最好给你的女朋友也买一顶。我想她戴上也会很漂亮。你不会随意戏弄人的，对吧！"姑娘沉着地说。

领头的脸有些红："当然，当然是。"

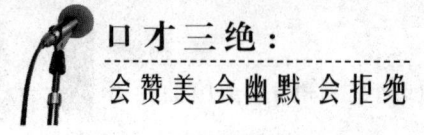

"那么,你可要保护好她,省得帽子也被人摘去。"

"对对,这……还给你。"这群人灰溜溜地走了。

这位姑娘机智地摆脱了这群人的纠缠。因为她给予他们尊重,让对方在没丢面子时赶快收场。

任何人都需要尊重,需要赞美,正如马克·吐温所说:"一句美好的赞美,能使我们不吃不喝活上两个月。"

2.自我解围

自我解围即说错话之后,巧妙地通过恭维对方以达到自我解围的目的。任何人都会反感恶语而不会拒绝赞美。适度的恭维既会令对方心生暖意,又会令自己摆脱语误的困境,何乐而不为呢?

一个高高瘦瘦的小姐新买了一件掐腰的短上衣,兴冲冲地邀女友品评。女友见她穿了新衣越发状如衣板,不禁脱口说道:"这件衣服并不适合你。"对方顿时面沉如水。女友见状自责,转而笑吟吟地说道:"像你这样苗条又修长的身材,如果穿上那种宽松肥大长至膝下的衣服,就会越发显得神采飘逸、潇洒大方了。那些矮而又胖的人就穿不出这种气质来。"小姐听罢顿时转怒为喜。

女友的话既巧妙地暗示了这件衣服不合其身材,又诚恳地指出了其择衣标准。同时用苗条修长这样美好的词语委婉地指出了其身材的特点,又用矮胖之人来对比,照顾了对方的自尊心。一句看似恭维的话,实则蕴含了无限的玄机,因而显得委婉含蓄,巧妙地为自己解了围。

3.制止争吵

人与人相处,发生争吵在所难免,夫妻也不例外。对此,一旦有了纷争,即使认为自己一方在理,也应避免过分的数落、指责。这时候,最好的方式是使用调侃、幽默的言语,浇灭对方的怒气,达到释疑解纷的效果。

有一位妻子虚荣心重,当夫妻商量出席友人婚礼时,她缠着丈夫要

会赞美
Part1　全民点赞时代，你的赞美价值百万

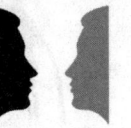

买一顶昂贵的花帽。此时正值夫妻闹经济危机，丈夫自然不肯答应花这笔钱。争吵中，妻子赌气地说："人家小喜和小金的爱人多大方，早就给自己的夫人买了这种花帽，哪像你，小气鬼！"丈夫不愿争论，只是故意夸张地说："可是，她俩有你这样漂亮吗？我敢说，她们也有你这样美，根本就不用买帽子装饰了，是吗？"妻子一听幽默的赞语，不觉转怒为笑，一场争吵也随之停止了。

4.应对高傲者

高傲者多看重自我形象，感觉良好。与他们打交道不妨采取投其所好的方式，对其业绩、学识、才能等给以实事求是的赞美，使其荣誉心、自尊心得到满足。这样就可以从心理上缩短与他们的距离，同样能起到左右他们态度的作用。

有位生性高傲的处长，一般情况下生人很难接近，他生硬、冷漠的面孔常使人望而却步。有位外地来的办事员听说了他的脾气，一见面就微笑着扔了一支烟说："处长，我一进门就有人告诉我，处长是个爽快人，办事认真，富有同情心，特别是对外地人格外关照。我一听，高兴极了。我就爱和这样的领导共事，痛快！"处长的脸上立刻露出一丝笑容，接下去谈正事，果然大见成效。

这位办事员的成功便得益于开头的那几句恭维话。这样说，处长自然会在维护自我形象的心理支配下变得和蔼可亲起来。使用恭维方式时需注意两点：一是要实事求是。恭维的内容不是无中生有，而是确有其事，对方才会感到高兴。如果进行肉麻的吹捧，拍马屁，清醒的高傲者会把他当成小人而更加貌视。二是赞美要适可而止。赞美在这里不过是使高傲者改变态度的手段，是交际的序幕。如果一味赞美，而不及时转入正题，就失去了意义。

5.巧妙指责

某百货公司的时装专柜，有一段时间客人纷纷投诉指责售货小姐服务

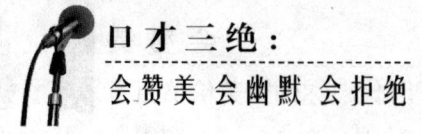

态度不佳。专柜主任的解决方式与众不同，而且效果超好。他没有指责那些售货小姐反而大肆赞扬，他对那些被客人指名的小姐说："有客人称赞你服务亲切，希望今后继续努力。""有客人说你很有礼貌。"这么一来，她们的待客态度大为改变，笑脸迎向任何客人，业务蒸蒸日上。

这是巧妙地掌握女性心理的教育方法。一般来讲，女性被人指责时会觉得人格遭到否定，很容易反抗或哭泣。但如改变一下方式，对其称赞，她们便会神采飞扬，变得非常积极。如果想纠正女性的缺点，请不要直接指出缺点而要称赞她的优点，这一点非常重要。如此一来，她们会更加发挥优点，同时也会改掉缺点。

学会赞美，定会马到成功

美国《幸福》杂志下属的名人研究会的研究结果表明：人际关系的顺畅是事业成功的最关键的因素，赞美别人是处世交际最关键的课程，因此如果你懂得如何去赞美别人，再加上你聪明的大脑，还有脚踏实地的实干精神，就等于事业成功了一半。从很大程度上讲，学会赞美他人是事业成功的阶梯。

真诚的、发自内心的赞美可以搞好你的人际关系，使你在事业的道路上畅通无阻。赞美从一定意义上讲，是一种有效的感情投资，当然，有付出就会有回报。赞美领导，能使领导心情愉悦，对你越发重视；赞美同事，能够联络感情，增强团队精神，在合作中更加愉快；赞美下属，能使你赢得下属的敬重，激发下属的工作热情和创造精神，从而更好地协助自己在事业上的发展；赞美自己的生意伙伴则会赢得更多的合作机会，从而获取更多的利润。如果你是一个商人，学会赞美你的顾客，则会拥有更多的顾客回头率，一位精明的售衣商往往会说："太太

会赞美

Part1 全民点赞时代，你的赞美价值百万

真是好眼光，这是我们这里最新潮的款式，穿在太太身上，太太一定会更加漂亮。"几句话，可令这位太太眉开眼笑，马上开包拿钱。美国的商界奇才鲍罗齐就曾说过："赞美你的顾客比赞美你的商品更重要，因为让你的顾客高兴，你就成功了一半。"

赞美对于你的家人和朋友同样重要，俗话说："家和万事兴。"家庭和睦，则万事兴旺。作为父母，适当地赞美自己的孩子，可以使孩子更具有自尊心和自信心，可以沟通家长与孩子的感情。另外，朋友之间适当的赞美也是必不可少的，朋友对我们每一个人都是非常重要的，有人说："没有朋友的生活等于死亡。"朋友之间相互赞美是友情产生的前提之一，因为既然成为朋友，就一定有双方相互欣赏的一面。

学会真诚的赞美才能符合时代的要求，同时它也是衡量现代人综合素质一个标准，也是衡量一个人交际水平的标准。学会真诚的赞美是性情修养的需要，有助于使自己达到更高的人生境界。同时，赞美别人既是压力又是动力，因为压力而产生动力。因为你赞美别人就意味着你肯定了他人的优点与成绩，相对应的是，你会逐渐意识到自己的缺点与不足，人只有不断地发现自己的缺点与不足，才能更好地完善自己，取得更大的进步。如某一个班上有两个同学，同名同姓，其中一个成绩特别好，而另一个同学则成绩平平，一天，成绩一般的那个同学对成绩好的那个同学说："我俩姓名一个样儿，而你的成绩却每次都高我一大截，我真是打心眼儿里佩服你。"不过，后来这个成绩一般的同学变压力为动力，最终还考上了一所重点大学。

学会赞美别人，可以给你带来远见卓识，可以让你拥有宽广的胸怀，这些是一个人走向成功所必备的性格和修养。此外，学会赞美别人，可以使你获得真挚的友情，可以有很好的人际关系。俗话说，朋友多了路好走，此路不通还可以走彼路。赞美人还可以使自己产生压力感和紧迫感，从而成为进步的动力。如果你学会了赞美别人，你就拥有了

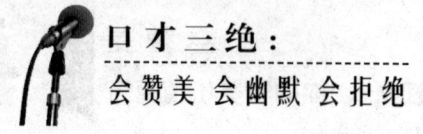

开启成功之门的钥匙。

美国第40任总统里根,出生于美国的平民家庭,先后从事过多项职业,60年代中期开始弃商从政,1980年当选为美国总统,他被认为是美国历史上最杰出的总统之一。里根在78岁生日时对记者说:"在我14岁的时候,我的母亲对我说,千万别忘了发现别人的长处,多说别人的好话。从此以后,我牢记这句话,甚至在梦里也不忘赞美别人。可以说是我的母亲塑造了我的一生。"

里根总统的话再次证明了一点:学会赞美他人是你走上成功的阶梯。

赞美他人,照亮自己

在生活中,有很多人和事值得我们去赞美,去讴歌,为之心旷神怡。攀华山绝壁,观泰山日出,踏天山的雪,听东海的涛,使我们忘却千山万水,踏破铁鞋,一睹为快。即使对于那些平凡的事物,我们也要在"那么一刻"发出惊人的感叹:嫩芽爬出枝头,春天来啦!或者白雪茫茫,不觉吟诵"只识弯弓射大雕",豪迈的情调也会由此而生。

赞美他人,是一件使人与人之间感情融洽的、于人于己有益无害的事情。真诚地、恰当地赞美他人,则好似润滑剂,增强人与人之间的友谊,使自己容易被人接受。如果我们与人交往时易被人接受,易使人亲近,这无疑会给我们增添许多信心,使我们更大胆地说话,更有勇气参加社交活动。所以,从某种意义上说,能够得体、中肯地赞美他人,也会增添我们说话的信心和魅力。

每个人都值得我们花时间去认识、去接受和去赞美。环顾你的周围,你就会发现除了某些共有的缺点之外,每个人都拥有一些别人所没有或不能拥有的优点:小王虽把钱看重了一点,但他富有正义感;小李

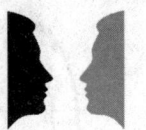

会赞美

Part1　全民点赞时代，你的赞美价值百万

文化不高，但言谈比一些大学生还要有礼貌；小张不会跳舞，但歌唱得非常好……也许在我们的办公室中，我们的同事就有一些我们想学学不到、想模仿模仿不了的优点：他成天快活，我则是一脸苦相；她口齿伶俐，而我笨嘴笨舌。

我们生活在重负的时代里——物质上、生活环境上都决定了我们不可能有太多的享受：想长生不老，不行；想上月球旅行，也只有那么几个人可以。然而我们不要苦了自己，要创造个人的幸福，而要创造幸福，就要求我们用一种赞美的态度去欣赏我们周围的人和事物。当你认为这个人可爱时，不妨大胆一点，说一声："你好漂亮啊！"

"赞美"这种东西，不是出自我们的口，而是出自我们的内心世界。一个对生活绝望，不抱理想的人，对周围人和事物的态度不可能持乐观和赞美的观点，有的只是冷酷和愤世嫉俗。

当然，我们也不要忘记了一种例外。这就是那些对生活持消极态度和愤世嫉俗的人，在某种场合，也会说一些赞美的话。《老山羊和狼》的故事，相信大家都读过；为了达成一笔大交易，那些守财奴也会把你拉到歌舞厅，拍着你的肩膀夸你"真有本事"。

对于一些有经验的人，颇能分辨出真假赞美之词，因为他们具有洞悉他人心灵的本领。而对于那些缺乏经验的人，便不具备这种才能，这也使他们因为听了不实的赞美之词而昏昏然，铸成大错。

但是一个靠口头赞美别人为生的人，在这个社会是难以被大家接受的。经常性地把说赞美之词当饭吃的人，到头来可能学无所长，亲友疏远，夫妻反目，还是要害自己的。因此，在赞美人家的时候，别忘了你的内心一定要真诚。

赞美既然是发自内心的，那么作为赞美者，自己的内心必然要受到震撼，人格得到升华，对美的体验便也更强烈一些；而作为被赞美者，也会知道自己的长处，继而追求至善至美。

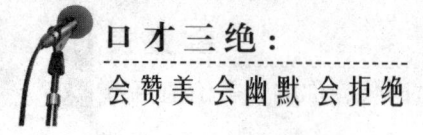

特别是在丑恶、争斗和不正之风盛行的环境里，对美的人、物的赞美便构成了一种支持、一种无形的力量。它使我们更易于发现真善美。

在现实生活中，赞美帮助我们赢得了朋友。我们所拥有的众多朋友，大都是因为我们在内心深处赞美他们、接受他们而获得的，因为这些朋友在这方面或那方面拥有我们没有的优点。我们赞美他们，他们也赞美我们，彼此之间的距离也就缩短了。我们并不要求他们与我们有相同的文化、相同的成长背景、相同的专业爱好。我们只看中他们其中的一点，或诚实可靠、或处事稳健、或富于幽默感，就足以"使我惭愧、促我自新"了。

赞美别人照亮了我们的生活，也有利于创造和谐的工作环境。在很多人眼里，"同事是敌人"，因而对于周围的同事取得的成绩，爱嫉妒、爱贬低或喜欢从侧面去找岔子。

有位大学生在刚参加工作的时候也是这样：某一年评"先进工作者"没有他的名，虽然他认为自己从业务素质到实干精神都不错。第一天，他为此而伤脑筋睡不着觉，甚至想起了被评上的那位同事的几个不足：备课笔记是用了好几年的，在上课时与学生乱开玩笑。他真想破门而出，让大家都知道要评自己该多好！可是他转而想了一下自己的不足，又认为采取另一种方式会更好：大家都是同事，共事的时间还很长，不要为这种小事而破坏了关系。第二天，他便向被评上者表示祝贺。他对别人给以赞美的态度使他一下子解脱了出来，而且他们的友情也从此开始了。其实，在很多同事或朋友之间，和谐的气氛就是通过互相赞美而产生的。

赞美可以缩短人与人之间的距离，为我们赢得友情和和睦的团体；然而赞美的最大好处还在于使被赞美者获得提高。要知道你赞美一个人勇敢的时候，这个人会变得更加勇敢；你赞美一个人正直的时候，这个人会变得更加正直。

Part2 每句话都有力量，赞美改变一切

不要吝啬你的赞美

在日常生活中，我们经常遇到别人比自己强的情形，因而赞美的话怎么也说不出口，这是因为缺乏自信心，觉得自己不如对方，于是心理失衡，没有勇气为对方喝彩。要么觉得"不好意思"；要么认为自己与之相比，结果显而易见，不用多此一举；要么觉得自己人微言轻，赞美了也不会引起重视，还害怕会引起非议，被人误解为是溜须拍马。结果，不仅失去了一次坦然欣赏别人优点与长处的机会，也失掉了一次抛弃自卑与胆怯心理的机会。

众所周知，迈克尔·乔丹是一位超级篮球精英，但他却对别人说队友皮彭在投三分球方面比他更有天赋，还说皮彭在扣篮方面也比自己更胜一筹。皮彭虽然是最有希望超越乔丹的新秀，但乔丹却处处对其加以赞扬。一方面，反映了他自我挑战的勇气，另一方面，也是乔丹自信心的体现。因此，在生活中，如果棋逢对手，不妨采取"吴越同舟"的策略，同对手友好相处，对其优点、成绩大大方方的表示祝贺，如送上一束鲜花。同时，奋力追赶。

日本的推销之神原一平，在阐述他的推销秘诀时说："推销的秘诀在于研究人性，研究人性的关键在于了解人的需要，我发现对赞美的渴

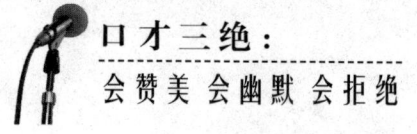

望是每个人最持久、最深层的需要。"

要慷慨地赞美别人的优点和成绩，就必须坦然接受别人的优点和长处。富兰克林有句名言："良好的态度对于事业与社会的关系，正如机油对机器一样重要。"因此，如果你是一位品格高尚的人，不妨试着去发自内心地赞美一位与你正相互竞争的同学或者是同事，甚至举荐一位有可能位居你之上的职员给老板，这是一种更高境界的赞美。

不同的人用不同的赞美方式

每个人在生活中都扮演了多重角色，角色关系不同，说话方式不同，赞美的方式也不同。对朋友可以真心诚意地夸他，对领导要含蓄适度的赞美，否则会认为是"拍马屁"，对爱人要甜言蜜语地称赞，对长辈要恭恭敬敬地讨好，对小孩可以和蔼可亲地夸奖他。

朱元璋做了皇帝以后，他从小一起玩的苦朋友就来向他求救。

一个见了朱元璋后说："我王万岁!当年微臣随驾扫荡庐州府，打破罐州城，汤元帅在逃，拿住豆将军，红孩儿当关，多亏将军。"

朱元璋听后，心里十分高兴，就封他做了御林军总管。

另一位苦朋友听说此事以后，也想到朱元璋那里讨个一官半职。他见了朱元璋，竹筒倒豆子似的说了起来："我王万岁!还记得吗?从前你我都替人家放牛，有一天我们在芦花丛里，把偷来的豆子放在瓦罐里煮，还没煮熟，大家便抢了起来，结果罐子打破，撒了一地的豆子，汤泼在泥里。你只顾满地捡豆子吃，不小心将红草叶子塞到嘴里。叶子哽在喉咙里，苦得厉害。幸亏我出了个主意，叫你把青菜叶子吞下去，才把红草叶子带到肚里去……"

朱元璋在大殿上听了这些不体面的话，不等他说完就喊道："推出

会赞美

Part2 每句话都有力量，赞美改变一切

去斩了!"

两个穷朋友，叙述了同一件事，一个做了大官，一个丢了性命。归根结底是前者注意了角色关系，而后者却忽略了这一点。以前他们是一起玩耍的伙伴，但如今一个是皇帝，一个是贫民，怎么能同日而语呢？

《红楼梦》里人物繁多，关系复杂，因此许多人的话语都能针对不同的心理状态和人际关系而掌握分寸、区别对待。如第56回写到总管贾府内务的王熙凤因病休养，王夫人只好让探春、李纨料理家事，由薛宝钗协助。探春提出了加强管理、节约开支的主张，大家都赞同。这时平儿该怎么说呢？作为王熙凤的心腹，她不能不维护主子的威望，也不能不赞扬探春的能干；既要附和探春说好，又要考虑实行新规定的困难和矛盾。若不多一层考虑，怎能说明自家主子为何没想到这个好主意呢？平儿于是说："这件事烦得姑娘说出来，我们奶奶虽有此心，未必好出口。此刻姑娘们在园里住着，不能多弄些玩意儿陪衬，反叫人去监管修理，图省钱。这话断不好出口。"平儿确实有心计，有口才，怪不得宝钗称赞她："远愁近虑，不卑不亢。"

可见，在说赞美话时，我们应当注意自己与交谈对象是什么关系，还要判断交谈中所涉及的其他人的关系，只有准确、清楚地判断这些关系，才能实现赞美应有的效果。

赞美话要因人而异

赞美别人，不单单是花言巧语、甜言蜜语，重要的是根据对方的文化修养、个性性格、心理需求、所处背景、角色关系、语言习惯乃至职业特点、性别年龄、个人经历等不同因素，恰如其分地恭维、赞美对方。

1889年，清朝任张之洞为湖北总督。新任伊始，适逢新春佳节，抚

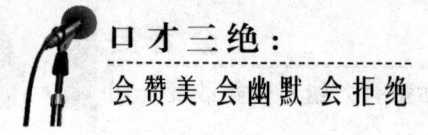

军谭继洵为了讨好张之洞,设宴招待张之洞,不料席间谭继洵与张之洞因长江的宽度争论不休。谭继洵说五里三,张之洞认为是七里三,两人各持己见,互不相让。眼见气氛紧张,席间谁也不敢出来相劝。这时列末座的江夏知事陈树屏说:"水涨七里三,水落五里三,制台、中丞说得都对。"这句话给两人解了围,双方都抚掌大笑,并赏了陈树屏20锭大银子。

陈树屏巧妙且得体的言词,既解了围又使双方都有面子。这种赞赏就充分考虑了听者的心理和当时的境况。

赞美话要因人而异,必须考虑以下几点因素。

1.听话者的文化知识水平

文化知识水平不同,对说话的接受能力是不同的。比如要表述对社会嫉贤妒能现象的认识,听者为知识分子,可说"木秀于林,风必摧之;堆高于岸,流必湍之;行高于众,人必非之"。但这话就不能再照搬讲给文化水平不高的听众,而可以说"枪打出头鸟""出头的椽子先烂"这样的俗语,对方会更容易接受,讲话才会有效果,赞美人同样应如此。

2.听话者的个性性格

对方性格外向,透明度高,可以多赞美他,他会很自然接受;如果对方比较内向、敏感、较严肃,你过多地赞美他,会使其认为你很轻浮、浅薄。因此,在赞扬对方时要注意这一点。

3.听话者的心理特点和情感需求

交谈双方各有欲望,要迎合对方的需求讲赞美的话。一个不喜欢淑女型,个性鲜明,男孩子气十足的女子,你夸她如果长发披肩,长裙摇曳,定会婀娜多姿,美丽迷人,她也许不会感激你,还有可能骂你多管闲事。如果了解她的心理,夸她短发看起来又精神又有活力,她可能才开心。

会 赞 美

Part2　每句话都有力量，赞美改变一切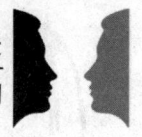

19世纪的维也纳，上层妇女喜欢戴一种筒高檐宽的帽子。她们进剧院看戏，仍然戴着帽子，挡住了后排人的视线，对剧院要求女客脱帽的规定她们不予理睬。一日，剧院经理灵机一动，在台上说："女士们请注意，本剧院要求观众一般都要脱帽看戏，但是，年老一些的女士，请听清楚——年老一些的女士，可以不必脱帽。"此话一出，全场的女性全部自觉把帽子脱了下来：谁愿意承认自己年老呀！

这位聪明的经理正是利用了妇女们爱美、爱年轻的心理特点和感情需求，使原先头痛的问题迎刃而解。

4.听话音的性别特征

与不同性别的人讲话，应选择不同的方式。对体胖的女子，你说她又矮又胖，一定会令人反感；但你夸她一点不胖，只是丰满，她会得到几分心理安慰，不会因为自己胖而自卑。而对同样体型的男子，你说他矮胖子，他也许会置之一笑。

5.听话者的年龄特征

你若想打听对方的年龄，不同年龄要采取不同问法。对小孩子可以直接问："今年几岁了？"对老年人则要说："今年高寿？"对年龄相近的异性不可直接问，要试探着说："你好像没我大？"对年纪稍大的女性，年龄更是个"雷区"，问得不好讨人厌。一个40岁的中年女子，你开口道"快50了吧"，对方一定气愤不已，你小心地问"30出头了吧"，她一定会心花怒放，笑逐颜开。

6.听话者的心境特征

俗话说：入门休问枯荣事，观看容颜便得知。在夸赞别人时，要学会察言观色。一个为事业废寝忘食的年轻人，便可以称他"以事业为重，有上进心"；一个为了债务焦头烂额，心绪不宁的企业家，你夸他"事业有成，春风得意"，对方也许会认为你是在讲"风凉话"，这种赞美会起到适得其反的效果。

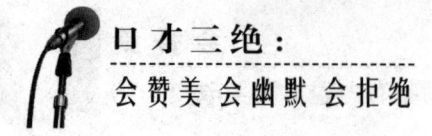

除了以上因素,还要考虑不同职业、不同宗教信仰等因素。列宁说:"对马车夫讲话应该不同于水手,对水手讲话应该不同于对排字工。"陈毅元帅某次出访东南亚,一位宗教界人士送他一尊菩萨,他见机谢道:"有了菩萨保佑,我更不怕帝国主义了。"这里陈毅借用宗教术语,显示了对宗教的尊重,对宗教界人士的谢意,有深意而不乏风趣幽默。

赞美要了解对方的心理需求

赞美要抓住关键来赞美,这就需要洞察对方心理,了解对方的心理需求。切不可"哪壶不开提哪壶"。

有一次,相声演员侯耀文对他父亲侯宝林说:"爸爸,我最近听到一些反映,说商店里某些服务员的态度差,常给顾客吃'冷面'。我想写段相声讽刺一下。"

侯老听了,沉思了一会儿,说:"你想讽刺服务员,可你了解他们吗?工资不高,上班一站就是八九个钟点儿,多辛苦!再说,哪家不兴有个不顺心的事儿?谁能老有笑模样?又没吃'笑素'!顾客里头也有捣蛋的,遇上那号人,你乐得起来?我不是说服务员有缺点就不能讽刺,得先去搞点调查研究,了解他们的工作和生活,体谅人家的难处,那才能写出感情,批评得入理。"

侯老的一席话,充分体现了对他人的理解。只有理解他人的心理,了解他人的喜怒哀愁,才能把握好说话的内容与分寸,才能知道如何抓住对方的心理赞美对方。

曾有心理学家做过这样一个实验:他们从某个班级大学生中挑出一个最平庸自卑、最不招人喜欢的姑娘,特意安排她的同学对她改变看

会赞美

Part2 每句话都有力量，赞美改变一切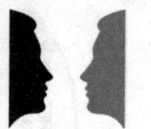

法，对她表示喜爱和赞扬。于是，从这天起这个姑娘周围充满了赞扬和热心的帮助。有人夸她，有人说她心灵手巧，有人送她礼物，有人每天与她一起回家……奇迹发生了，1年以后，这个原本默默无闻、自卑感很强的姑娘变得活泼开朗，有说有笑，充满自信，她的学习成绩、仪表风度和以前比也大有改善，像是换了个人。

赞扬和鼓励确实有这样的魔力，只要你懂得一个人最需要什么。

在日本历史上身为摄政大臣的丰臣秀吉，权倾一时，不可一世。这样的人还需要别人的关怀吗？然而下面这件事则体现出他与一般人有同样的心理需求。

有一年，丰臣秀吉听说松蘑大丰收，便突然提出要亲自去采松蘑。但当时时令已过，哪还有松蘑的影子。家臣不得已，只有前一天在他要去的那块地插上松蘑。第二天丰臣秀吉来了，看到满地松蘑，不仅赞叹道："太好了！"这时，有位善于投机的家臣告诉他这些松蘑都是临时插上的。其他家臣得知有人告密，个个魂不附体，因为他们知道丰臣秀吉这个人对不忠诚他的人向来是严惩不贷的。但这次丰臣秀吉笑着说："这是大家为了满足我的愿望才做的，是一片好心。好久没见到这样的松蘑了，又勾起我对往日农村生活的回忆，我很高兴。"

看来，"大人物"也需要别人的关怀和赞美，并非都是不可一世的。

不要将真诚的赞美视为奉承

赞美是一种说话的艺术，正确运用这门艺术，会使被赞美者心情愉快，而作为赞美者自己，也会从中感到快乐甚至感到幸福。

但是，在这里有必要弄清楚一个问题：真诚的赞美和奉承究竟有什么不同。因为弄清楚这个问题，是使那些不愿赞美他人者"赞口常开"

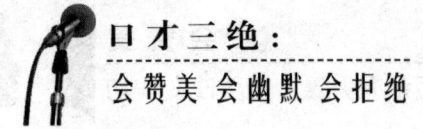

的关键。

每一个人都希望受到周围人的称赞，希望自己的真正价值被认可，尤其是希望得到朋友的认可。但每一个人对于肉麻的奉承、巴结会感到恶心，所以，真诚的赞美令人无法拒绝，而虚伪的奉承令人厌弃。

然而，对于不擅赞美别人的人来说，会将赞美与奉承等同起来。从来不会说奉承话讨好别人的人，自然也很少说出赞美之词去取悦别人。

要想学会说赞美话，就要改变赞美就是奉承这种偏见。

首先，要认识到赞美与奉承有本质的区别。赞美是真诚、热忱的，是出于真实的感觉，绝不能掺杂任何不良的用心；同时，赞美是对别人的优点和长处的充分肯定，是为满足别人对于尊重和友爱的需要，给别人以精神上的激励和鼓舞。而奉承他人则是宁肯牺牲自己的尊严去恭维他人，是出于某种不可告人的企图，明显的是趋炎附势，巴结讨好权威。正如卡耐基所说："奉承是从牙缝中挤出来的，而赞美是发自心灵的。"

真诚的赞美发自内心，起源于内心深处的一种"美感"。它反映了一个人对另一个人的认可：外表漂亮，言谈合自己的口味，行动敏捷，品格高尚……即在两个人之中，其中一个人在另一个人身上发现了符合自己理想和价值标准的可贵之处。我们认识这个人、了解这个人的时候，已经有一种无形的力量促使自己要去赞美他的一些优点。

但是奉承却不同，它不是发自内心世界的对另一个人的认可和钦佩，而是基于内心世界早已存在的一种目的，一种对眼前或日后能够收到"回报"的投资。奉承者在"赞美"他人的时候，脸上虽眉飞色舞，但却有几分不自在；他的词语是火辣辣的，但他的内心却是一片冰冷。他在赞美一个人的时候，心里想着的只是如何顺利办完与自己利益攸关的事，如何获得自我的满足。

其次，真诚的赞美是实事求是、有理有据的称赞，而奉承则是凭空捏造、无理无据的追捧。一个真诚的人，在赞美别人的时候，非常有针

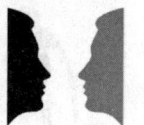

Part2 每句话都有力量,赞美改变一切

对性和分寸。他们知道哪些应该讴歌,哪些应该提醒注意,哪些应该反对。在他们看来,真正的十全十美是不存在的,事物不存在完美,人更不存在十全十美。因而他们对一个人的评价,根本不会用"最最"这些字眼,也不会用"他没有缺点"这些措辞去评价一个人。

奉承者无事生非。他们把只能用一般词语赞美的东西任意扩大。大事特夸、小事大夸、无事也要夸是这些人的特点。其中有些"佼佼者",把一个人的优点能转变成缺点,把一个人的缺点又同样能转变成优点,因而他们在领导、上级面前,时常"义正色严"的诋毁别人,以博取欢心,而心里却打着自己的主意。他们在"赞美"一个人的时候,心里会说"这个人喜欢被人拍马屁,我就多拍一拍他吧",因而他们在赞美一个人的时候,会自以为聪明地向旁人挤眉弄眼,以显示自己非凡的本领。

使别人快乐和讨对方喜欢是两件不同的事。使别人快乐考虑的是别人而不是自己,讨对方喜欢则刚好相反,它处处计较个人的得失。愿你把握分寸,真心地赞美你周围值得赞美的人。

欣赏比自己更成功的人

人总有一种要求成功的愿望,有一种超过别人的冲动,这正是社会所希望的。但是,有些人在成功不了和超过不了别人的时候,产生了一种由羞愧、愤怒、怨恨等组成的复杂情感,这就是嫉妒。嫉妒一经产生,便成了纷扰的源泉:看到别人成功了,就生气、难过、闹别扭;听说别人强于自己,就四处散布谣言,诋毁别人的成绩;发现几个人亲如家人,就想方设法去施"离间计",等等。这样的嫉妒不仅妨碍了他人的生活,而且将自食其果,给自己带来极大的心理痛苦。

一家法院曾经审理过一桩民事案件。一所大学心理学系的女研究生

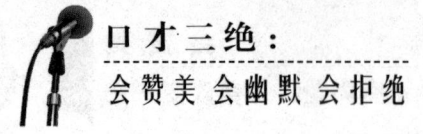

将同宿舍的一位同学推上了被告席。原告与被告以前关系不错,两人的成绩不相上下,彼此在暗中较劲。快毕业的时候,两人都参加了托福和GRE考试。原告成绩较优秀,遂向美国一所著名大学提出申请,不久被告知每年可获得全额硕士奖学金。原告十分高兴,便一天天等着对方的正式录取通知。被告考砸了,心情本不快,又看到原告的模样,心中更加嫉恨,决心治一治对方。原告左等右等,迟迟不见正式通知的到来,就托在美国的同学去该校打听。校方说曾经收到原告发来的一份电子邮件表示拒绝来该校,因此校方只好将名额转给别人。原告闻此消息,一下子便懵了,冥思苦想这到底是怎么回事。后来,她多方调查,才发现是被告盗用了她的名义向美国发了一封拒绝函。原告怀着愤怒的心情,将此事诉诸法庭。在法庭上,尽管被告声泪俱下地向原告道歉,说自己是一时嫉妒昏了头,法院最终还是判被告赔偿原告的损失。由于此事影响颇大,被告遭学校开除学籍的处分。

是什么害了上述案件中的两位同学?答案就是:嫉妒!

"人除了希望自己幸福之外,还喜欢看到别人不幸",这句话不仅道出人类容易嫉妒的心理,对人类幸灾乐祸的想法更是一针见血。荀子说:"君子以公理克服私欲。"孔子说:"君子明于道义,小人明于势利。"义,是天理所应实行的;利,是人情所应思索的。君子根据天理行事,便没有人欲的私心,所以能泛爱人;小人放纵私欲,不明天理,所以嫉恶别人。

对于那些嫉妒他人才能的人来说,这嫉妒其实大可不必。"尺有所短,寸有所长"。每个人都有自己的长处,也有自己的短处,为何非拿自己的短处与他人的长处相比较,自添一份悲愤?

有一个画家,他的作品有一定的影响,同时也给自己带来不菲的收入。但他从来不看重这些,也不嫉妒他人。他的座右铭是"我永远是个小学徒",他追求艺术的理想还像童年那样执著单纯,他追求成功但绝

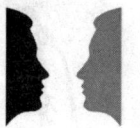

会赞美
Part2 每句话都有力量，赞美改变一切

不嫉妒比他更成功的人。也许他成功的奥秘正在于此。

如果本人无意加以比较，或认为自己无法达到那么一个高度，或两者生活在不同环境，或嫉妒的对象不在自己身边，又或者是通过艰苦努力得到的结果，嫉妒将不再产生。

吃不到葡萄，葡萄仍然甜

我们每一个人都希望自己在各个方面都能胜人一筹，然而，事实上这永远只能是一个梦想。一些心理素质不高的人，每当面对别人的优点与成绩时，往往禁不住妒火中烧，很难坦然地面对与欣赏。在这些人眼里，办事能力强变成了爱出风头，你好心好意去帮他，他私下里还担心你无事献殷勤——非奸即盗。于是，这些人对待他人优点与成绩的态度也只能是要么不屑一顾，要么再恶劣点儿，实行打击、报复。而别人往往也不是省油的灯，这就带来了人际关系的恶性循环，自己的事业会因此严重受挫。

每个人都有自己的优点和成绩，都希望获得别人的肯定与赞美。有些优点和长处往往是与生俱来的，比如某人长得漂亮，智商很高等等。因此，对于别人优点与长处的肯定不仅不会贬低自己的位置，而且可以使旁人从中认识到你所具备的优良素质，从而获得他人的称赞。

战国时期，公子重耳与公子小白争夺王位，鲍叔牙辅佐重耳，而管仲则为公子小白出谋划策，最终公子重耳当上了齐国国君。重耳想拜鲍叔牙为相，鲍叔牙却说："公子如果想统治齐国，任我为相就足够了，而公子如果想一统天下，则非拜管仲为相不可。"最终，重耳任用管仲而成为一代霸主。鲍叔牙虽然不及管仲有才华，但却能坦然地欣赏管仲的优点和长处，并大力举荐，从而获得了天下人的称赞，并借此得以青

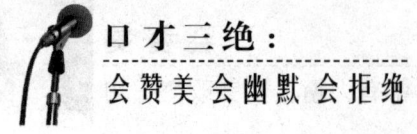

史留名。

面对他人的成绩,我们应该懂得,成绩是他人的勤劳加汗水所赢得的,我们应该坦然地欣赏他人的劳动成果,并予以肯定。与此同时,检讨自己,虚心请教,学习他人勤奋向上的精神。主动请别人向你传授学习工作的要领,不仅是对他人成绩的一种高度的赞扬,而且也可以督促自己继续前进,既有利于你技术水平的提高,也有利于你处世水平的提高。这岂不是一箭双雕的事情,你又何乐而不为呢?

由衷的赞美来自于宽容的心

一个人要善于赞美别人,在复杂的社会生活中灵活处世,潇洒自如,必须要有宽广的胸怀。

一个人只有具有宽广的胸怀,才能慷慨地让别人分享自己的快乐。一位名人曾经说过:"快乐因为分享而加倍。"赞美也是如此,你给予别人你由衷的赞美,就等于给予了别人奋进的动力。一个人如果心胸狭窄,嫉妒心强,那他就永远也体会不到给予别人赞美所得来的快乐。从人生价值的角度来看,一个人的价值在于他付出了多少,而不在于他取得了多少。因此,只有放开胸襟,大胆说出你对别人的赞美,生活才会变得更精彩。

任何一个人都有别人无法企及的优点,都有我们值得赞美的地方。孔子曾说过:"三人行,必有我师焉。"因此,要想赞美别人,还必须有虚怀若谷,有容乃大的谦虚精神。孔子堪称一代宗师,但他却能亲自到老子的家中去问礼。著名戏剧郭沫若在历史剧《屈原》的演出过程中,因为一句台词得到他人提醒,事后专门写了一篇题为《一字之师》的文章,以表达对这位"一字之师"的赞赏之情。众所周知,郭沫若是

会赞美
Part2 每句话都有力量，赞美改变一切

著名的戏剧大师，当一位演员随机说一句更好的台词时，郭老不仅拍案叫绝，还作文致谢，这不仅体现了郭沫若博大的胸襟，还从一个侧面向我们展示了郭沫若之所以取得如此巨大成就的一个重要的因素，那就是谦虚。

赞美别人还应该懂得：太阳上也有黑点，因此人不可能没有缺陷。人在看自己时，往往只看到了优点，而在看别人时，却将过多的眼光集中在了别人的缺点上。因此，我们要善于容纳别人的弱点和缺点，发掘他人的优点和长处，不要将他全盘否定。莎士比亚曾经说过："最好的好人，都是犯过错误的过来人，一个人往往因为有一点小小的缺点，更显出他的可爱。"对这样的人进行赞美，更加体现了你博大的胸襟。

宋真宗手下有两位得力的大臣，一位是王旦，为人襟怀坦荡。另一位是寇准，他虽然为宋朝立下汗马功劳，却喜欢揭人短处，每每在宋真宗面前说王旦的不是。王旦却经常称赞寇准。宋真宗因此更加佩服王旦的宽广胸怀和高尚品德，越发器重他。

牙齿和舌头都经常打架，人和人之间难免会产生矛盾。如果你每件事都耿耿于怀，那是愚蠢的行为。你如果沦落到背后想尽办法，贬低别人，企图将人打趴下，甚至是恶意诽谤，那则是小人的举动，几乎为人所不齿了。如果在现实生活中，你与他人产生了矛盾，面对他人的敌意态度，不妨笑脸面对，不妨来个温言柔语如清风，夸言赞语似甘露，最终他人肯定回心转意，化干戈为玉帛。如某单位的小王和小张因一件小事发生口角，小张每遇到小王必冷嘲热讽一番。有一次，小张的一篇文章发表了，单位的人却一无所知，小张觉得很憋闷，整日愁眉苦脸。小王看穿了小张的心思，便大张旗鼓地在办公室里公布了这个消息，并向小王表示祝贺，小王在欣喜和陶醉之余，向小张投去了感激和钦佩的目光。从此，小张不仅和小王重归于好，而且得到了同事的一致称赞。

要想客观地评价一个人，诚挚地去赞美一个人，必须具有宽广的胸

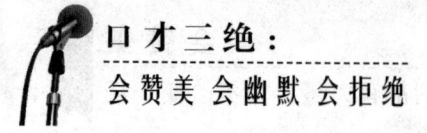

怀,只有这样,才能在这个人际关系日益重要的社会中,左右逢源,充分施展自己的拳脚,也只有这样,才能使自己每天心情愉快,笑口常开。

为别人喝彩

生活需要喝彩,为自己喝彩,为别人喝彩。喝彩,可以如洁白的羽翼,载着智慧的精灵,飞跃大千世界,饱览风光旖旎;喝彩,可以像肥沃的土地,把思想和个性孕育,让生命的绿树,结满创造的果实;喝彩,胜过坚实的阶梯,支撑奋斗的步履,宛如锐利的刀锋,斩除前程的荆棘;喝彩,恰似秋日火红的叶片,覆盖晦暗的记忆,犹如挚友的心扉,奉献真切的情意。

一位在巴黎旅游的外国人,在车站附近遇到一位街头卖艺者,其琴声悠扬,令人感伤,吸引了不少行人。拉完一曲,周围的人纷纷向钱罐里丢钱,有的面额还不小。转眼工夫,钱已装满了罐子。但卖艺者脸上并没有一丝欣喜的表情。

"已赚到不少钱了,他为什么还不快乐?"旅游者望着卖艺人那依旧忧郁的面孔,疑惑地问。"也许他需要掌声吧。"她的朋友淡淡地说了一句。旅游者的心被触动了,她缓缓抬起手来,为之鼓掌。果然,卖艺人那张黯淡瘦削的脸慢慢绽开了笑容,眼睛里还溢出了感激的泪水。

不错,卖艺者心底的最终期待是掌声!钱只不过是别人因可怜他而给予的一种恩赐,而掌声则是对他人生经历的赞许和鼓励,是真正发自内心的认可。

人生险峻崎岖,布满荆棘,不幸、灾难随时都可能降在头上,人为了生活不得不与之斗争。在斗争的过程中,难免会坠入危难的境地。此

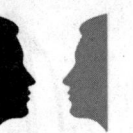

会赞美
Part2 每句话都有力量，赞美改变一切

时，最好的帮助就是给予一点掌声，为之喝彩，因为这喝彩能给人生之动力和生之信心。

给对手一个赞美

生活处处有竞争，那么对竞争中的对手你该怎样看待他们呢？对于你的对手，切不可嘲笑、贬低，更不可诅咒。因为所有的敌人都可能是你的对手，但对手不一定就是你的敌人。他们有可能是你的动力、朋友乃至知音。

2008年11月4日，美国共和党总统候选人麦凯恩在其家乡亚利桑那州菲尼克斯市承认自己在本次选举中失败，并向在选举中获胜的民主党总统候选人奥巴马表示祝贺，他呼吁全体美国人一起支持奥巴马。

当地时间晚上9时18分，麦凯恩在妻子及其竞选伙伴佩林夫妇的陪同下来到菲尼克斯市比尔特莫尔饭店的一个大草坪上，对聚集在那里的支持者发表讲话。麦凯恩说，美国人民作出了选择，奥巴马当选是件"了不起的事情"，这不仅是奥巴马个人取得的胜利，也是美国人民取得的胜利。他呼吁全体美国人抛弃政见分歧，共同支持在选举中获胜的奥巴马。他说，作为总统，奥巴马将在今后几年里面临许多挑战。

数千名共和党支持者当天下午从菲尼克斯市各处汇聚到比尔特莫尔饭店等候选举结果，在得知麦凯恩获胜无望后，他们的脸上显露出难以掩饰的失望，许多女性支持者眼中甚至含着泪水。面对这些神情落寞的支持者，麦凯恩说："今晚感到有些失望是自然的，虽然我们没有获胜，但失败属于我，而不是你们。"

竞选的失败，对于麦凯恩来说，悲哀是不言而喻的。但在现实面前，他保持了高度的理智，对于奥巴马的成绩表现了超然的风度。

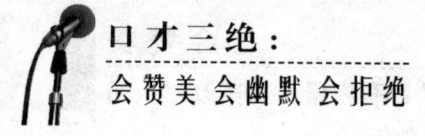

口才三绝：
会赞美 会幽默 会拒绝

为自己叫好容易，为别人叫好困难，为对手叫好更困难。生活中有许多人只知为自己取得的进步和成功欢呼，对别人尤其是对对手取得的进步和成功无动于衷，他们很少真诚地为别人和对手叫好。

可是你知道吗？为别人和对手叫好并不代表你就是弱者或失败者。因为为别人和对手叫好是一种美德，你付出了赞美，这非但不会损伤你的自尊，相反还会收获友谊与合作；为别人和对手叫好是一种智慧，因为你在欣赏他们的同时，也在不断提升和完善自我；为别人和对手叫好是一种修养，对别人和对手赞赏的过程，也是自己矫正自私与妒忌心理，从而培养大家风范的过程。美德、智慧、修养，是我们做人的资本。

赞美别人是一种美德，赞美对手却是一种高素质的表现。

英格丽·褒曼在获得了两届奥斯卡最佳女主角金奖后，又因在《东方快车谋杀案》中的精湛演技获得最佳女配角奖。然而，她领奖时，一再称赞与她角逐最佳女配角奖的对手弗沦汀娜·克蒂斯，认为真正获奖的应该是这位落选者，并由衷地说："原谅我，费沦汀娜，我事先并没有打算获奖。"

褒曼作为获奖者，没有喋喋不休地叙述自己的成就与辉煌，而是对自己的对手推崇备至，极力维护了落选对手的面子。相信这位对手会感激褒曼，会认定她是值得倾心的朋友。

一个人能在获得荣誉的时刻，如此善待竞争对手，如此与伙伴贴心，实在是一种文明典雅的风度。

为了维护良好的人际关系，你的一言一行都要为对方——无论是朋友还是对手的感受着想，学会安抚对方的心灵，不可以使对方产生相形见绌的感觉。与此同时，自己的心灵也会因此安然自得，有一个极好的心情。

挪威著名的剧作家亨利·易卜生把自己的对手瑞典剧作家斯特林堡的画像放在桌子上，一边写作，一边看着画像，从而激励自己。易卜生说："他是我的死对头，但我不去伤害他，把他放在桌子上，让他看

会赞美
Part2 每句话都有力量，赞美改变一切

着我写作。"据说，易卜生正是在对手斯特林堡的目光关注下，完成了《社会支柱》《玩偶之家》等世界戏剧文化中的经典之作。

有了欣赏对手的心情，人与人、人与自然、人与社会也会变得更加和谐，更加亲切。我们自身也会因为这种心理的存在而变得愉快和健康起来。

当你树立了一个敌人的时候，你所得的将不只是一个敌人，你在精神上所受到的威胁将十倍百倍于他实际上给你的威胁。

而你用高尚的人格感动了一个敌人使他成为你的朋友的时候，你所得到的也将不只是一个朋友，你在精神上所感受的欢乐和轻松也将十倍百倍于他实际上所给你的。

对待异性这样赞美

一位劳模售票员在谈自己的工作体验时，有一个特点，她常常无意识地点明是男乘客还是女乘客，其实细究下来这个做法不是偶然的。

一次，一位乘客带着一个已经超高的小孩子上车，她说："您的孩子够高了，该买票了。"乘客不解地说："这孩子还没上学呢，就买票呀？"她当时用幽默的语言对他说："您的孩子还没上学就长这么高，发育这么好，您不高兴吗？"她这么一说，乘客便高兴地又买了一张票。

还有一次，她在车上讲完让座的宣传用语后，坐在票台的一位女同志站起来把座位让给了抱孩子的男乘客，这人一坐下来就忙着哄孩子，连声谢谢都没有说，看到这场面，她连忙对着小孩说道："小朋友，快谢谢阿姨，人这么多，阿姨这么累还给你让座，你说阿姨多好啊，快说阿姨好！"抱小孩的男乘客这时才猛然一惊，似乎明白了什么，忙对让座的女同志说："谢谢您，实在对不起，孩子一哭，我真不知怎么好了，

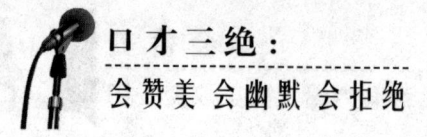

真太感谢您了。"女乘客脸上有了笑容，忙说："不客气。"

带孩子的旅客无论男女，都会有相同反应，这是共同心理，无须指明性别；而让座事件中是指明性别的，而且性别互换后事情就无法成立：女乘客一般不会忘了致谢，而男性则一般不会因为对方不致谢而生气。

单就与戴高帽密切相关的虚荣心来讲，男女是有一定差异的：

男人要面子好虚荣，多表现在追逐功名、显示能力、展示个性以显潇洒和能力之形象方面，而女人则表现在对容貌、衣着的刻意追求或身边伴个白马王子以示魅力方面。

男人要面子，好虚荣毫不遮掩，有时甚至坦率得令人吃惊，而女子则总是遮遮掩掩、羞羞答答，"犹抱琵琶半遮面"。

女性对于面子、虚荣还有几分保留，而男子则是全力以赴去追求面子，好似他的人生目的就是面子一般。

男人为了面子可以大动干戈，有权力的甚至可以轻辄杀一儆百，重则发动战争，女人为了面子则会大喊大叫或者在家里鬼哭狼嚎几声。

对了，告诉你一声，男人的面子千万不要去伤害、破坏，否则便万事皆休、一切都了——友谊中断，恋爱告吹，生意不成，升官无望，职称泡汤。

因此，称赞异性，绝对要讲究技巧，否则稍有不慎便会招致不必要的误解。如果是初次见面，你的赞美还可能被理解成过于露骨的奉承甚至给人留下低俗厌恶的印象，无法将自己要表达的意思正确地传递给对方。

初次与异性会面，使用含糊的赞美之词是一种好办法。因为对于含意模糊的词句，人们多半会往好的方面理解。

对女性还应该注意下面的情形：

1.加班时，如果对女职员说"你可以回去了"，不但没有讨好，反而容易使对方认为你轻视她

某汽车厂的营业科长每见到笔者便发牢骚："女孩子真是难以捉

Part2 每句话都有力量，赞美改变一切

摸，骂就哭，夸奖其中一个却得罪其他女孩子，这样真让我头痛。"前几天决算，他轻声告诉两个不必留下来加班的女职员："你们可以回去了。"想不到对方却不高兴地说："别人都留下来，我们为什么回去。"看来他的一番好意似乎被她们当做被轻视的表现。

越是认真工作的女性越痛恨被歧视。遇到这种情形，不要只说："你们可以回去了。"最好用安慰的口吻说："你们每天很辛苦，今天可以早一点回去。"如果这样称赞，那么对方也会感谢你的一番好意，高高兴兴回家了。

2.千万不要在女性面前称赞其他女性

有人说："女人的敌人就是女人自己。"对女性而言，其他女性全都是永远的敌人。

市内某女子中学里，据说有位男老师在课堂上总是以相同的速度走动，倘若中途不经意停下来，那么全班便认为老师对旁边的女孩子有意思，也许有人会觉得很荒谬，但实际上却有男老师因不堪其扰而辞职。

女性在男女关系中没有所谓洒脱的状态，亦即没有所谓中立状态。例如，情侣相偕上街，男的看着迎面而过的漂亮小姐，说道："哇!好漂亮的女孩。"大致上，女的会因生气而不再理他。

3.女性有关家庭或孩子的牢骚，不要以为同声附和能讨欢心

女性跟人谈话时，话题很容易谈到自己的孩子、家庭，而这些话大多以发牢骚的方式说出来。例如："我儿子好玩，真叫人担心。"如果你不小心附和说："是啊!那孩子的确如此。"对方必定大为发火，其理甚明。

女性的牢骚，细加推敲，不难发现带有这样的期待："我儿子只是好玩，如果这一点改过来，无论成绩、无论什么，都会有长足的进步。"甚至可能是在炫耀："我儿子聪明、乖巧，只是好玩而已。"

至于有关先生的牢骚，可说完全是在炫耀。"每星期打高尔夫球，

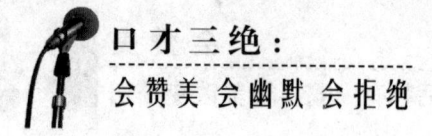

连星期天也不在家,他实在应该稍微为孩子想一想"。换言之,她想炫耀:"我先生忙着应酬,陪客人打高尔夫球,这是事业成功的现象。"只是不好意思直接炫耀,所以才采用牢骚的方式说出来。不要附和这种牢骚,应该加以否定而使她心旷神怡才是机灵。

做到赞赏不逾时

赞美别人要善于把握时机,因为赏不逾时。一旦发现别人有值得赞美的地方,马上要发掘出表扬的道理当众表扬他,不要拖拉,也不必要积累到一起再找时机表扬。因为当其他人看到某人的成绩或优点时,嫉妒心可能萌发,为寻求心理平衡可能会找到攻击其的理由,所以赞美"留到以后再说",难度可能更大。

有一次,曾国藩召集诸将议论军务,他先发言道:"诸位都知道,洪秀全是从长江上游东下而占据江宁的,现湖北、江西均为我收复,江宁之上,仅存皖省,若皖省克复,江宁则早晚必成孤城。"此时,一向沉默寡言的李续宾从曾国藩的话中意识到了下一步的用兵重点,就试探着插话问道:"大帅的意思是要进兵安徽?""对!"曾国藩见李续宾听出了自己话中的真意,便以赏识的口气说:"续宾说得不错,看来你平日对此已有思考。为将者,攻营拔寨算路程等尚在其次,重要的是胸有全局,规划宏远,这才是大将之才。续宾在这点上,比诸位要略胜一筹。"其他将领也连连点头,认为曾国藩说得不错。

曾国藩是很善于赞扬别人的,他听完李续宾的发问后,立即抓住时机,准确及时地给予大力赞扬。这在李续宾听来无疑是增强了自信心;在其他人听来,也仿佛接受了一次教导。一次准确及时的赞扬,产生了两个好的结果。

Part3　这样夸，让你的赞美与众不同

捧要捧出新意

对于初次见面的人，哪一种赞美最有效呢?方法是，最好避免以对方的人品或性格为对象，而称赞他过去的成就、行为或所属物等看得见的具体事物。如果赞美对方"你真是个好人"，即使是由衷之言，对方也容易产生"才第一次见面，你怎么知道我是好人"的疑念及戒备心。

如果赞美过去的成就或行为，情况就不同了。赞美这种既成的事实与交情的深浅无关，对方也比较容易接受。也就是说，不是直接称赞对方，而是称赞与对方有关的事情，这种间接奉承在初次见面时比较有效。如果对方是女性，则她的服装和装饰品将是间接奉承的最佳对象。

笔者和不少朋友的全家都相处得很好，其中与一家夫人的友谊甚至比和她丈夫的友谊更为深厚，当然我们之间的关系绝不会使人产生误会。本来笔者只认识她的丈夫，那么笔者怎么成了她全家的朋友呢?起因是在与她初次见面的那次宴会上我随便说出的一句话。

当时，笔者被介绍给这位朋友的夫人，由于当时没有适当的话题，就顺口说了一句"你佩戴的这个坠子很少见，非常特别"，企图以此掩饰当时的尴尬。笔者说这句话完全是无意的，因为笔者根本不懂女人的装饰品。出人意料的是，这个坠子果然很特别，只有在巴黎圣母院才买

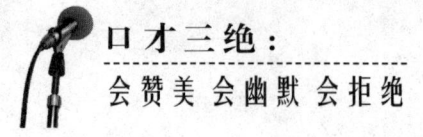

得到，这是她的心爱之物。随便说出的这句话，使这位夫人联想起有关坠子的种种往事，从此我们便成了好朋友。

要恰如其分地赞美别人是件很不容易的事。如果称赞不得法，反而会遭到排斥。为了让对方坦然说出心里话，必须尽早发现对方引以为自豪、喜欢被人称赞的地方，然后对此大加赞美，也就是要赞美对方引以为自豪的地方。在尚未确定对方最引以为自豪之处前，最好不要胡乱称赞，以免自讨没趣。试想，一位原本已经为身材消瘦而苦恼的女性，听到别人赞美她苗条、纤细，又怎么会感到由衷的高兴呢？

另外，从第三者口中得到的情报有时在初次见到对方时能起到重要的作用。因此，利用所得到的情报当面夸奖对方，当然也是为了自己主动。但是，如果你将这些情报、传言直接转述给对方，恐怕只会遭到轻蔑。这里面的方法大有门道。

有关对方的传言，对你来说即使十分新鲜，也应避开这些陈旧的赞美之词，而大大赞美他较不为人所知的一面。正如出现在著名作家三岛由纪夫的著作《不道德教育演讲》中的将军，一听到别人称赞他美丽的胡须便大为高兴，但对于有关他作战方式的赞誉却不放在心上。这种心理是每个人都有的。大概不少人赞美过这位将军的英勇善战及富于谋略的军事才干，但是他作为一个军人，不论在这方面怎样赞美他，也只是赞歌中的同一支曲子，不会使他产生自我扩大感。然而，如果你对他军事才能以外的地方加以赞赏，等于在赞词中增加了新的条目，他便会感到无比的满足。

赞美越具体越好

赞美越具体，说明你对对方越了解，从而拉近了彼此之间的关系。

克莱斯勒公司为美国前总统罗斯福制造了一辆汽车，因为他下肢

会赞美
Part3 这样夸，让你的赞美与众不同

瘫痪，不能使用普通的小汽车。工程师把汽车送到了白宫，总统立刻对它表示了极大的兴趣。他说："我觉得不可思议，你只要按按钮，车子就开起来，驾驶毫不费力，真妙。"他的朋友和同事们也在一旁欣赏汽车。总统当着大家的面夸奖："我真感谢你们花费时间和精力研制了这辆车，这是件了不起的事。"总统接着欣赏了散热器、特制后视镜、钟、车灯等，换句话说，他注意并提到了每一个细节，他知道工人为这些细节花费了不少心思。总统还坚持让他的夫人、劳工部长和他的秘书注意这些装置。

这种具体化的赞美让人感觉到了真心实意。

因此，赞美话一定要切合实际，言之有物。比如到别人家里做客，与其不切实际地乱捧主人一场，不如赞美主人房间布置得别出心裁、壁上的一幅上乘之作或盆栽的精巧。若要取得他人的喜欢，我们就要尽量发现他人的兴趣并加以发挥。若主人爱狗，不妨赞美他的狗；若主人爱金鱼，则不妨说说自己如何欣赏那些鱼的美丽。赞美别人最近的工作成绩、最心爱的宠物、最费心血的设计，比说上许多无谓虚浮的客气话更为明智。特别关心别人的某一种特质，必使人在欣喜之外还觉感激。

许多人认为赞美别人主要是从他的突出方面来谈，其他的细枝末节，可赞美亦可不赞美，这是不对的。

你认真想想：别人闪光的一面是最容易被发现的，也是别人赞的最多的，可以说已经听的麻木了，你再跑上去凑热闹，肯定毫无效果。反倒是那些平时人们不太注重的细节受到赞扬更能令人高兴。

由此我们还可以想到，赞美一件微小的事，一个微小的进步，这些往往更容易给人们留下深刻的记忆。

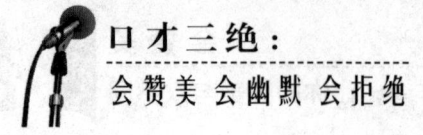

口才三绝：
会赞美 会幽默 会拒绝

细微处赞美，润物细无声

赞美不仅要抓住对方大致的心理波动，而且要于细微之处下工夫，这样既能收到"润物细无声"的效果，又有极强的针对性。

1971年7月29日，基辛格率代表团秘密访华，进行打破中美中断20年外交僵局的谈判。来华前，尼克松总统曾不止一次为他们设想这次会谈的情形，以为中方会大拍桌子叫喊"打倒美帝国主义"，勒令他们退出台湾，滚出东南亚。为此基辛格一行人心理非常紧张。

但事实出乎他们的意料。前总理周恩来在钓鱼台国宾馆亲切会见了他们。前总理周恩来微笑着握着基辛格的手，友好地说："这是中美两国高级官员二十几年来第一次握手。"当基辛格把随行人员一一介绍给前总理周恩来时，他的赞美更出乎他们的意料。他握住霍尔德里奇的手说："我知道，你会讲北京话，还会讲广东话。广东话连我都讲不好。你是在香港学的吧！"又对斯迈泽说："我读过你在《外交季刊》上发表的关于日本的论文，希望你也写一篇关于中国的。"最后他握住洛德的手，"小伙子，好年轻，我们该是半个亲戚，我知道你的妻子是中国人，在写小说。我愿意读到她的书，欢迎她回来访问。"

周总理简短的欢迎词里蕴含了高超的赞美技巧。他认识到基辛格一行人的紧张心情，在严肃的外交场合，他有意淡化了政治角色，而是抓住细微之处，拉家常似的，对其语言才能、论文、家庭成员进行了一番巧妙的赞美。称赞得既亲切又得体，缓解了对方的紧张情绪，使基辛格一行人对中国的领导人顿生敬意，认识到中国人民的友好态度。真是一箭双雕。

前总理周恩来能做到这一点，是事前细心准备的结果。他先对基辛格一行人的工作、生活资料做了一定的了解，准确地找出他们在外交场合一般不为人所提及的细小之处。同时，前总理周恩来对他们来华心理做了大致分析，才会有外交场合亲切的言词和出色的表现。

Part3 这样夸，让你的赞美与众不同

人的心理有相对稳定的一部分，但也有不稳定的部分，往往随气氛和场合的变化而变化。细心的人善于捕捉对方此时此地的心境，予以适当的赞美。

元旦晚会上，大家都兴高采烈，有说有笑，台上节目精彩纷呈。在角落里，只有小王一个人闷不作声，心事重重。这时主持人发现了他的变化。他想："小王平时表现挺积极，做事挺热情，今天怎么了！"他又想到小王是新转来的学生，可能想以前的同学了。他于是对大家说："小王是这学期刚转咱们班的。平时各方面表现很积极，与同学关系也很融洽，我们现在就像是一家人了，共欢乐，共进步。现在，让小王为我们唱支歌，好吗？"小王听了这番话，被深深地感动了，他感受到了新班集体的温暖和凝聚力，很快与大家玩在了一起。

主持人是个很细心的人，善于观察他人心理的细微变化，用赞美、鼓励的话开解他人心中的不快。如果他是个马大哈，只顾自己开心，那么气氛不一定会很融洽。

多在背后赞美他人

曹雪芹在《红楼梦》里写了这样一段话：

史湘云、薛宝钗劝贾宝玉去做官，贾宝玉大为反感，对着史湘云和薛宝钗赞美林黛玉说："林姑娘从来没有说过这些混账话！要是她说这些混账话，我早和她生分了。"

凑巧这时黛玉正来到窗外，无意中听到贾宝玉说自己的好话，不觉又惊又喜，又悲又叹。结果宝、黛两人互诉心声，感情大增。因为在林黛玉看来，宝玉在湘云、宝钗、自己三人中只赞美自己，而且不知道自己会听到，这种话才是难得的。

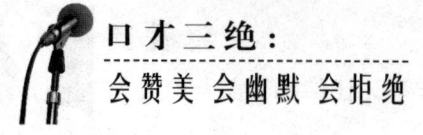

口才三绝：
会赞美 会幽默 会拒绝

德国历史上的"铁血宰相"俾斯麦为了拉拢一位敌视他的议员，便有计划地在别人面前说那位议员的好话。俾斯麦知道，那些人听了自己说的议员的好话后，一定会把他的话传给那位议员。后来，两人真成了无话不说的朋友。

人往往喜欢听好听的话，即使明知对方讲的是奉承话，心里还是免不了会沾沾自喜，这是人性的弱点。一个人听到别人说自己的好话时，绝不会感到厌恶，除非对方说得太离谱了。作为一门学问，说好话的奥妙和魅力无穷，然而，最有效的好话还是在第三者面前说。

设想一下，若有人告诉你，某某在背后说了许多关于你的好话，你能不高兴吗？这种好话，如果是在你的面前说给你听的，或许适得其反，让你感到很虚假，或者疑心对方是否出于真心。为什么间接听来的便会觉得特别悦耳动听呢？那是因为你坚信对方在真心地赞美你。

当你直接赞美对方时，对方极可能以为那是应酬话、恭维话，目的只在于安慰自己。要是通过第三者来传达，效果便会截然不同。此时，当事者必定认为那是真诚的赞美，没有半点虚假，从而真诚接受，可能还会对你感激不尽。

在现实中，我们往往会看到这样的现象：当父母希望孩子用功读书时，采用整天当面教训孩子的方法，是很难获得一些效果的，但是，假如孩子从别人嘴里知道父母对自己的期望和关心，父母在自己身上倾注了很多心血时，便会产生极大的动力。

卡尔上初中后，由于他父亲去世的影响，学习成绩逐渐下降。他的妈妈苏珊想方设法帮助他，但是她越是想帮儿子，儿子离她越远，不愿意和她沟通。学期结束时，卡尔成绩单上显示他已经缺课95次，还有6次考试不及格。这样的成绩预示他极有可能连初中都毕不了业。苏珊想了很多办法，比如带他到学校的心理老师那里去咨询、软硬兼施、威胁、苦口婆心地劝他甚至乞求他，但是，这一切都无济于事。卡尔依然我行我素。

会赞美

Part3 这样夸，让你的赞美与众不同

一天，正在上班的苏珊接到一个自称是卡尔学校的心理辅导老师的电话。老师说："我想和你谈谈卡尔缺课的情况。"

老师刚说了这一句，不知为什么，苏珊突然有一种想倾诉的冲动。于是她坦率地把自己对卡尔的爱，对他在学校里的表现所产生的无奈，她自己的苦恼和悲哀，毫无保留地统统向这个从未谋面的陌生人一吐为快。苏珊最后说："我爱儿子，我不知道该怎么办。看他那个样子，我知道他还没有长大，他是一个好孩子，只要他努力，他会学出好成绩，我相信他，我的儿子是最棒的。"

苏珊说完以后，电话那头一阵沉默。然后，那位心理辅导老师严肃地说："谢谢你抽时间和我通话。"说完便挂上电话。

卡尔的下一次成绩单出来了，苏珊高兴地看到他学习有了明显的进步。后来卡尔一跃成为班上的头几名。

1年过去了，卡尔升上了高中，在一次家长会上，老师介绍了他怎样从差生向优生的转变过程，还夸奖苏珊教子有方。

回家的路上，卡尔问苏珊："妈妈，还记得1年前那位心理辅导老师给您打的电话吗？"苏珊点了点头。

"那是我。"卡尔承认说，"我本来是想和您开个玩笑的。但是我听见了您的倾诉，心里很难过。我就想，是我伤了您的心。这使我很震惊。那时候我才意识到，爸爸去世了，您多不容易啊！我必须努力，再也不能让您为我操心了，我下定决心，一定要让您为有我这个儿子而骄傲。"

卡尔的一席话，使苏珊的心里顿时充满了温暖。

请多多和孩子沟通与交流，让彼此的心灵不再遥远。如果你对孩子有什么看法和建议，不妨找个机会开诚布公地谈一谈。

又如，当下属的人，平时上司在自己面前说了很多勉励的话，但还是没有多大感触，但当有一天从第三者的口中听到了上司对自己的赞赏后，深受感动，从此更加努力工作，以报答上司对自己的"知遇"之恩。

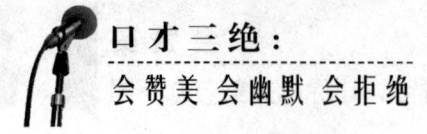

多在第三者面前说一个人的好话，是使你与那个人关系融洽的最有效的方法。假如有一位陌生人对你说："某某朋友经常对我说，你是位很了不起的人！"相信你感动的心情会油然而生。那么，我们要想让对方感到愉悦，就更应该采取这种在背后说人好话的策略。因为这种赞美比起一个魁梧的男人当面对你说"先生，我是你的崇拜者"更让人舒坦，更容易让人相信它的真实性。这种方法不仅能使对方愉悦，更具有表现出真实感情的优点。

欣赏别人的缺点

这是发生在日本的一个故事：

一个五音不全的先生，竟然唱歌大受欢迎。每逢大家聚会时，他必然会被众多掌声请上台。他完全无法拒绝大家的热情，只好每次都唱同一首歌，他就是被同事们昵称为"阿滨"的渡边先生。

阿滨很聪明，每当别人要求他唱歌时，他总会巧妙地利用自己的五音不全，唱起美空云雀小姐的歌——《五月的天空》。不可思议的是，只要阿滨的这首歌一唱出来，其他的美妙旋律都因而失色，完全不能与阿滨的歌声抗衡。

同事们在要求他唱歌时，一定会很整齐地用一首广告歌的旋律唱着："五音不全的渡边，唱首歌吧！虽然让人听了头痛，还是请你唱首歌吧！"

千呼万唤之后，阿滨终于带着一脸的笑容走出来了。他用右手中指推推那落伍的大黑眼镜后，以立正的姿势，开口唱出："五月的天空，太阳又上升……"

他总是那么认真，正正经经地唱着这首一成不变的歌，不管走到哪

会赞美

Part3 这样夸，让你的赞美与众不同

里都是这首，而且总是固定地慢半拍。当他开始唱"五月的……"时，速度还算正常，等唱到"天空……"就很奇妙地慢了下来。阿滨既不害羞，也不恐惧，仍然以他那认真的表情继续唱下去。

听他唱歌的人，几乎都笑弯了腰。在大家笑得快喘不过气来的时候，阿滨仍然继续唱着：太阳……又上升……"大家听到这里，更忍不住笑得前仰后合！

不过，大家的笑声中，绝没有一丝轻蔑，因为个性温和的阿滨，缓和了会场中稍嫌僵硬的气氛。他不像一些自以为很会唱歌的人那样，在台上炫耀自己的优点，相反的，他是以另一种风格来为大家制造欢乐。听了他的歌以后，让人觉得血液畅通，神清气爽，这"五音不全"的魅力还真大呢！

和这位五音不全的渡边先生一样，每个人做事或本身的条件，一般总会有这样那样的不足，只要我们善于欣赏他人的缺点或不足，它便会成了对方的特点，这种特点并不会被人瞧不起，反而最容易被人记住、喜爱。总之，有点小缺陷，不必有自卑感，拿出勇气泰然处之，将劣势变成一种令人难忘的特点，也会受到大家的喜欢。

比如，有的人因说话不标准而有些自卑。其实这也是我们应该多加发挥的短处之一。如果能够在言谈中，保留故乡话的人情味，谁说这不是一种真实的表现呢？

多谈对方的得意之事

无论是与朋友还是客户交谈，多谈一谈对方的得意之事，这样容易赢得对方的认同。如果恰到好处，他肯定会很高兴，并对你心存好感。

美国著名的柯达公司创始人伊斯曼，捐赠巨款在罗彻斯特建造一座

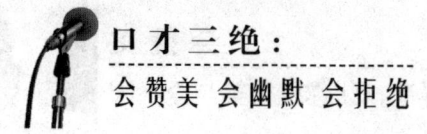

音乐堂、一座纪念馆和一座戏院。为承接这批建筑物内的坐椅，许多制造商展开了激烈的竞争。但是，找伊斯曼谈生意的商人无不乘兴而来，败兴而归，一无所获。正是在这样的情况下，"优美座位公司"的经理亚当森，前来会见伊斯曼，希望能够得到这笔价值9万美元的生意。

伊斯曼的秘书在引见亚当森前，就对亚当森说："我知道您急于想得到这批订货，但我现在可以告诉您，如果您占用了伊斯曼先生5分钟以上的时间，您就完了。他是一个很严厉的大忙人，所以您进去后要快快地讲。"亚当森微笑着点头称是。

亚当森被引进伊斯曼的办公室后，看见伊斯曼正埋头于桌上的一堆文件，于是静静地站在那里仔细地打量起这间办公室来。

过了一会儿，伊斯曼抬起头来，发现了亚当森，便问道："先生有何见教？"

秘书把亚当森作了简单的介绍后，便退了出去。这时，亚当森并没有谈生意，而是说："伊斯曼先生，在我等您的时候，我仔细地观察了您这间办公室。我本人长期从事室内的木工装修，但从来没见过装修得这么精致的办公室。"

伊斯曼回答说："哎呀！您提醒了我差不多忘记了的事情。这间办公室是我亲自设计的，当初刚建好的时候，我喜欢极了。但是后来一忙，一连几个星期我都没有机会仔细欣赏一下这个房间。"

亚当森走到墙边，用手在木板上一擦，说："我想这是英国橡木，是不是？意大利的橡木质地不是这样的。"

"是的"，伊斯曼高兴得站起身来回答说："那是从英国进口的橡木，是我的一位专门研究室内橡木的朋友专程去英国为我订的货。"

伊斯曼心情极好，便带着亚当森仔细地参观起办公室来了。

他把办公室内所有的装饰一件件向亚当森作介绍，从木质谈到比例，又从比例扯到颜色，从手艺谈到价格，然后又详细介绍了他设计的

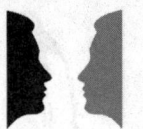

Part3 这样夸，让你的赞美与众不同

经过。

此时，亚当森微笑着聆听，饶有兴致。他看到伊斯曼谈兴正浓，便好奇地询问起他的经历。伊斯曼便向他讲述了自己苦难的青少年时代的生活，母子俩如何在贫困中挣扎的情景，自己发明柯达相机的经过，以及自己打算为社会所作的巨额的捐赠……亚当森由衷地赞扬他的功德心。

本来秘书警告过亚当森，谈话不要超过5分钟。结果，亚当森和伊斯曼谈了一个小时，又一个小时，一直谈到中午。

最后伊斯曼对亚当森说："上次我在日本买了几张椅子，放在我家的走廊里，由于日晒，都脱了漆。昨天我上街买了油漆，打算由我自己把它们重新油好。您有兴趣看看我的油漆表演吗？好了，到我家里和我一起吃午饭，再看看我的手艺。"

午饭以后，伊斯曼便动手，把椅子一一漆好，并深感自豪。直到亚当森告别的时候，两人都未谈及生意。最后，亚当森不但得到了大批的订单，而且和伊斯曼结下了终身的友谊。

为什么伊斯曼把这笔大生意给了亚当森，而没给别人？这与亚当森的口才很有关系。如果他一进办公室就谈生意，十有八九要被赶出来。亚当森成功的诀窍，就在于他了解谈判对象。他从伊斯曼的办公室入手，巧妙地赞扬了伊斯曼的成就，谈得更多的是伊斯曼的得意之事，这样，就使伊斯曼的自尊心得到了极大的满足，从而把他视为知己。这笔生意当然非亚当森莫属了。

借"第三人"的角色来赞美

如果你对一位初相识的女人说恭维话，相信她是不会认为自己真的那么好，这个时候你千万别太主观地对她说："你真漂亮哟！"而应

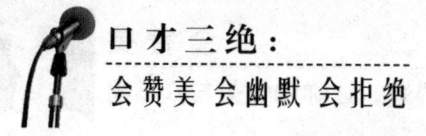

该说:"听朋友说过你很美丽可爱,今日一见果真名不虚传。"或者:"早就听人说你们单位今年招了一位非常美丽的女孩,原来就是你啊!你比我想象的更美丽。"

像这样从客观的角度对她说,她反而更容易接受。而且,她会因此对你的印象特别深刻。

如果你仅仅强调个人的看法,她是不会相信的。要使对方认为你说的是真实的,那就必须在客观中包含着主观,如此,她才不会怀疑你是在假恭维。

对于女人,与其把你对她的赞美之词说上一百次,还不如加上一句"大家都这么认为"更为有用,因为她们天生就有让别人也认同的愿望。

朴实的赞美话更能打动人心

清代的左宗棠平素喜欢牛,认为牛能任重道远,他甚至把自己看做是牵牛星降世。他曾经在自己的后花园开凿水池,左右各列着一个石人,一个似牛郎,一个似织女,并且在旁边立着石牛,隐喻自负之意。

左宗棠身体肥胖,大腹便便。他曾经在茶余饭后捧着自己的肚子说:"将军不负腹,腹亦不负将军。"一天,他捧着自己的肚子问手下人:"你们知道我这腹中装的是什么东西吗?"有的说是满腹文章,有的说是满腹经纶,有的说腹中有十万甲兵,有的干脆说腹中包罗万象。左宗棠听了后连说:"否,否!"忽然有位小校出来大声说:"将军之腹,装满了马绊筋。"左宗棠听了拍案大加赞赏说:"是,是!"小校因此而受到提拔。

湖南人叫牛吃的草为"马绊筋"。小校的回答正是抓住了左宗棠的心境,与他的夙志相符,所以受到了左宗棠的赞赏和提拔。

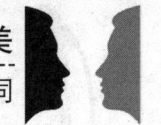

Part3 这样夸，让你的赞美与众不同

凡是说赞美的话，一定要切合实际，而且要言之有物。比如若要取得他人的喜欢，我们就要尽量发现他人的兴趣并加以发挥。若主人爱狗，不妨赞美他的狗；若主人爱金鱼，则不妨说说自己如何欣赏那些鱼的美丽。赞美别人最近的工作成绩、最心爱的宠物、最费心血的设计，比说上许多无谓虚浮的客气话更为明智。特别关心别人的某一种爱好，必使人在欣喜之外还觉感激。

夸人减龄，遇货添钱

有句俗话说："夸人减龄，遇货添钱。"这也是一种赞美。

1. 夸人减龄

芸芸众生，每一个人都希望自己永远年轻。因此，成年人对自己的年龄非常敏感。

由于成年人普遍存在怕老心理，所以"夸人减龄"就成了讨人喜欢的说话技巧。这种技巧在于把对方的年龄尽量往小处说，使对方觉得自己年轻、养生有术等，从而产生一种心理上的满足。

比如一个三十多岁的人，你说他看上去只有二十多岁，一个六十多岁的人，你说他看上去只有四五十岁，这种说法对方是不会认为你缺乏眼力，对你反感的，相反，他会对你产生好感，形成心理认同。

"夸人减龄"这种方法只适用于成年人（特别是中老年人），相反，对于幼儿、少年，用"逢人长命"（年龄往大处说）的方法效果较好，因为他们有一种渴望成长的心理。

2. 遇货添钱

货，就是购买物品。买东西是再平常不过的日常行为。在我们的心中，能用"廉价"购得"美物"，那是善于购物者所具有的特质，是精明人的一种象征，虽然我们不会，也不可能都是精明购物者，但我们还是希望我们的购物能力得到别人的认可。

因此，当我们买了一件物品之后，如果花了50元，别人认为只需30元时，我们就会有一种失落感，觉得自己不会买东西。但当我们花了30元，别人认为需要50元时，我们则有一种兴奋感，觉得自己很会买东西。由于这种购物心态的存在，"遇货添钱"这种说话方式就能打动人心了。

比如，甲买了一套款式不错的西服，乙知道市场行情，这种衣服两三百元完全可以买下。于是乙在品评时说："这套西服不错，恐怕得六七百元吧？"甲一听笑了，高兴地说："老兄说错了，我160元就买下啦！"

这里乙的说法就很有技巧性，在他不知道甲花了多少钱买下这套衣服的情况下故意说高衣服的价格，使对方产生成就感，当然也就使得对方高兴。

遇货添钱法能讨得对方欢心，操作起来也简单，对其价格高估就行了。当然"价格高估"也需要注意：一要对物价心里有底；二不能过分高估，否则收不到好的效果。

准确赞美让人觉得特殊而真诚

不论什么样的人，都有自己独特的经历、事迹，总有值得令人欣赏、赞扬与钦佩之处。对这些已经发生或正在发生的事迹与行为的赞美，就是对对方人生的一种肯定。

小吴到某公司求职，事前他广泛采集、了解了公司经理的创业奋斗史，见面后他这样说："我很愿意在贵公司工作，我觉得能在你手下

Part3　这样夸，让你的赞美与众不同

做事，是最大的光荣。因为你是一位依靠个人奋斗取得事业成功的人物。我知道你28年前创办公司的时候，只有一张桌子、一位职员和一部电话机，经过你的艰苦奋斗，才有了今天的大业。你这种精神令我钦佩，我正是奔着这种精神才前来接受你的挑选的。"结果，小吴求职成功。

所有事业有成就的人，差不多都乐于回忆当年奋斗的经历，这位经理也不例外。小吴一下子就抓住了经理的心理，这番话引起了经理的共鸣。因此经理乘兴谈起他成功的历史，小吴始终在一旁洗耳恭听，以点头来表示钦佩。最后，经理对小吴很简单地问了一些情况，就拍板说："你就是我们所需要的人。"

赞美对方的事迹和行为，有以下几点要求需要注意。

1.赞美对方的事迹和行为，需站在一定的高度上，充分发掘别人成绩的意义，并推测它将带来的影响

因为赞美一个人的行为和贡献比赞美他本人好，但一定要说中要害，这样你的赞美才会上品位、上档次。

2.赞美对方的行为或他的贡献时，不光要显得具体而贴切，而且要让人觉得特殊而真诚

赞美一个人的行为或成绩，还可以避免偏见或功利主义。因此，在日常生活中，与其对一个人说："你真了不起。"不如仔细阐述他所做的某一件事情所带来的巨大的社会效应或经济效益。

赞美一个人的工作，会促使他工作时更加卖力；赞美一个人的行为，他的行为则会因此大有改善。

3.赞美对方的事迹或行为时，必须一语中的，就像射箭一定要射中靶心

赞美别人的首要条件，是要有一份诚挚的心意和认真的态度。因此赞美别人时，千万不要讲出与事实相差十万八千里的话。例如，你千万

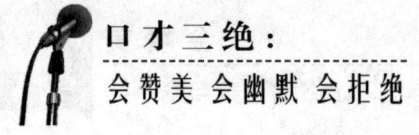

不要对你年老的母亲说:"你看起来比我姐还年轻。"这样你只会招来一顿狂骂。

赞美对方最看重的东西

每个人都有自己与众不同的追求目标、兴趣爱好,根据这些来适时地加以赞美,会令对方心生好感。比如:男人最看重的是事业、能力、财富与地位等,女性最看重的是容貌美丽、服饰华美高贵,等等,甚至男性的一个宠物,女性的一件衣饰,都可以成为赞美的话题。

古月作为扮演毛泽东的"特型演员"取得了巨大的成功。他扮演的毛泽东形神兼备,得到了专家和观众的认可。这与他妻子桂萍的赞美和鼓励是分不开的。古月在"触电"之前39岁,是个科长,是部队机关里公认的有水平的中层领导,是"第三梯队"的候选人,可以说"仕途坦荡"。在一次接受扮演毛泽东角色的挑选时,他对自己能否被选上心里没底,心想:即使选上了,自己没有演过戏,能行吗?他的妻子桂萍的一席话打动了古月。她对丈夫说:"你的确是当官的料,领导也信任你。可当演员毕竟是一门不同寻常的职业啊!你是从孤儿院被解放军救出来的,你一直感谢共产党,深爱毛泽东。你现在只是用辛勤的工作表达你个人的感情,而你当演员可以通过表演去表达千百万人的情感。再说,你学什么都能成,学表演也准行!"妻子的赞美加鼓励,使古月像吃了"定心丸"一样,果然他把握了这次机会,从一个电影的门外汉干起,后来终于成为著名影星。古月后来回忆这段经历时常说:"'你学什么都能成,学表演也准行'这句话,使我终身受益匪浅。"

上例中,古月的妻子就是从对丈夫的能力与才华上进行了赞美,使古月不仅心里高兴,也得到了一种无形的激励。

Part3 这样夸，让你的赞美与众不同

会赞美

赞美对方身上新发现的优点

赞美不一定非得是大事，即使是别人一个很小的优点或长处，只要能给予恰如其分的赞美，同样能收到好的效果。

赞美别人要善于从小事着手，于细微之处见高下。例如，注意赞美对方较不易为人知的优点，往往可以使对方得到意外的惊喜。

一个人无论怎么差劲，也会有一两个值得赞美的优点。如果你面对的是一位美貌绝伦的女子，你老调重弹，夸其美得如何沉鱼落雁、闭月羞花，往往引不起她多大的兴趣。如果一个年轻的女孩子或许长相难看，但牙齿长得很漂亮，或者皮肤很白，等等，要善于抓住这些地方对其加以赞美。也许有的人根本不在乎这些小优点，但无论如何，你的赞美一定会使她心情愉快。

有些人可能天生条件优越（身材、形象、地位、财富等），经常受到其他人各种各样的赞美。时间一长，听得多了，也就不太当回事了。发掘对方身上新的优越之处及区别他人的优点，是改变赞美落入俗套的有效方法之一。

青年企业家李哲如日中天，电视报纸上大名满天飞，什么五一劳动奖章、劳动模范、优秀企业家、扶贫状元的桂冠几乎都戴满了，他的耳边听得最多的就是赞美之词。虽然他仍挺喜欢这些赞美，但已经不太注重和放在心上了。然而有一天，他与外地一家企业谈判完后进餐厅用餐，在对方的推劝下，他第一次拿起麦克风唱起了卡拉OK，一支《驼铃》唱毕，众人齐声为他鼓掌。对方的一位副经理惊讶地说："过去只听说李先生大仁大义，慷慨豪侠，精明干练，而且极有事业心和责任感。却不料李先生不仅能在商海里中流击水，而且天生一副李双江的好嗓子，嘹亮高亢，清脆激越，音色音量俱佳！开句玩笑，李先生若不是早成企业家，有人提携一下说不定也成了一个大牌歌星了呢！"这话虽

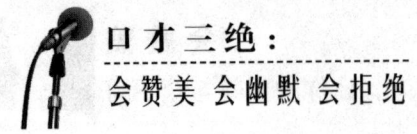

有些夸张,但李哲却感到挺受用。他知道自己虽不能唱得像对方赞美的那么好,但毕竟使自己发现了一个过去忽视的优点。过去,他是一见唱歌就躲,从这以后却勇于登场,在这个企业家的身上又多出了一份亮色——唱歌。

谁能说这不是那位副经理的赞美之功呢?

赞美你希望对方做的一切

不论是你的亲戚朋友,还是同学同事,或者是你的领导以及与你相逢的陌生人,当你期望他们成为什么样的人或应该要做什么事的时候,恰到好处地以此为中心的赞美之词,往往特别容易使他们感动而朝着你所希望的那样去做。

据说有甲乙两位猎人,各猎得两只野兔回来。甲的妻子见后,冷冷地说:"就打了两只啊?"甲知道妻子在心里埋怨着他。第二天他故意空手回家,让女人知道打猎是件不容易的事情。乙猎人所遭遇的则恰好相反。他的妻子看见他带回两只野兔,就欢天喜地地说:"你竟然打到了两只!"乙听了心中喜悦:"两只算什么?"他高兴得有点骄傲地回答他的女人。第二天他打回来四只。乙的妻子正是用高超的赞美达到了自己所希望丈夫做的那个目的——多打几只!

一个妻子作出一道可口的佳肴,丈夫说一句:"你的菜做得真好,使我胃口大开。我不但娶了个好太太,还娶了一位特级厨师!"尽管夸张了点,妻子听了却心花怒放。以后她可能会更加卖力地"钻研"她的"特级厨师"手艺。而这不正是那个高明的丈夫赞美的结果吗?

Part3 这样夸，让你的赞美与众不同

赞美对方最得意的事情

如果我们对别人没有仔细地研究过，就不可盲目地恭维对方。只有发自内心、由衷的敬佩别人的话，才能打动别人，引起别人的好感。

比如，赞美一位有名望、有地位的人，我们首先要想到，他能够成为名人，一定是在自己的工作中有特殊的贡献，而在他成名之后，恭维他工作成绩的人一定很多，时间久了当然也会生厌，若我们仍然依葫芦画瓢地用别人所用过的话来恭维他，是不会使他觉得高兴的。所以，我们的恭维若不能别出心裁，则无济于事。

对这种人，最好拣工作以外的其他事情去赞美他。比如某歌唱家喜欢在闲时写写诗，那么我们与其赞美他歌声悦耳动听，不如说他诗写得好，因为对方成名的工作，无须我们再多恭维，而其诗写得好却无人加以注意，我们若特别提及，一定会博得他无限喜悦。

所以，赞美一个普通的人，可以赞美他努力了许多时间而无人注意的工作，尤其是他足以自慰的工作或本领。但对于一位名人，我们却要欣赏他那些不大为别人所知的，但是他自己所得意的事情。

一位青年去拜访一位大学教授，因初次相见，彼此有些不自然。他猛地想起这位教授在业余十分喜欢收集火花，便说："王教授，我听说您在著书立说之余还一直精心地收集火花，这确实是件有特殊意义的好事。因为它使我扭转了一个印象：教授学者都是戴着近视眼镜的学究。今天我才知道，教授学者是爱好更广泛的人！"王教授听后，心里很是欣喜，对这位青年的细心与理解十分感激，很快就与青年谈得很投机。

赞美对方最倾心而别人却并不以为然的事，是赞美中最能博取好感也最不易做到的一点。因为你必须在赞美前了解和熟知对方所最倾心的事情，这就需要细心观察和认真调查。

会幽默

　　无论在哪一种社交场合，无论你置身于哪一个圈子，如果其中有一位浑身充满幽默细胞的"活宝"在场，那么其他人的光环都会黯然失色。这就是幽默口才的魅力。一句幽默胜过万语千言。谁能说一个寡言少语却不失幽默的人没有口若悬河却乏味枯燥的人魅力大呢？

Part4 幽默无敌：
没有比这么说更让人感到开心了

幽默的乐趣

随着物质文明和精神文明的不断进步，人们越来越懂得欣赏和制造幽默，以图活得更轻松更愉快些。幽默不仅要引人发笑，还要有意味。真正的幽默，应该是机智百变，妙趣横生，让人越琢磨越捧腹，而且有茅塞顿开般的启发。反之，就降格为插科打诨了，那种逗乐也不过如同伸手到人腋下。幽默是才智积累到一定程度的自然发挥，是反应训练到一定程度的自然表现。要想幽默，只有踏踏实实地丰富自己，提高自己。

美国人特鲁说得很好："幽默是一种特性，一种引发喜悦，以愉快的方式娱人的特性；幽默感是一种能力，一种了解并表达幽默的能力；幽默是一种艺术，一种运用幽默感来增进你与他人关系的艺术；幽默是人际关系的润滑剂，它以善意的微笑代替抱怨，避免争吵，使你与他人的关系变得融洽，更有意义；幽默可以帮助你减轻人生的各种压力，摆脱困境；幽默能帮助你战胜烦恼，振奋精神，在沮丧中转败为胜；幽默能帮助你把许多的不可能变成可能；幽默比笑更有深度，其产生的效果远胜于咧嘴一笑，当你把你的幽默作为礼物奉献给他人时，你会得到相应的甚至更多的回报；幽默能使他人更喜欢你，信任你，因为他不必担心被取笑，被忽视，所以人们希望与幽默的人一起工作，乐于为这样的

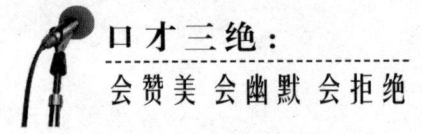

人做事，而且希望与一位有幽默感的人作终身伴侣；总之，幽默是一切奋发向上者所必不可少的力量。"

罗斯福还未当上美国总统之前，家中遭窃，朋友写信安慰他。罗斯福回信说："谢谢你的来信，我现在心中很平静，这要感谢上帝，因为：第一，窃贼只偷去我的财物，并没有伤害我的生命；第二，窃贼只偷走部分的东西，而非全部；第三，最值得庆幸的是：做贼的是他，而不是我。"

真正懂得幽默乐趣的人，就如同故事中的罗斯福总统，抱着乐观的生活态度去发现幽默、发现幸福，这样我们必然能生活在欢声笑语中。

有一次，著名剧作家萧伯纳在街上行走，被一个冒失鬼骑车撞倒在地上，幸好并无大碍。肇事者急忙扶起他，连声抱歉，萧伯纳拍拍屁股诙谐地说："你的运气真不好，先生，如果你把我撞死了，就可以名扬四海了。"

幽默的机智反应并非只是能言善辩，而是一种快乐、成熟的生活态度，掌握了它等于掌握了智慧结晶，得到了快乐的泉源。学习幽默，才能"乐观一切，笑看人生"；才能"开口就是智慧、发声就是天籁"。

幽默大师林语堂曾在某大学教授英文。第一天开始上课，他手提一个大皮包走进教室，学生都以为是课本，当他打开来却是有壳花生，林语堂则用英文大讲其吃花生之道。

他说："吃花生要吃带壳的，一切味道与风趣，全在剥壳，剥壳愈有劲，花生米就愈有味道。"他再补充说："花生米又名长生果，诸君第一天上课，请吃我的长生果祝君长生不老，以后我上课不点名，但愿大家吃了花生果，更有长性子，不要逃学！"语毕，全堂莞尔。

麦克阿瑟将军在为儿子所写的祈祷文中，除了求神赐他儿子"在软弱时能自强不屈；在畏惧时能勇敢面对自己；在诚实的失败中能够坚忍不拔；胜利时又能谦逊温和"外，还祈求上帝赐给他"充分的幽默感"。由此可见，幽默在西方社会中被赋予的崇高的价值与肯定。

会幽默

Part4　幽默无敌：没有比这么说更让人感到开心了

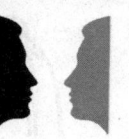

印度诗人泰戈尔（1861—1941年）接到一个姑娘的来信："您是我敬慕的作家，为了表示我对您的敬仰，打算用您的名字来命名我心爱的哈巴狗。"泰戈尔给这位姑娘写了一封回信："我同意您的打算，不过在命名之前，你最好和哈巴狗商量一下，看它是否同意。"

丹麦童话作家安徒生（1805—1875年）很简朴，常常戴着破旧的帽子在街上行走。有个行路人嘲笑他："你脑袋上边的那个玩意儿是什么？能算是帽子吗？"安徒生回敬道："你帽子下边的那个玩意儿是什么？能算是脑袋吗？"

美国政治家查尔斯·爱迪生（1890—1969年）在竞选州长时，不想利用父亲（大发明家爱迪生）的声誉来抬高自己。在作自我介绍时这样解释说："我不想让人认为我是在利用爱迪生的名望。我宁愿让你们知道，我只不过是我父亲早期实验的结果之一。"

一天，有人问英国前首相丘吉尔，做个政治家要有什么条件。丘吉尔回答说："政治家要能预言明日、下月、来年及将来发生的一些事情。"那个人又问："假如到时候预言的事情未实现，那怎么办？"丘吉尔说："那就要再说出一个理由来。"

幽默是人际交往的润滑剂，它在人们的生活中占有举足轻重的地位。但我们不能忘记生活是多彩多姿的，所以在使用幽默时，千万不能滥用幽默，一句妙语可以带来轻松与力量，但滔滔不绝的妙语、笑话、讽刺，也能断绝沟通。我们可能会遇到这样的人，害我们不知所措，只好赶紧逃开威力过大的幽默轰炸。

幽默能使沟通更加融洽，利用幽默产生的开怀大笑达到与人交流的目的，从而令气氛非常愉悦。有时候我们会遇到妙语连珠的人，但我们不要起竞争之心，反而要倾听他内涵之语意，学习对方的长处，若你心中有不平的意念，一心只想用幽默来压倒对方，就可能使气氛陷入紧张，引发对方的仇视心理，可能会造成以后别人对你的攻击。

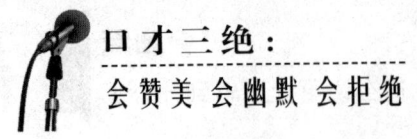

口才三绝：
会赞美 会幽默 会拒绝

用心体会幽默的乐趣，你也能一张口开莲花香；一双手勤做善事；一颗心有情有义；一辈子欢喜自在。

无处不在的幽默

有位哲人说过："幽默是我们最亲爱的伙伴。我们的生活需要幽默，我们的人生需要幽默，一个健全的社会更不能没有幽默。没有了幽默，生活将会变得单调而缺乏色彩，岁月将会变得枯寂、干涸。幽默给予我们的是源源不断的甘泉，它滋养着我们的心灵，润饰着我们的生活。幽默使我们在黑暗中看到光明，在绝境中看到希望。它是寒冬里的一盆炉火，它是窘迫时的一个笑容……幽默美妙而又神奇。"

不要抱怨自己或者身边的人缺乏幽默感，其实，只要留意一下，便发现我们无时无刻不身处在幽默的氛围当中。

比如，乘公共汽车难，但大家都幽默地戏称为"公共汽车咏叹调"。又如，车上人多，乘客没有听见报的站名，错过站的人慌慌忙忙擂车门，大喊："售票员，下车！"而售票员正在酝酿几句奚落话。一位乘客及时插嘴："售票员不能下车。售票员下车了，谁卖票呢？"乘客报以微笑，售票员也变得和颜悦色了。

此时的幽默是有效缓解矛盾的润滑剂，能够很好地调节人际关系。

一位车技不高的小伙子，骑车时见到前边有个过路的老人，连声喊道："别动，别动！"那老人站住后，还是被他撞倒了。小伙子赶忙扶起老人，连声道歉。老人幽默地说："原来你叫我别动是为了瞄准呀！"

由于有了幽默、洒脱的态度，矛盾被巧妙化解了。

有一对夫妇去参观新潮美术展览，当他们走到一幅仅以几片树叶

Part4　幽默无敌：没有比这么说更让人感到开心了

遮掩着私处的裸体女像油画前时，丈夫很长时间不肯离开。妻子忍无可忍，狠狠地揪住丈夫道："喂！你想站到秋天，等待树叶落下来才甘心吗？"

此时的幽默是滑润尴尬的高质润滑剂，是托起爱情之舟的安全气垫。

幽默能使我们消除烦恼，化解痛苦，幽默还能美化、"乐化"我们的生活，增添生活的笑声，使生活变成五彩斑斓的世界。

青年人举行婚礼是人间美事，可有位小伙子用幽默使其婚礼锦上添花。

小伙子姓张，新娘姓顾，他借着两人的姓做了一次令人叫绝的恋爱经验介绍：

"本新郎姓张，新娘姓顾。我们尚未认识时，我是东张西望，她是'顾'影自怜。后来我'张'口结舌去找她，她说她已有所爱，我'张'皇失措，劝她改弦更'张'，她说现在只好'顾'此失彼了。我大'张'旗鼓地追求她，她左'顾'右盼地等着我。认识久一点，我就明目'张'胆，她也无所'顾'忌。于是，我便请示她择吉开'张'，她也欣然惠'顾'。"

小伙子句句挂"彩"，调侃得令人喜笑颜开。在这里，幽默是幸福之花，欢乐之果，是刚启封的美酒，是暖融融的春风。

其实生活中并不缺少幽默，缺少的只是发现幽默的眼睛。

幽默的四大类型

幽默是人的能力、意志、个性、兴趣的综合体现，它是社交的调料。有了幽默，社交可以让人觉得醇香扑鼻，隽永甜美。它是引力强大

的磁石，有了幽默的社交，便会把一颗颗散乱的心吸入它的磁场，让别人脸上绽开欢乐的笑容。它是智慧的火花，是智慧者灵感勃发的光辉；它是高级的逗笑品，有时使你捧腹大笑，有时能引你莞尔微笑。

就品种而言，幽默和笑一样丰富多彩，它有善意的、冷酷的、友好的、悲伤的、感人的、攻击性的、不动声色的、含沙射影的、不怀好意的、嘲弄的、挑逗的、和风细雨的、天真烂漫的、妙趣横生的，等等。这里不论揶揄也好，嘲笑也好，充满同情怜悯也好，纯属荒诞古怪也好，其意趣必须是从内心涌出，更甚于从头脑涌出的。只有这样，它才以一种生动感、生命感，标志出卓越的心智心力，抖开心灵的温暖与光辉。

不同的人对幽默有各自的欣赏眼光：幽默可以分为以下几种类型。

1. 哲理性幽默

对哲学、宗教等方面有嗜好的人常会如此。他们往往能对自身弱势进行嘲笑。对这类幽默感兴趣的人并不是自虐狂，而是具有一种能坦率地承认并欣赏自己的弱点，并能超越它们的开阔胸怀，是一种令人感到和蔼可亲的谦卑。

请看下面这则妙语：

大学生请一位著名的经济学家给衰退、萧条、恐慌等词下个定义：

"这不难。"专家回答，"'衰退'时人们需要把腰带束紧。'萧条'时就很难买到扎裤子用的皮带。当人们没有裤子时，'恐慌'就开始了。"

2. 荒诞式幽默

这是以一种出乎意料的独特方式摆脱理性而产生的完美的"蠢话"。这种幽默绝不会来自傻瓜的头脑，而是高度智慧的结晶。喜欢这种类型的人理性思维较发达，追求精神的自由奔放。

有一次，英国作家狄更斯正在钓鱼，一个陌生人走到他跟前问：

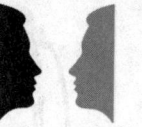

Part4　幽默无敌：没有比这么说更让人感到开心了

"先生，您钓鱼？"

"是的，"狄更斯毫不迟疑地回答，"今天，我钓了半天，没见一条鱼；可是在昨天，也是在这个地方，却钓起了15条鱼！"

"是吗？"陌生人问，"那您知道我是谁吗？我是专门巡检偷偷钓鱼的，这一带湖口禁止钓鱼！"

说着，那陌生人从口袋里掏出一本罚单，要记下名字罚狄更斯的款。见此情景，狄更斯忙反问道："那么，你知道我是谁吗？"

当那个陌生人还在惊讶迷惑之际，狄更斯直言不讳地说："我是作家狄更斯，你不能罚我的款，因为虚构故事是我的职业。"

3. 社会讽刺小品

这是对社会风气、对人性某些灰暗面的嘲讽。酷爱这类小品的人是在以一种半超然半冷漠的态度对待世界。这种幽默的欣赏者往往以一种更开阔的视野，即所谓"上帝的眼光"来看待自己与人类自身，成为自己与人类命运自由而超然的观察者。

1717年，伏尔泰因为讥讽摄政王奥尔良公爵，被囚禁在巴士底狱11个月之久。出狱后，吃够了苦头的哲学家知道此人冒犯不得，便去请他宽宏大量，不计前嫌。摄政王深知伏尔泰的影响，也急于同他化干戈为玉帛。于是两人都讲了许多恰到好处的抱歉之辞。最后伏尔泰再一次表示感谢说："陛下，您真是助人为乐，为我解决了这么长时间的食宿问题，我衷心地再次向您表示感谢。可今后，您就不必再为这件事替我操心啦。"

4. 插科打诨式的"胡言乱语"

这是轻松的自我娱乐。对于那些刚开始体会推理之味、对世事涉足不深的年轻人来说，可能对此兴趣盎然。

美国著名作家马克·吐温一天在美国里士满城抱怨自己的头痛。当地的一个人却对他说："这可能是你在里士满城吃的食品和呼吸空气的

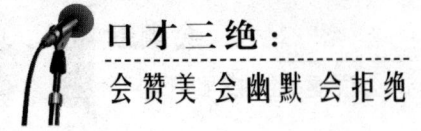

缘故，再也没有比里士满城更卫生的城市了，我们的死亡率现在降低到每天一个人了。"

马克·吐温立即对那人说："请你马上到报馆去一趟，看看今天该死的那个人死了没有？"

幽默的形式和品种异彩纷呈，百花争妍，表明人类的幽默艺术经久不衰，生命力旺盛。当我们为它的奇光异彩所吸引时，应该看到：一如世上绝大多数事物一样，幽默也有不同品格，有的高贵文雅，启人心智；有的低级庸俗，贻害千年。对发挥幽默力量者而言，理性的判断透视是必要的。

幽默的五大作用

英国哲学家培根曾经说过："善谈者必善幽默。"

幽默风趣的谈吐，无论是在日常生活中，还是在重大的社交场合，都是必不可少的。说话的幽默是指我们在谈吐中，利用语言条件，对事物表现诙谐、风趣的情趣。幽默的谈话不仅能吸引听者的注意力，而且还能与听者建立起亲密的关系。要是你的话能使听者情不自禁地笑了起来，就表明听者已完全进入了与你的思想交流之中。所以人们说幽默的谈吐是口才的标志之一。

英国有一位美貌风流的女演员，曾写信向萧伯纳求婚，并表示她不嫌萧伯纳年迈丑陋。她在信里写道："咱们的后代有你的智慧和我的外貌，那一定是十全十美的了。"

萧伯纳给她回了一封信，说她的想象很美妙，"可是，假如生下的孩子外貌像我，而智慧又像你，那又该怎样呢？"

萧伯纳这位大师，把深邃的哲理寓于幽默的谈吐之中。可以这么

Part4　幽默无敌：没有比这么说更让人感到开心了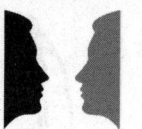

说，在生活中，谁都喜欢跟那些谈吐幽默、机智风趣的人交谈，而口才好的人，差不多都有这样诙谐的语言，具有极强的幽默感。

英国作家哈兹里特曾把幽默在谈吐中的作用，比作是炒菜中的调味品，这是很恰当的。这说明：幽默在谈话中是绝不可缺少的。尽管你的话语有许多实在的内容，假如没有幽默，就没有味道，也缺少魅力，然而幽默能使听者对你说的话感兴趣，但它并非食物，因此很少能从根本上改变听者的态度。所以，我们对幽默的作用，既不要小看，也不宜估计过高。

幽默在谈吐中的作用是很多的，主要可以分为以下五个方面。

1. 调节气氛，缩短距离

善说者一席幽默的话语，往往既活跃了气氛，又把与听者之间的距离缩短。而且，无数事例可以证明，风趣幽默是说者和听者建立融洽关系的有效途径与手段。

在20世纪50年代的思想改造运动中，曾发生过这样一件事。由于某些基层干部作风粗暴，致使一位老教授投河自杀（由于及时发现，被人救了起来）。陈毅元帅知道后，把有关干部叫去狠狠地进行了批评，要他们主动去赔礼道歉。后来，在一次有这位老教授参加的高级知识分子大会上，陈毅元帅说："我说你呀，真是读书一世，糊涂一时，共产党搞思想改造，难道是为了把你们整死吗？我们不过想帮大家卸下包袱，和工农群众一道前进，你为啥偏要和龙王爷打交道，不肯和我陈毅交朋友呢？你要投河也该打个电话给我，咱们再商量商量嘛！当然啦，这件事主要怪基层干部不懂政策，也怪我陈毅教育不够……"

陈毅元帅这一席话，活跃了气氛，增强了语言的亲切感，使其中所含的批评与自我批评显得那么自然得体，易于被人接受。

2. 摆脱困境，消除尴尬

幽默的谈吐常常能使局促、尴尬的场面变得轻松和缓，使双方摆脱困境，也消除了尴尬。

美国著名作家马克·吐温有一次去某小城。临行前，别人告诉他，那里的蚊子特别厉害。到了那个小城，正当他在旅店登记房间时，一只蚊子正好在马克·吐温面前盘旋。那个职员面露尴尬之色，忙驱赶蚊子。

马克·吐温却满不在乎地对职员说："贵地的蚊子比传说中的不知聪明多少倍。它竟会预先看好我的房间号码，以便夜晚光顾，饱餐一顿。"

大家听了不禁哈哈大笑。结果这一夜马克·吐温睡得十分香甜。原来，旅馆的职员听了马克·吐温的讲话，全体职工一齐出动，想方设法不让这位博得众人喜爱的作家被"聪明的蚊子"叮咬。

3. 揭露缺点，进行批评教育

幽默采用影射、讽刺的手法，机智、灵活、巧妙地揭露他人的缺点，善意地进行批评，使人难以发怒，在笑声中接受教育。

一次，伟大的生物学家达尔文被邀赴宴。宴会上，他恰好和一位年轻美貌的女士并排坐在一起。

"达尔文先生"，坐在旁边的女士带着戏谑的口吻向科学家提出疑问，"听说你断言，人类是由猴子变来的，我也属于您的论断之列吗？"

"那当然！"达尔文彬彬有礼地答道。

"我像猴子吗？"女士带点嘲弄地说。

"不过，您不是由普通的猴子变来的，而是由长得非常漂亮的猴子变来的。"

在这里，达尔文机智、巧妙地揭露了这位美貌女士的无知和自命不凡，善意地进行了批评。

4. 评判是非，领悟哲理

幽默在说话中将人的智慧和语言技巧巧妙地结合起来，揭示出事物

Part4　幽默无敌：没有比这么说更让人感到开心了

的深刻含义，富有哲理，含不尽之意于言外，使人在笑话中评判是非，领悟哲理，增长智慧。

一位年轻的画家拜访德国著名的画家阿道夫·门采尔，向他诉苦说："我真不明白，为什么我画一幅画只用一会儿工夫，可卖出去却要整整1年。"

"请倒过来试试吧，亲爱的。"门采尔认真地说，"要是你花一年的工夫去画它，那么只用1天，就准能卖掉它。"

门采尔的幽默话语，的确含不尽之意于言外，使人在笑语中评判是非曲直，增长了智慧。

5. 宽松精神，感受美感

有人说："没有幽默的语言是一篇公文，没有幽默感的人是一尊塑像。"这话是很有见地的。当今社会高效率、快节奏、信息量大，这样必然会使人的大脑容易产生疲劳。如果我们的生活多点笑声，多点幽默，就会消除人们的烦躁心理，保持情绪的平和。说话，在某种程度上，具有一定的娱乐性。它不应该让人感到紧张、费力，而应给人一种舒适轻松之感。

有个大财主定了个规矩：庄稼人遇到他，都得敬礼，否则便要挨鞭子。

一天，阿凡提经过这里，碰上了大财主。

"你为什么不向我敬礼，穷小子！"大财主怒不可遏。

"我为什么要向你敬礼？"

"我最有钱。有钱就有势，穷小子，你得向我敬礼，否则我就抽你。"

阿凡提站着不动。

围观的人越来越多，大财主有点心虚，便压低声对阿凡提说："这样吧，我口袋里有100块钱。我给你50块，你就向我敬个礼吧！"

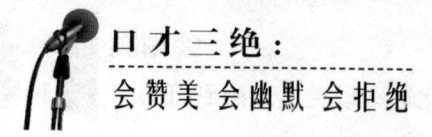

阿凡提慢慢悠悠地把钱装进兜里,说:"现在你有50块钱,我也有五十块钱,凭什么非要向你行礼不可呢?"

周围的人大笑起来,大财主又气又急,一下子把剩下的50块也抽了出来:"听着,如果你听我的,那我就把这50块钱也送给你!"

阿凡提又把这50块钱收下,接着严肃地说:"好吧,现在我有100块,你却1分钱也没有了。有钱就有势,向我行礼吧!"

大财主目瞪口呆。

阿凡提的故事虽然带有寓言的色彩,但他的话语的确逗人,给人以美的享受。

理儿不歪,幽默不来

矛盾、奇巧、意外、反常、失败、错乱是幽默的必然属性,俗话说:"理儿不歪,笑话不来。"

幽默不会产生在平庸与苍白之中,而是来自于意想不到的震撼。著名的幽默大师诺曼·N·霍兰德认为幽默的最大特点是不协调性。这是很有道理的。下面这则笑话最能说明这点:

某企业主想请某主教为其作一则广告。但他没有把话完全说明白,只是说请他去说教……

企业主首次出价10万元。

主教只是摇头,而不说话。

"30万。"企业主一下把价格提高到原来的3倍。主教依然是摇头不语。

"50万!"主教的头摇得更厉害了。

这时,一位神职人员走上前去,低声对主教说:"主教大人,50万

Part4 幽默无敌：没有比这么说更让人感到开心了

元可以办许多的事情啊！你为什么还不愿意呢？"

主教回答说："你知道他要我讲教完后说什么吗？他要我不说'阿门'，而说'××可乐'。"

企业主的要求很离谱，一个主教怎么能以商品广告来代替严肃的教语呢？正是这种不协调而产生了幽默。

同时，矛盾也可以产生幽默。

树上的两只苹果瞧着这个世界。其一道："瞧这些人打呀杀呀……总是不能和睦相处，说不定哪一天，这世界要由我们苹果来统治了。"

其二说："交给我们？是交给红的还是交给绿的呢？"

从苹果的对白中，我们不难感到言行矛盾时而产生的幽默兴味。

奇异也可以产生幽默。新奇意外的表达可给人一种意想不到的感觉，让人倍觉突兀，幽默也由此产生。

有三位朋友同住在旅店的45层楼上。一天晚上电梯坏了，他们不愿意另换住处，于是一起爬楼。为了消除疲劳，其中一个人不断地讲笑话。好不容易爬到了43层，大家早已疲惫不堪，于是决定休息一下。这时讲话的人说："现在该轮到你了，彼得。由你讲一个长一点的故事，情节要有趣味，最后来个使人伤心的结局。"

彼得于是说了："故事不长，却使人伤心极了，我把房间钥匙忘在一楼大厅里了。"

这个故事的结尾让人倍觉意外，因而使幽默意味油然而生。

反常也可产生幽默。人类的思维一般是恒定一贯的，如果不守常规，一味反常，就会产生不协调感。

有一天，国王问阿凡提："阿凡提，要是你面前一边是金钱，一边是正义，你选择哪样呢？"

"我愿意选择金钱。"阿凡提回答。

"你怎么了，阿凡提？"国王说，"要是我呀，一定要正义，绝不

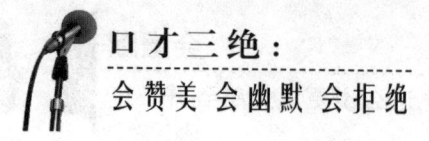

要金钱。金钱有什么稀奇？正义可是不容易找到的啊！"

"谁缺什么谁就想要什么，我的陛下。"

学会用幽默来苦中作乐

在漫长的人生道路上，每个人都难免会与逆境狭路相逢。很多人畏惧逆境带来的动荡和痛苦，但从长远看，时常有些小挫折，倒是更能使人保持头脑清醒，经受得住考验，也更能磨砺人的意志。

幽默的人相信失败是成功之母。失败和成功在一定条件下是可以相互转化的，正因为曾经有失败，所以才能在不断地总结失败的教训后获得成功。如果一个人一直都被成功包围，那么，偶尔一次小小的失败对他来说可能就是一次相当残酷的考验，失败可能就会如影随形。

幽默中渗进着坚强的意志。有幽默感的人往往是一个奋力进取的弄潮儿。他们面对失败的打击，恶劣的环境，能够以幽默的态度自强不息。发明家爱迪生就是一个善于以幽默的态度对待失败而又不断进取的人。

爱迪生在发明电灯的过程中，试验灯丝的材料失败了1 200次，总是找不到一种能耐高温又经久耐用的好金属。这时有人对他说："你已经失败1 200次了，还要试下去吗？"

"不。我并没有失败。我已经发现1 200种材料不适合做灯丝。"爱迪生幽默地说。

爱迪生就是以这种惊人的幽默力量，从失败中看到希望，在挫折中找到鼓舞。这就是这个伟大的发明家百折不挠、硕果累累的诀窍。有时候，面对失败，我们的意志和信心可能会滑坡，而适时的幽默可以帮助我们避免这一点。

有人打网球打不过他的朋友,他就可以幽默地对他的朋友说:"我已经找出毛病在哪里了,我的嗜好是网球,可我却到乒乓球俱乐部里去学习。"

他也可以说:"咱们打个平局,怎么样?我不想处处赶上你,你也别超过我。"

这种幽默不是自欺欺人,也不是要我们像鸵鸟一样在看到危险的时候把头埋进沙子里,这种幽默可以有效地防止我们的意志滑坡,还能在会心一笑中拉近我们同他人的心理距离。

百无禁忌非幽默

幽默以其巨大的功能遍及不同的语境,它能够使人乐于接受真理,有助于人际关系的融洽,还能够化尴尬为轻松,使批评获得良好的效果。但是幽默也要注重时间和场合,还要看准对象,切忌随意幽默。

如果幽默使用的时间和场合不对,不仅不能达到预期的效果,还会引起别人的不快。

一位漂亮的夫人站在丈夫的坟前伤心垂泪,这时一位陌生男子走了过来。他说:"夫人,对于您丈夫的不幸亡故我深感痛惜,对于您的不幸遭遇,我深表同情。不过我不得不告诉您,当我一见到您,我就深深爱上了您。"

夫人说:"住嘴,流氓!你给我滚开,不然我要叫警察了。"

而另外一位陌生人温柔地说:"您千万别生气,夫人,我本不想在这个时候来打搅您,更不该在这个时候表露我的心意。但是时机不再来,谁能在您的美丽面前自持呢?"

这位夫人佯嗔说:"现在是谈情说爱的时候吗?你应该在我没哭的

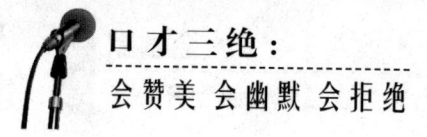

时候来找我呀！地址在这里。"

这一波三折的趣剧演到这里告诉我们，不论你多么风趣幽默，如果没有弄清楚时间和场合，别人不但不会被你打动，还会带来反效果。

幽默除了要把握好时间和场合之外，还有国度之别，受民族、时代、审美心理及历史文化传统的差异所制约。

法国巴黎的市场里有一位卖肉的商人，生意特别好，原因是他的性格开朗，语言幽默。

卖肉时嘴里亲切地说个不停。"您好，年轻人！吃点什么？来点烤肉还是小牛肉？我看还是吃点小牛肉好，又嫩又香，吃了小牛肉的男人会特别健壮，您说呢？"而被他称为"年轻人"的先生是一位60多岁的老人。一听到他这样亲切地称呼，心里自然高兴起来。这一笑似乎脸上的皱纹都平展开来，也就买了很多小牛肉。

试想，这位商人如果在我们的国家里做生意也如此这般，那这位被称为"年轻人"的老人，一定会怒目相向，拂袖而去。

幽默还要分清对象，对自己身边的人或者比较亲近的人，开几句玩笑往往无伤大雅。但是如果对方在年龄或者身份比自己高的情况下，如长辈、上级或者专家等，那么就一定要慎重考虑幽默的话语和方式，否则是极其不礼貌的行为。

此外，幽默还要注重性别、性格等差异。如与男性开玩笑的空间大，尺寸也好掌握；而对女性，特别是妙龄女性，一定要特别注意，不要引起别人的反感或者误会。对性格外向的人和性格内向的人，也要有所区分。

Part5 说得好不如说得妙，社交中的幽默口才

幽默的社交魅力

幽默的魅力充斥着我们生活的方方面面，我们不得不承认，一个善于运用幽默的人是魅力十足的。一位心理学家告诉我们："如果你能使一个人对你有好感，那么，也就可能使你周围的每一个人，甚至是全世界的人，都对你有好感。只要你不是到处和人握手，而是以你的友善、机智、风趣去传播你的信息，那么空间距离就会消失。"

幽默的特点就是令人发笑，使人快乐、欣悦和愉快，把这一特点运用到社交生活中，会取得令人叹为观止的效果。

我们从下面这个例子中就会体会到幽默社交的功效。

一次，美国前总统里根在白宫钢琴演奏会上讲话时，夫人南希不小心连人带椅跌落在台下的地毯上。正讲话的里根看到夫人并没有受伤，便插入一句说道："亲爱的，我告诉过你，只有在我没有获得掌声的时候，你才应这样表演。"台下响起了一片热烈的掌声。

本来是一件令里根很尴尬的事情，在这时如果埋怨或者置之不理都会令人不快，不光是台下的人不快，也包括台上的人。而里根在社交的危难之时，运用幽默化险为夷，出奇制胜地获得了极佳的效果，显露出他的机智、豁达，拉近了和观众的距离。

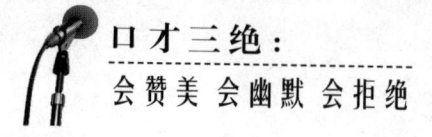
口才三绝：
会赞美 会幽默 会拒绝

幽默是社会活动的必备礼品，是活跃社交场合气氛的最佳"调料"。它能增添人们的欢乐，轻描淡写般地拂去可能飘来的一丝不快，还能巧妙得体地摆脱自己或他人面临的窘境——这就是幽默的魅力所在。

在一次宴会上，一个肥胖的资本家笑着对萧伯纳说："哈啰，萧伯纳先生！一见到你，我就知道目前世界上正在闹饥荒。"萧伯纳不紧不慢地说："先生，我见到你，就知道世界正在闹饥荒的原因。"

两人幽来默去，表义明确但含而不露，真是绝妙！

现代幽默理论认为，幽默能在参与者之间产生一种强烈的伙伴感和一致对外的攻击性。幽默能一下子拉近两个人之间的感情距离，因为一起笑的人表明他们之间已经有了共同的兴趣、爱好，这是社交成功的第一步，也是很关键的一步。

互相敌视的两个人，相逢一笑泯恩仇，因幽默而化敌为友，这种事例举不胜举。真正聪明的人，总是依靠幽默使社交变得更顺利，更富人情味。

如果你希望有所成就，希望引人注目，希望社交成功，希望在现代生活中立于成功不败之地，那么，你就应该学会和别人来点幽默，来点共同的笑。

深受美国人民爱戴的美国前总统林肯的容貌很难看，这本来是讨人喜欢的一个障碍。林肯认识到这一点，但并没有回避它，反而利用它拉近了与人们的距离。

一次，林肯的政敌说林肯是两面派。林肯以平和的态度说："现在，让听众来评评看，要是我有另一副面孔的话，我还会戴这付难看的面孔吗？"

适时又恰当的幽默，不仅显示了林肯的达观态度，更体现了他的真诚，从而赢得了人们的理解和支持，更表露了人们所需要的人性和人情味。

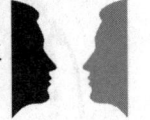

Part5　说得好不如说得妙，社交中的幽默口才

诚然，幽默不能代替实际解决问题的科学方法，它不能叫你减肥，也不能叫你长高，更不能帮你考高分，特别不能帮你进行发明与创造。但能帮助你调节人际关系。在人生纷至沓来的困惑中，它会帮你化被动为主动，以轻松的微笑代替沉重的叹息。学着慢慢体会幽默的真谛，做一个魅力十足的幽默的人。

幽默是一种神奇的沟通力

幽默是一种才华，是一种力量，或者说是人类面对共同的生活困境而创造出来的一种文明。它以愉悦的方式表达人的真诚、大方和心灵的善良。它像一座桥梁拉近人与人之间的距离，弥补人与人之间的鸿沟，是奋发向上者和希望与他人建立良好关系者不可缺少的品质，也是每一个希望减轻自己人生重担的人所必须依靠的"拐杖"。

当作为一名自然人生活在社会中时，你就自觉不自觉地非成为一名社会人不可，这并非取决于你的愿意与否。固然，幽默的力量不会使你长高或减肥，不会帮你付清账单，也不会帮你干活，但它的确能帮助你解决人际关系中的种种难题，当你希望成为一个能克服障碍、赢得他人喜欢和信任的人时，千万别忽视这股神奇的力量。因为，幽默是你进行社交，进行沟通的桥梁，是一颗随时随地让你开怀的"开心果"。

社交场合，正是幽默力量最活跃的时刻。一些夫妇懂得这样的诀窍，在赴宴迟到的情况下，夫妇间可以互相推诿，指责对方有责任，例如妻子衣服换了一件又一件，丈夫走了弯路了，等等。但是如果把角色对换一下，就会取得更好的幽默性的效果。例如，妻子说："对不起，我们来迟了。都怪他，照镜子就花了一个小时。"原本有些尴尬的局面在这位妻子的幽默言语中消失不见了。

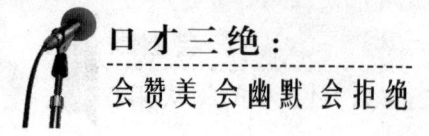

发挥你的幽默智慧吧,摆脱困境、平息怒气、消除争端。例如,要平息餐桌上的争论,你不妨这样来说:"不要吵了。该不会是刚吃下的鸡在作怪吧?那可不是斗鸡。"

有时为了达到目的,非得用幽默的力量刺激他人不可。

作家欧希金在他的《夫人》一书中提到,一天晚上,芙蓉制品公司的大亨鲁宾斯坦女士在家里宴请宾客。席间一位客人不断地批评她说:"你的祖先烧死了'圣女贞德'"。其他客人听了都不舒服,几次想使他换个话题都没成功。谈话越来越令人难以容忍。最后,鲁宾斯坦女士自己说:"好吧,那件事总得有人来做。"这才止住了那位客人的喋喋不休。

在现代社会中,一个人的社交活动已经扩展到了无所不有的范围。从一定程度上说,凡是有人生活的地方,就有社交活动。同样,凡有社交活动的地方就少不了幽默和幽默力量,幽默俨然已经成为我们生活中不可缺少的一部分了。

幽默使你游刃于社交场

在这个世界上,每个人都有不同的人生道路,不一样的人生观。为了扩大自己的影响力,就必须通过社会交往来不断表述,以求得社会的理解。而以幽默来面对人生,应当是一切人生观的出发点。

有生活经验的人都曾体会过以幽默面对人生困难的重要性。幽默几近于一种缓冲机制,它显然与对抗、失望和悲观无缘。幽默也近乎一种默契形式,它使人以友善、宽容、谅解和发展的眼光看问题。这样的生活观不等于回避现实,当然,也不排斥生活中有些问题可以一笑了之。以这样的人生态度潇洒处世、交往,会消除许多无谓的争端,而结交许

Part5　说得好不如说得妙，社交中的幽默口才

许多多的人生同路人。

当一个人对人生中的各种困难都抱有乐观态度，那么解决困难的信心便产生了。中国古代有句话说"莫以成败论英雄"，在这里，可以补充一句"可用潇洒论人生"。活得潇洒，正成为当代人对人生的共识。

名人与普通人对待自己的工作是平等的，即使是获得了崇高的荣誉，也不妨更为潇洒，就像居里夫人那样：

一天，居里夫人的一个朋友到她家做客，忽然看见她的小女儿正在玩英国皇家学会刚刚奖给居里夫人的一枚金质奖章，大吃一惊，忙问居里夫人："您现在能够得到一枚英国皇家学会的奖章，这是极高的荣誉，你怎么能给孩子玩呢？"居里夫人笑着说："我是想让孩子从小就知道，荣誉就像玩具，只能玩玩而已，绝不能永远守着它，否则就将一事无成。"

居里夫人与彼埃尔结婚时，用亲友的礼金买了两辆崭新的自行车，骑车到巴黎远郊旅游，度过了美妙的蜜月。在探索镭的奥秘的4年艰苦卓绝的"棚屋实验"生活中，他们也总是在每年夏季长途旅行，拂晓出发，暮宿农舍，饱览大自然的美景。当有人问他们为什么喜爱自行车运动时，彼埃尔风趣地回答："因为在我们的图纸上画满了自行车的圆圈和三角形。"居里夫人也幽默地说："我们力求脑力与体力的平衡"。

人的工作、生活、学习、爱情、家庭中如有幽默作润滑剂，其效果确实妙不可言，会给人一种激动心灵的力量，使每个人向成功的目标步步靠近。同样，在社会交往中，在人与人的往来接触中，幽默的力量也是无穷的。幽默是一种艺术，是运用你的幽默感来增进你与他人的关系，并改善你对自己真诚的评价的一种艺术。我们根据别人的经验，可以去发现：如何按下按钮！就像我们打开电灯开关，电力便沿着电线输送过来一样，按下我们幽默的按钮，也能促使一股特别的力量源源而来。我们可以用这股幽默的力量导向与他人直接沟通。

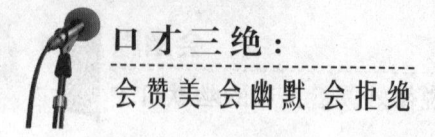

有了幽默，我们可以学会以笑来代替苦恼。借着幽默力量，我们能将自己和他人超越于痛苦之上。事实上，幽默力量的形成主要在于我们的情绪，而不在于我们的理智。你的幽默力量是你以愉悦的方式表现出来的。它表达出你个人的真诚，你本性的大方和心灵的善良。

幽默可以润滑人际关系，消除紧张，解除人生压力，提高生活的品质。它可以把我们从自我中解放出来，使我们和他人相处不致紧张，化解冰霜，使我们获得益友。它可以使我们振奋精神，信心大增，使我们脱离许多不愉快的窘境。

不论你从事什么行业，身居何职，幽默力量都能助你一臂之力，使你的工作和事业有更顺利的发展，使你的社会交往更为广阔。它能使你善于待人接物，广交朋友，帮助你解决人际关系的难题，教你学会如何摆脱使人窘迫的处境。尤其是当你想以积极进取和乐观开朗的形象出现，赢得人们的欢迎和信任，当你想鼓励更多的人共同为实现目标而努力时，幽默的力量往往能发挥更大的作用。

幽默让你轻松面对人际关系

幽默是人际关系的润滑剂。幽默能使激化的矛盾变得缓和，从而避免出现令人难堪的场面，化解双方的对立情绪，使问题更好地解决。美国作家特鲁讲："当我们需要把别人的态度从否定改变到肯定时，幽默力量具有说服效果，它几乎是一种有效的处方。"他还讲道："幽默帮助你解决人际关系问题。当你希望成为一个克服障碍、赢得他人喜欢和信任的人时，千万别忽视这种神秘的力量。"

有的人在与他人合作中听不得半点"逆耳之言"，只要别人的言语稍微有所不恭，不是大发雷霆就是极力辩解，其实这样做是不明智的。

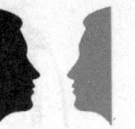

这不仅不能赢得他人的尊重，反而会让人觉得你不易相处。所以，在与人相处中只有始终保持愉快的心情、谦虚、随和、幽默，才能让你和别人的合作更加愉快。

乔治和他的两个好朋友去树林里伐树，但是他的体力比不过他的两位身强力壮的朋友。到了晚上休息时，他们的领队询问白天每个人伐树的成绩，同伴中有人答道："杰克伐倒55棵，我伐倒49棵，乔治这个笨蛋只伐倒了15棵。"

虽然朋友说的是玩笑话，但是对于乔治来说确实不怎么顺耳，当乔治即将发怒的时候，他突然想到自己伐的树确实很少，简直和老鼠打窝时咬断树基一样，不禁笑着说："你说的不对，我是用牙齿使劲咬断了15棵树。"

在这个故事里，乔治是一个善于控制自己情绪的人。他以幽默的方式心平气和地面对自己的不足和别人的攻击，体现了非凡的忍耐力和大度宽容的胸怀。

幽默不仅能克服矛盾的冲突，而且还是心灵沟通的桥梁。人们凭借幽默的力量，打碎封闭自己的外壳，主动地与人交往，通过幽默使人们感受到你的坦白、诚恳与善意。

在严肃的交谈和例行公事般的来往中，往往给人一种戴着假面具的感觉，也似乎只能让人了解你的外表，却无法探知你的内心，这样的交流是极难深入下去的，而没有心灵沟通的社交，不能算是成功的社交。幽默可以让人们看到你的另一面，一个似乎是本质的、人性的、纯朴的一面，这是人性的共同之处。

美国前总统里根曾回到他的母校，在毕业典礼上致词时，他嘲笑自己在学校的成绩。他说道："我返回此地只是为了清理我在学校体育馆里的柜子……但获此殊荣，我心情十分激动，因为我过去总认为只有得到第一名才是荣誉。"

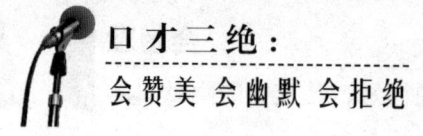

口才三绝：
会赞美 会幽默 会拒绝

这一番展示自己另一面的讲演，取得了很好的效果。

奥地利精神分析大师弗洛伊德讲过："最幽默的人，是最能适应的人。"的确，幽默能使我们在社交场合应付自如，来化解各种各样的危机和困境。

有一次，英国前首相、陆军总司令丘吉尔去视察一个部队。天刚下过雨，他在临时搭起的台上演讲完毕下台阶的时候，由于路滑不小心摔了一个跟头。士兵们从未见过自己的总司令摔过跟头，都哈哈大笑起来，陪同的军官惊慌失措，不知如何是好。丘吉尔微微一笑说："这比刚才的一番演说更能鼓舞士兵的斗志"。效果的确如丘吉尔所戏言的，士兵们对总司令的亲切感、认同感油然而生，决定更坚定地听从总司令的命令，去英勇战斗。

幽默还可以回答自己不愿听的问题。

芬兰一位建筑师说话很慢，当记者访问他时，一直担心时间不够。万般无奈只好说："沙先生，时间不多了，能否请您说快点？"沙先生听到后，慢慢掏出烟斗，点上，能多慢就多慢，懒懒地说："不行，先生，不过，我可以少说点。"

用幽默化解困境，回答难题，维护自己的利益，捍卫自己的尊严，而又不伤对方的感情，达到良好的效果，这是别的手段难以媲美的。

总之，幽默是社交成功的法宝。运用幽默的力量，我们就能通过成功的社交，走上成功的道路。幽默还使我们有充沛的活力和坚忍的意志，并且具有很大的创造力。

以幽默获得他人的同情和谅解

每个人都是社会中的一员。有时，在工作中，在家庭中，或在异性

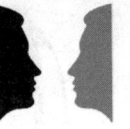

Part5　说得好不如说得妙，社交中的幽默口才

朋友的交往中，难免会遇到各种摩擦和碰撞，特别是会出现一些尴尬的事件，这时，就需要随机应变的幽默，机智地缓和气氛。比如说，要求对方把借你的东西归还，实在是件很困难的事情。如果太直截了当，就很容易伤了对方的感情。但打油诗高手小王，就利用打油诗收回了人家向他借的雨伞。

小王有位好朋友名叫陈某。小王把自己唯一的一把雨伞借给了这位好友。可是过了很长时间，这位好友始终不提要还伞的事。小王真可谓足智多谋，他作了一首打油诗：

"我在湿淋淋的日子里借给你伞，含有无比的热诚。请在未破损之前，赐还与我吧！"

收到这首诗的陈某也回了两句：

"由于无话可说，我就闭上嘴巴还给你吧。"

陈某立即派人把伞送去了。

有时候夸大一点自己的缺点，能够消除自己的自卑感，以幽默获得别人的理解和同情，还能收到有趣的效果。比如，英国有位很胖的作家常常这样回应朋友们对他的体重的担忧："我比任何男人都多三倍的仁慈，因为我在公共汽车上只要站起来让位，就能同时令三位女士受惠。"

用幽默的方式表现原原本本的你，同样也能获得他人的同情和尊重。坦诚开放地与人相处，有时能获取我们自己也会意外的安全感。通过幽默的力量，我们比较能承认这种不安全感，而不至于把它看得太严重。然后我们能够消除疑虑，强化自我观念，扎稳人生的根基。同时我们无须担心会过于坦诚开放，因为我们能深信自己的缺点、背景以及过去和现在的环境，通过幽默的方式已经为大家理解，并得到同情和尊重，这会比过去我们试图掩饰逃避来的好。有一则伊利诺伊州参议员德克森的故事恰好说明了这一点。

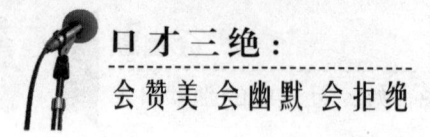

口才三绝：
会赞美 会幽默 会拒绝

当德克森首次问鼎国会时,他听到对手在政见发表会上,对家世大做文章。这位对手的祖父是个将军,叔父是州立最高法院的法官……。

轮到德克森发言了：

"各位女士,各位先生,"他开始说:"本人深感荣幸有这样的家世——我是从已婚者一脉相传、源远流长而来的。"

也许你觉得你生错了时代,或生错了地点,或生错了家庭;或者你为过去的经济环境感到困窘,生怕有人提起。我们要提出一些方法,可以发挥幽默的力量来解决这些小小的困境。

诗人麦琨有一次对他自己"从婚姻外的关系而出生"的事实开玩笑。"我生来就是个私生子," 麦琨说:"但是有人却穷其一生来成为私生子。"

同时你也可以自己发明自己的方法来用：

"我们从来不穷,也没挨过饿,只是有时会把吃饭的时间向后延罢了。"

"我出身于穷苦的家庭,但我很小的时候,别的小孩做模型飞机,而我是做模型汉堡面包。"

当幽默帮助我们在情绪上坦诚开放时,我们和周围的人都会感到舒服的。每个人都有自己的难言之隐,许多卓有成就的伟人,都向我们显示过,应该对个人的过去和成就如何应对,我们也可以学习一二。

幽默的寒暄能够拉近心理距离

寒暄是人们日常交流中的一个重要方法。因为经常见面的熟人,不可能总有很多话要说,也没有多余的时间一见面就站在路面没完没了地聊。而一旦遇见了熟人,如果因为嫌麻烦而不打招呼也过于不近人情,

会幽默
Part5　说得好不如说得妙，社交中的幽默口才

更无法缓冲熟人相遇时所产生的下意识的紧张情绪。

但是过于一般的寒暄常常使人觉得生活乏味。为了增添生活乐趣，维护良好的人际关系，我们可以试着在寒暄的时候打破常规，注入幽默元素。下面是一个典型的用幽默寒暄的故事。

连续下了好几天的雨，某公司同事们见了面，一个人说："这天怎么老是下雨啊？"一位老实的同事按常规作答："是呀，已经6天了。"一位喜欢加班的同事说："嘿，龙王爷也想多捞点奖金，竟然连日加班。"另一位关注市政的同事说："房产所忘了修房，所以老是漏水。"还有一位喜爱文学的同事更加幽默："嘘！小声点，千万别打扰了玉皇大帝读长篇悲剧。"

加入了幽默成分的寒暄的确与众不同，既活泼又风趣，一下子就拉近了人与人之间的距离。

许多有幽默感的老年人喜欢晚辈和他们开一些善意的玩笑。所以，当你刚出门就遇见老年邻居时，就可以幽默地和他们寒暄一番，这样很容易就能和他们搞好关系，一般情况下，他们还会逢人就夸你会说话呢。

一个大热天，小王赶早趁天气凉爽去公司上班。她刚出家门，就看见邻居刘大妈清早就在树荫下练腰腿。她走过去神秘地对刘大妈说："大妈，这么早练功，不穿毛衣小心着凉啊。"一下子逗得刘大妈哈哈大笑，笑着骂道："你这个鬼丫头！再不走你上班可要迟到了，现在都9点多了。"小王一听赶紧看表，才8点。看到刘大妈在那里得意地笑才知道自己上当了。以后，每逢刘大妈见到小王都非常主动地和小王打招呼，逢人就夸小王聪明伶俐，还张罗着给小王介绍对象呢。

很多时候，新近发生的大事件也会成为人们在寒暄中的话题。因为，大事件是大家都关注的，人们可以从中找到共同语言，可以避免在寒暄中话不投机而导致尴尬。下面就是一个利用大事件在寒暄中制造幽

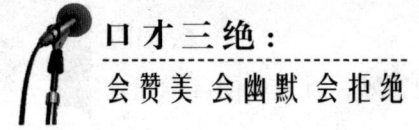

默的例子。

前些年由于厄尔尼诺现象的影响,气候反常,快到夏天的时候,人们都还穿着厚衣服。很多熟人见面后的第一句话就是:"气候太反常了,都过了农历四月了,天气还这么冷。"可是,有一个幽默的汽车司机就不那么说,他见到同事李师傅的时候说:"李师傅,这不,又快立秋了,毛衣又穿上了。"他见到邻居张大爷的时候也会故意幽默地问:"张大爷,您老也没有经历过这么长的冬天吧,到这时候了还这么冷?"恰好张大爷也是一个幽默人,他笑着说:"是啊,大概老天爷最近心情不太好,老是板着一副冷面孔。"

现在人们的生活水平提高了,人们都喜欢以"夸别人富有"作为寒暄中的话题,尤其在农村,这种看似俗气的寒暄更是常常会发生。其实,在寒暄中逗乐似地夸别人富有,也会收到很好的幽默效果。

李大娘午饭后恰好遇到大刘,大刘常规地寒暄道:"大娘,您吃过午饭了吗?"李大娘既然被称作大娘,自然年纪不小了,可是她整天乐呵呵的,好像比大刘还年轻,她回答说:"嗬,还没吃呢。你中午吃什么好东西了,也不请大娘我去吃,瞧,现在还满嘴都是油呢!"

李大娘幽默地夸赞大刘的生活过得好,她对大刘的假意责怪显得很亲热、愉快,很自然地就拉近了她与大刘的距离,也成功地塑造了自己平易近人、和蔼可亲的长辈形象。

不要小看幽默寒暄,它能使你在不知不觉中将欢笑和快乐带给别人,拉近自己与他人的心理距离。

Part6　一句幽默抵万金，
幽默的语言艺术

幽默是智慧的产物

幽默不是老老实实的文字，它是运用智慧、聪明与种种搞笑的技巧，使人读了发笑、惊异或啼笑皆非，并从中受到教育的艺术。幽默不仅是智慧的迸发，善良的表达，更是一种胸怀、一种境界。正如作家王蒙所说："幽默是一种成人的智慧，一种穿透力，一两句就把那畸形的、讳莫如深的东西端了出来。既包含着无可奈何，更包含着健康的希冀。"

幽默不是油腔滑调，也非嘲笑或讽刺。正如有位名人所言：浮躁难以幽默，装腔作势难以幽默，钻牛角尖难以幽默，捉襟见肘难以幽默，迟钝笨拙难以幽默，只有从容，平等待人，超脱，游刃有余，聪明透彻才能幽默。

幽默大师著名作家林雨堂说："幽默愈幽愈默而愈妙。"

拿喝茶来说。在最好的茶的品类里，无论是西湖龙井，还是铁观音、碧螺春，都是刚喝的时候好像不觉得有什么特别的好味道，静默几分钟后才品味出茶中"只可意会，不可言传"的妙处。若有人因为铁观音的味道不太强烈，先加牛奶再加白糖，那只能说他不会喝铁观音。幽默也是雅俗不同，愈幽而愈雅，愈默而愈俗。幽默虽然不必都是幽隽典雅，然而从艺术的角度来说，自然是幽隽的比显露的更好。幽默固然可

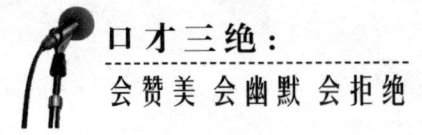

口才三绝：
会赞美 会幽默 会拒绝

以使人隽然而笑，或失声哈哈大笑，甚至于"喷饭""捧腹"而笑，而最值得欣赏的幽默，却是能够使人嘴角轻轻上扬的微笑。

著名作家钱钟书的《围城》中，他这样描述过一个场景：

"甲板上只看得见两个中国女人，一个算不得人的小孩子——至少船公司没当她是人，没有让她父母为她补买船票。"

在描写这个场景的时候钱钟书先生违背了人们正常的思维模式，造成了"人们心理期待的扑空"。"算不得人的小孩子"，人们期待的是从年龄上说明，而作者却从船公司没让她补票的角度揭示，这种揭示出人意料却又合情合理，幽默的意味溢于言表。

幽默是一种智慧的表现，它必须建立在丰富知识的基础上。一个人有审时度势的能力，广博的知识，才能做到谈资丰富，妙言成趣，从而作出恰当的比喻。因此，要培养幽默感必须广泛涉猎，充实自我，不断从浩如烟海的书籍中收集幽默的浪花，从名人趣事的精华中撷取幽默的宝石。

这里再列举一个钱钟书先生的例子。

他曾写过这样一段文字：

"晚清直刮到现在的出洋热那股狂风并非一下子就猛得飞沙走石，开洋荤当初还是倒胃口的事……"

这里把抽象的"社会风气"的"风"比喻为自然现象中的"风"，只有这样才能刮得飞沙走石，既形象又风趣，没有大张旗鼓地幽默，但是幽默的味道早已从字里行间显露无遗。

培养机智、敏捷的洞察力，是提高幽默的一个重要方面。只有迅速地捕捉事物的本质，以恰当的比喻、诙谐的语言进行描述，才能使人们产生轻松的感觉。当然在幽默的同时，还应注意，重大的原则问题是不能马虎的，不同问题要不同对待，在处理问题时要极具灵活性，做到幽默而不俗套，使幽默能够为我们的精神生活提供真正的养料。

Part6　一句幽默抵万金，幽默的语言艺术

幽默蕴含着机变的灵感

幽默是智慧的产物。如果把幽默比拟成一个美人，她应该是内涵丰富、艳若桃花、气质如兰的，她应当能给人带来愉悦的享受。她比滑稽更有气质，也更加耐人寻味。

司马贞在《史记·索引》中曾经把"滑稽"解释为"能乱同异"，即通过巧妙地联想，把客观事物之间的"三分之一或四分之一相似转变为全部相等。"这种"化异乱同"或者偷换概念就能造成一种"机智的幽默"。

一位少妇对她的丈夫说："亲爱的，住在咱们家对面的那个男的，总是早上出门前吻他的妻子，晚上回家一进门也是先吻她。难道你就不会这样做吗？"

丈夫回答道："当然可以，不过我跟她还不是太熟。"

这个聪明的丈夫巧妙地把自己的妻子换成了对门的少妇，偷换了概念，在不经意间显露出机智的幽默。

违反人们正常思维规律，对事物进行巧妙地解释，或者说出人们意想不到的大实话，都会很好地达到风趣的幽默的效果。

一位顾客在一家餐厅吃饭，米饭中的沙子很多，顾客把它们一一挑出来放在桌子上。服务员见此情景很抱歉地说："都是沙子吧？"顾客摇摇头，说："不，也有米饭。"

顾客巧妙地回答，一个违反常人的思维模式，轻松自然地造成了幽默和讽刺的效果。

一个衣衫褴褛的人蹲在积水只有5厘米深的水坑前钓鱼，所有经过的人都认为这个人是个傻瓜。其中一位路过的人不禁动了怜悯之心，他和蔼地对钓鱼的人说："喂，你愿意和我喝一杯吗？"钓鱼的人高兴地接受了他的邀请。他们喝了几杯饮料之后，这个人问钓鱼的人："你在钓鱼，是吗？""是的。""那今天上午你钓到几条鱼呀？""算上你，已经有八条了。"

看似愚蠢的行为却隐含着戏谑的动机，一旦真相大白之后，自然令人捧腹。

机智的幽默含蓄而又婉转；锋利而又忠厚，让人觉得尖利而又不鲜血淋漓；热辣而又不至灼伤。机智的幽默不是哗众取宠，而是一种乐观的人生态度，它使人在逆境中也能乐观面对现实，在顺境中感到忧患。

幽默为你的言谈添增光彩

幽默是一个人的学识、才华、智慧、灵感在语言表达中的闪现，是一种"善于捕捉笑料和诙谐想象的能力"，是对社会上的种种不协调及不合理的荒谬现象、偏颇、弊端、矛盾实质的揭示和对某些反常规言行的描述。

在通常情况下，真正精于谈话艺术的人，其实就是那些既善于引导话题，同时又善于使无意义的谈话转变得风趣的幽默者。这种人在社交场上往往如鱼得水，左右逢源，可算做社交谈话中的幽默大师。单调的谈话令人生厌，因此，善谈者必善幽默。但这种幽默，并不意味着对一切事物都可以拿来打趣。例如关于宗教、政治、伟人以及关于某种令人同情的痛苦等，都是绝不能加以取笑的。在有的人看来，如果说话不够幽默，便不足以显示自己的聪明，这种想法又不免有些偏激。

美国心理学家保尔·麦基认为，幽默感对于人的社交能力的发展起着举足轻重的作用。

与幽默家在一起好比读一本好书，受益无穷，得乐无限。

有一次，英国前首相温斯顿·丘吉尔的政敌阿斯特夫人对他说：

会幽默

Part6 一句幽默抵万金，幽默的语言艺术

"温斯顿，如果你是我的丈夫，我会把毒药放在你的咖啡里。"

丘吉尔笑笑说："夫人，如果我是你的丈夫，我就会把那杯咖啡喝下去。"

这里，丘吉尔用巧妙的回答以牙还牙地讽刺了政敌的攻击，没有直面冲突，用温婉而又有力的幽默给了对方教训。这是值得我们每一个人学习的说话技巧，甚至是做人的技巧。

幽默语言可以使我们内心的紧张和重压释放出来，化作轻松的一笑。在沟通中，幽默语言如同润滑剂，可有效地降低人与人之间的"摩擦系数"，化解冲突和矛盾，并能使我们从容地摆脱沟通中可能遇到的困境。

在社交中，谈吐幽默的人往往容易取胜，没有幽默感的人往往容易失败。在交际场合，幽默的语言极易迅速打开交际场面。

善于谈话的人，有时候为了需要常拿自己开开玩笑。美国著名律师迪特是一位善于拿自己开玩笑的人。

有一次，哥伦比亚大学校长在他登台演说时，先将迪特介绍给听众："他算得上是我国第一位公民！"迪特似乎很可以立刻抓住这个难得的机会，大模大样地开着玩笑说："诸位静听，第一位公民要开始演讲了。"但是他如果真那样做，便是一个没有人瞧得起的傻瓜。

那他该如何说呢？他不仅要利用这个介绍词幽默一下，并且还要从中获得听众的好感。他说："刚才校长先生说的一个名词，我起初有些听不太懂。第一位公民——是指什么呢？现在我才想到，大概他是指莎士比亚戏剧中常常提到的公民。校长先生一定是研究莎氏戏剧极有心得的人，他替我介绍时，一定又在想到他的莎氏戏剧了。诸位听众一定知道莎士比亚是常常把许多公民穿插在他的戏剧中，这些配角每人所说的话大都只有一两句，而且多半是毫无口才，没有高明见识的人。但他们差不多都是好人，即使是第一第二的地位交换一下，也根本不会显示有

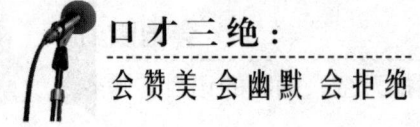

何不同之处。"

话未说完,台下便响起潮水般的掌声。

生活中如果我们能够多运用些幽默智慧的语言,真的能够使我们身心健康、人际顺畅,我们的人生也会到处充满了喜悦与新鲜。

幽默的至高境界

事事都求"自然天成"为好,幽默也是如此。有准备的幽默当然能应付一些场合,但难免有人工斧凿之嫌;临场发挥的幽默才更为技巧,更见风致。

1975年,在巴黎大学的博士论文答辩会上,法国主考人向陆侃如先生提了一个奇怪的问题:"《孔雀东南飞》这首诗中,为什么不说'孔雀西北飞'?"陆侃如应声答道:"西北有高楼。"

他巧妙地利用古诗十九首里的句子"西北有高楼,上与浮云齐"作为孔雀东南飞的理由。面对刁问能机智作答,其才智令人惊叹。

有时候幽默不是深思熟虑的产物,而是机趣自然的结晶,往往与快捷、奇巧相连。

在开往日内瓦的列车上,列车员正在检票。一位先生手忙脚乱地寻找自己的车票,他翻遍所有的口袋,终于找到了。他自言自语地说:"感谢上帝,总算找到了。"

"找不到也不要紧!"旁边一位绅士说,"我到日内瓦去过20次都没买车票。"

他的话正巧被站在一旁的列车员听到,于是列车到日内瓦车站后,这位绅士被带到了拘留所,受到审问。

"您说过,您曾20次无票乘车来到日内瓦。"

Part6　一句幽默抵万金，幽默的语言艺术

"是的，我说过。"
"您不知道，这是违法行为？"
"我不这么认为。"
"那么，无票乘车怎么解释？"
"很简单，我是开着汽车来的。"

这位先生真是有"把稻草说成金条"的本事。无可非议，他是无票乘车者，但他能巧妙地运用幽默为自己开脱，列车员能拿他怎么办呢？

临场发挥是一种技巧，更是一种心智，它需要我们有冷静的头脑，保持从容镇定，不慌不忙。在各种晚会、文艺演出中，许多主持人、演员临场应变，妙语惊人，给晚会欢乐气氛推波助澜，也赢得了观众的掌声和喜爱。

临场幽默贵在及时发现并抓住"触媒"，由此巧妙联想，得体发挥。一个演员唱乐亭大鼓时，鼓板没打几下，那鼓便砰然落地，观众哗然。主持人利用演员弯腰捡鼓的时机亲切地说："诸位，今儿个节目是临时加的，这位演员没来得及带自己的鼓，用的是别人的，看来这鼓有点认生。"

一句话就缓解了紧张的气氛，让我们不得不对这位主持人心生佩服。

接下来，一位杂技演员表演《踩蛋》时，一不小心脚下的鸡蛋被踩坏了一个，观众全然看见，演员很不好意思地又换了一个鸡蛋，主持人连忙打圆场："为了增加艺术效果，证实鸡蛋是真的，所以演员故意踩碎了一个给大家看。"不巧的是，主持人话音刚落，演员脚下又一个鸡蛋被踩碎了。观众马上转向主持人，这回看你怎么说。只见主持人无可奈何地叹了口气，说："唉，社会上的伪劣产品屡禁不绝，看来不抓不行了——连母鸡都生产劣质产品！"

这幽默风趣，这不用回家现取的机智，令人钦佩，一时满座粲然。

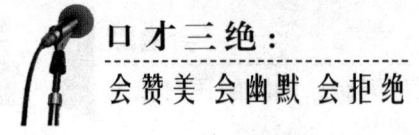

口才三绝：
会赞美 会幽默 会拒绝

幽默是最别致的心理疗法

幽默研究学者张瑞君说："如同树木需要阳光、空气、水，人需要幽默。幽默感是现代人应有的素质。"他还说："对疲乏的人们，幽默就是休息；对烦恼的人们，幽默就是解药；对悲伤的人们，幽默就是安慰……"对于所有的人，幽默就是力量！

幽默是一种言语或行动，它不是刀枪剑棍、武林绝技，也不是排山倒海的兵力。它是智慧与知识的综合，在智慧之力、知识之力的辉映下，幽默也具有化险为夷的魔力。当你处于四面楚歌的危急情境、处于受人非难的尴尬处境，幽默会给你转败为胜的力量。

如何摆脱沮丧悲观、烦恼惆怅的不良情绪，使自己的精神家园阳光灿烂呢？重要的心理疗法就是一种"合理化"或"自我解嘲"式的幽默疗法。它要求人们对生活抱着幽默的态度；要求人们淡化苦难、苦中作乐；要求人们在失望时看到希望；要求人们"猝然临之而不惊，无故加之而不怒"，保持一份平和心境。做到了这些，你的精神之树就会长青，你心中的信念长城就不至于颓然倒地。完全可以这么说：幽默可以给人们精神家园以强大的支撑力，使人们在苦乐交加、曲折变幻的人生道路上百折不挠，享受到真正的人生价值。

幽默地对待自己，对自身的优点和荣誉一笑置之。这样，你也会得到许多人的理解的。

在一次选举会上，当一个人获得了选举胜利，荣任高职位，有人祝贺他获得了这个职位时，他说："无论如何，中国女排在上周赢得的那场球更值得祝贺。"

这个人轻描淡写地对待自己的荣升，以他的谦虚来赢得别人尊敬，改善了自己的形象，当然也就更容易和别人进一步接近。

在生活当中，赞扬需要幽默，指责更需要幽默，幽默能使指责传达

会幽默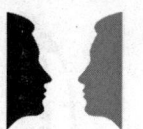

Part6 一句幽默抵万金，幽默的语言艺术

善意。如果双方发生了分歧意见，其中之一的当事人撇开严肃的态度以幽默的语言来暗示责备，而不至于伤害人，那么即使是调侃式的、半宽容的幽默语言也能正确无误地表达出责备，以达到不至于伤害人的目的和作用。其原因就在于，幽默传达给对方后，对对方产生作用的不完全在于这是些什么话，有很大因素在于你的幽默给了对方一种什么样的感觉。显然，真诚的、善意的幽默即使传达出责备的信息，通常情况下也是不会引起反感或恶感的。而一本正经的批评指责，引起分歧增大、感情破裂的可能性要大得多。

在死亡面前，英国前首相丘吉尔幽默地说："我已经准备好去见上帝，可上帝准备了什么来见我呢？"

法国革命家丹东就义前大声喊道："把我的头拿去吧！我的头是值得一看的。"

美国小说家欧·亨利临终前则说："把灯全点上吧，我不想在黑暗中回老家去。"

面对死亡，这些智者尚且能保持一份超然、幽默的头脑，这该是多么非凡的气度啊！

苏联学者阿诺欣院士说："我们应该学会用幽默锻炼我们的情感，就像锻炼肌肉一样。"契诃夫也曾告诫人们："朋友，要是火柴在你的衣袋里烧起来了，那么你应当高兴，而且感谢上帝，多亏你衣袋里不是火药库。要是你手指头扎了一根刺，那你应当高兴，挺走运，多亏这根刺不是扎在眼睛里……"美好的精神家园，不妨用幽默去支撑。

幽默是机智和才能的最佳组合

幽默作为一种激励艺术，在日常的交往中有着极重要的作用。在富

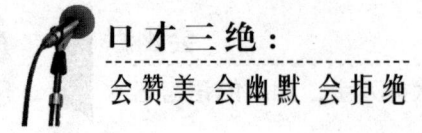

有幽默艺术的领导和主管周围，很容易聚集一批为他效力的员工，领导和主管的幽默会化解许多尴尬，以维护员工的自尊。

美国历史上的许多重要人物，如林肯、罗斯福、威尔逊等，都是善于运用幽默艺术的代表。

有一次，林肯与一位朋友边走边交谈，当他们走至回廊时，一队早已等候多时、准备接受总统训话的士兵齐声欢呼起来，但那位朋友还没有意识到自己应退开。这时，一位副官走上前来提醒他退后八步，这位朋友才发现自己的失礼，立即涨红了脸，但林肯立即微笑着说："白兰德先生，你要知道也许他们还分辨不清谁是总统呢！"就这么一句简简单单的话语，立刻打破了现场的尴尬气氛。

人应该善待自己，善待他人，善待生活中的失败、痛苦，甚至身体的缺陷，如果你换个角度去看，用有趣的思想，轻松的心态去对待，也许你的生活就会充满亮色，你本来忧郁的心情也会变得明朗。

美国一位肥胖的女政治家在竞选演讲中自我解嘲："有一次我穿上白色的泳装在大海里游泳，结果引来了苏联的轰炸机，以为发现了美国的军舰。"结果在笑声中，选民反不以其肥胖为缺点，使她在竞选中处于优势。

从管理的角度看，幽默不只是孩童的把戏，开心的笑脸与提高生产效率应该是相辅相成的。竞争的加剧，经济的动荡，企业员工面对着超乎寻常的压力。对公司而言，如何保持员工的士气，同时又能激发他们的创造性和"突破桎梏的思维"显得比任何时候都重要。

运用幽默进行管理，管理者往往可以取得很好的效果。据美国针对1 160名管理者的调查显示：77%的管理人在员工会议上以讲笑话来打破僵局；52%的人认为幽默有助于其开展业务；50%的管理人认为企业应该考虑聘请一名"幽默顾问"来帮助员工放松；39%的人提倡在员工中"开怀大笑"。一些著名的跨国公司，上至总裁下到一般部门经理，已

Part6 一句幽默抵万金，幽默的语言艺术

经开始将幽默融入到日常的管理活动当中，并把它作为一种崭新的培训手段。

幽默还可以使人与人之间的关系变得融洽，使公司的内部矛盾得以化解。当经济的衰退使公司不得不面对裁员问题时，还可以利用幽默化解裁员过程中可能出现的各种风险。

美国欧文斯纤维公司曾在新世纪之初解雇了其40％的员工，考虑到可能由此而引起的种种问题，该公司管理层聘请了专门的幽默顾问，利用两个月的时间对1 600多名员工施行了幽默计划，在公司内开展了各种幽默活动。结果，没有出现公司所担心的聚众闹事、阴谋破坏、威胁恫吓、企图自杀等可怕后果。

人们都喜欢与幽默的人一起相处，在西方，没有幽默感的男人，简直就是没魅力、愚蠢的代名词。幽默的主管比古板严肃的主管更易于与下属打成一片。有经验的主管都知道，要使身边的下属能够齐心合作，就有必要通过幽默使自己的形象人性化，那么怎样才能使自己成为一个幽默的主管呢？

首先，博览群书，拓宽自己的知识面显然是必不可少的。知识积累得多了，与各种人在各种场合接触就越胸有成竹，从容自如。其次，培养高尚的情趣和乐观的信念也是必需的。一个心胸狭窄，思想消极的人是不会有幽默感的，幽默属于那些心宽气明，对生活充满热忱的人。再次，提高观察力和想象力，要善于运用联想和比喻。作为一名企业主管，要有意识地训练自己对事物的反应和应变能力。最后，多参加社会交往，多接触形形色色的人，增强社会交往能力，也能够使自己的幽默感增强。幽默作为管理者的一种优美、健康的品质，恰如其分地运用会激励员工，使之在欢快的氛围中度过与你相处的每一天。

当然，幽默是一种创造性的本领，要随机应变，根据对象、环境以及刹那间的气氛而定，但也需注意以下技巧：一是不要随意幽默。幽

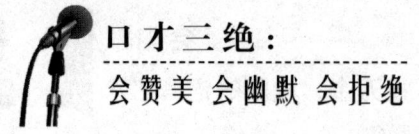

默并不是随时随地都可以运用的，应在某些特定的场合和条件下发挥幽默。例如，在一个正式的会议上，当你的下属在发言时，你突然冒出一两句逗人的话，也许大家就被你的幽默逗笑了，但发言的那位下属心里肯定认为你不尊重他，对他的发言不感兴趣；二是幽默要高雅才好；三是不幽默时无需硬要幽默。如果当时的条件并不具备，你却要尽力表现出幽默，其结果必定是勉为其难，到底该不该笑一笑呢？这会令彼此陷入更尴尬的境地。

Part7 说错话不尴尬：
出奇制胜的幽默解围术

用幽默化解人际交往的尴尬困境

在众人面前不小心打翻了酒杯，或者踩破了裙子，这些小事都会让我们觉得很丢脸、很狼狈，将自己陷入尴尬的境地。如果这时略施幽默技巧来进行自我保护，便可以轻松摆脱窘境，变被动为主动。

在某公司举行的宴会上，一位职员不小心将一杯酒洒在了董事长的秃头上，在场的所有人都惊呆了，这位职员也吓得面色苍白，场面异常尴尬。这时，只见董事长不慌不忙拿起毛巾，轻轻擦去秃头上的酒，爽朗地说道："你知道吗？其实葡萄酒对于治疗秃头效果并不明显。"

在这种尴尬的时刻，一句幽默的话语显得多么的重要。董事长的机智和幽默化解了所有人的担心，而且还给人留下聪明、大度、智慧的好印象，让人敬佩。不要再为小事而抓狂，学会用幽默面对人生中的尴尬，那么烦恼将会与你背道而驰。

有幽默感的人往往思路敏捷、反应迅速，在复杂的环境中从容不迫，妙语连珠，常常凭借幽默的力量化险为夷。

约翰·亚当斯在竞选美国总统期间，一位共和党人指控约翰·亚当斯曾经派遣竞选伙伴平克斯将军到英国去挑选4个美女做情妇，两个给平克斯，两个留给总统。约翰·亚当斯听后哈哈大笑，说道："假如这是

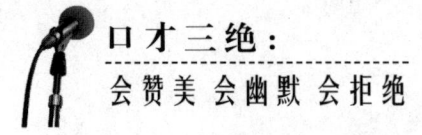

口才三绝：
会赞美 会幽默 会拒绝

真的，那平克斯将军肯定是瞒过了我，全都独吞了！"

在这里幽默的语言巧妙地化解了一个尴尬的局面，避免了不必要的冲突。正如某位哲人所说：当我们的社会通过一种幽默的能力而被深刻地认识，当每一位公民业已被幽默所征服，我们也就置身在一种和谐的气氛中了。所以，试着用幽默的力量来释放自己，使你的精神超脱尘世的种种烦恼。用幽默来增加你的活力，使生活多一点情趣吧。

幽默的力量令人难忘，同时也给人以友爱与宽容，幽默可使自身乐观、豁达，不仅如此，幽默还能润滑现实中人与人的关系，超越用其他方法无法超越的限制。

在一辆公共汽车上，一位女乘客不停地打扰司机，汽车每行驶一小段，她就提醒司机一次她要在哪下车。司机一直很有耐心地听，直到后来她大叫道："我怎么知道我要下车的地方到了没有？"司机说："你什么时候看我脸上有了笑容，就是到了你要下车的地方了。"

由于女乘客的干扰，公共汽车的司机有可能驾驶不好汽车，但是司机对这位女乘客又不能直言冒犯，他巧妙地采用委婉的幽默方式达到了自己的目的，运用幽默的力量使自己摆脱了两难的尴尬境地。

罗伯特·斯蒂文森曾经说过："一般掌握幽默力量的人，都有一种超群的人格，能自在地感受到自己的力量，独自应付任何困苦的窘境。"面对生活中的令人尴尬的事情，我们不妨用幽默去应付和化解它。

幽默是家庭的"减震器"

有人说幽默是家庭的花絮，有人说幽默是家庭的味精，笔者却说幽默是家庭的"减震器"。

家庭，是拉着一家人在生活的道路上前进的马车。这条生活的道

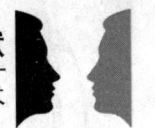

Part7　说错话不尴尬：出奇制胜的幽默解围术

路，有时笔直平坦，有时坎坷崎岖。要减少和减轻马车经过坎坷崎岖路段时的震动，就必须有减震器，这个"减震器"就是幽默。

美国著名的心理学家赫布·特鲁指出："繁琐的家务需要幽默。"我们每个人都有机会获得幽默，并把它运用在家庭生活中。要做到乐观还必须学会幽默。在日常的生活和工作中，难免会碰到这样或那样的矛盾、分歧或尴尬，甚至隔阂，影响我们乐观的情绪。而幽默则可以帮助我们化解矛盾，减少分歧，消除尴尬和打破隔阂。幽默主要是通过语言的形式来实现的，幽默的语言有趣、可笑、意味深长，它能使生活充满情趣。哪里有幽默，哪里就有活跃、欢乐的气氛。

家庭是社会的细胞，在家庭当中尤其需要幽默。原本相对独立的两个人成立了家庭以后，夫妻之间朝夕相处，恋爱时的浪漫，相互间的仰慕都会被越来越具体、越来越琐碎的家务劳动所吞噬，常常会为这些枯燥的永远做不完的家务劳动而发生矛盾，使家庭的欢乐气氛越来越少。而幽默却能使家庭矛盾得到化解。事实证明，如果夫妻双方都具有幽默感的话，那么，他们之间的感情纽带就会比别的夫妻更牢固，也更能经受住生活中的磨难和考验。同时，那些原先繁琐的家务，也会在幽默感的润滑下，变成一曲令人心情愉快的家庭幸福乐章。这样的家庭更具有欢乐的气氛。

夫妻间难免会产生矛盾和争吵。如果双方都没有幽默的话，小吵就会变成大闹，甚至会发展到不可收拾的地步。

有一个职工，工作较忙，下班总不能按时回家，经常是妻子回到家把饭菜做好了他还没回来。时间一长，妻子就不耐烦了。有一次，妻子生气地说："你还想家，还要吃饭吗？"他不作声。在饭桌上只是一股劲喝汤。妻子觉得奇怪："你是不是发神经了？光灌水！"他说："我怕跟你吵起来，多喝点汤，压压火。"一句话逗得妻子哭笑不得："真拿你没办法。"边说边给他盛了饭，并夹上一大块鱼端到他面前。他双手接过，风趣地说："谢谢孩子他妈！"一下子大家都乐了，妻子原先的一肚子气也随之烟消云散。

事实证明，在家庭生活中，幽默可以消除烦恼和忧愁，增进身心健康；可以丰富感情交流，增添生活乐趣；可以化干戈为玉帛，增强家庭和睦，对搞好家庭建设很有好处。

列宁说："幽默是一种优美的，健康的品质。"幽默，愉悦轻松，表达了人类征服忧愁的能力；布笑施欢，令人如浴春风，神清气爽，乐观常在。

以幽默应付意外

有时演讲会遇到一些意外情况，比如听众寥寥无几，有人故意捣乱，听众提出刁钻古怪的问题，听众反对演说者的观点，等等。

遇到这些情况，千万不能气馁、动怒、粗鲁地对待，那样会使演讲遭到惨败。而优秀的演说家能以幽默的方式沉着机智地应付各种意外事情的发生。

有一次，著名作家林语堂在美国哥伦比亚大学讲授中国文化课，对中国文化大加赞誉。一位女学生不服气地发问："林博士，你是说，什么东西都是你们中国的好，难道我们美国没有一样东西比得上中国的吗？"这是一个不好回答的问题，如果演讲者反过来赞扬美国，不利于演说的主题；如果严肃地表示美国不如中国，会引起在座学生的敌意。

林语堂只是轻松地回答："有的，你们美国的抽水马桶就比中国的好嘛。"

他的话引起哄堂大笑，气氛活跃而和谐，发问者对这一回答也无话可说。

在演讲中遇到听众有不同意见，不可漠然视之，如果不予恰当的处理，后面的演讲将难以顺利进行。

有时演讲者还会碰到恶意的攻击或咒骂，如果演讲者勃然大怒或与之对骂，将损害演讲人的形象，使捣乱者的预谋得逞。

英国前首相威尔逊有一次在民众大会上演讲，遇到一些激烈的抗议，一名抗议者高声骂道："垃圾！"威尔逊镇定地说："先生，关于你特别关心的问题，我们等一会就讨论。"

威尔逊巧妙地将抗议者的谩骂转为现实生活中需要解决的一个问题，为自己解了围，并使会场气氛松弛下来，他的被动处境也摆脱了。

20世纪30年代，美国政界要人凯升首次在众议院发表演说时，打扮得比较土气。一个议员在他演讲时插嘴说："这位伊利诺伊州来的人，口袋里一定装满了麦子呢！"众人听了哄堂大笑。

凯升不慌不忙地说："真的，我不仅仅口袋里装满了麦子，而且头发里还藏着许多菜子呢。我们住在西部的人，多数是土头土脑的。"他的自嘲式的坦率赢得了大家的好感和敬意，接着，他大声说："不过我们藏的虽是麦子和菜子，却能长出很好的苗子来！"

众人对这位不卑不亢的演说者鼓掌赞赏，他的演说成功了。

幽默是诙谐的激辩

幽默是润滑剂，能使僵滞的人际关系活跃起来；幽默是缓冲装置，可使一触即发的紧张局势顷刻间化为祥和；幽默是一枚包裹着棉花团的针，带着温柔的嘲讽，却不伤人。幽默充分显示出幽默者和被幽默者的胸襟和自信。

幽默是心灵与心灵之间快乐的天使，拥有幽默就拥有爱和友谊，凡具有幽默感的人，所到之处，皆是一片欢乐和融洽的气氛。在无法避免

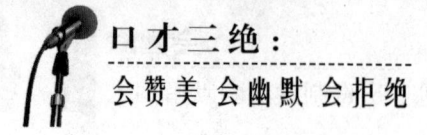

的冲突中，幽默感不强的人就面临考验，是拍案而起，横眉怒目，还是悲天悯人，大智若愚？幽默家的高明在于即使到了针锋相对之时，也不像通常人那样让心灵被怒火烧得扭曲起来，而是仍然保持相当的平静。在对方已感到别无选择时，幽默家仍然有多种多样的选择。

一位演讲的教授在自我介绍时说："一位朋友称我聪明透顶，我含笑地回答：'你小看我了，我早就聪明绝顶了。'"然后他指了指自己的头说，"我今天演讲的题目是外表美是心灵美的反映。"教授就这样开始了自己的演讲，整个会场充满了活跃的气氛。同样是秃头，同样容易受到别人的揶揄和嘲谑，为什么不同的人得到的却是别人不同的认可，其间的缘故就是没有幽默感。

生活中应用幽默，可缓解矛盾，调节情绪，促使心理处于相对平衡状态。著名的喜剧大师卓别林曾说："通过幽默，我们在貌似正常的现象中看不出不正常的现象，在貌似重要的事物中看不出不重要的事物。"

人们给保加利亚的卡尔洛沃城冠以"笑城"的美称，卡城被称为是讽刺与幽默之乡，这个城的人们言谈中常有幽默、谐趣之语，因而性格开朗乐观，成了卡城居民的普遍品格。

康德所讲的"从紧张的期待突然转化为虚无"，正是来自幽默常常能造成使人出乎意外的奇因异果。例如，老师对学生们说："牛顿坐在苹果树下，忽然有一个苹果掉下，落在他的头上，于是，他发现了万有引力定律。牛顿是个科学家！""可是老师，"一个学生站了起来，"如果牛顿也像我们这样整天坐在学校里埋头书本，会有苹果掉在他头上吗？"本来老师是讲牛顿受苹果落地的启示，发现了万有引力定律，成为了科学家，而学生却冒出一句含有不应该埋头读书的结论，真是出乎意外，超出常理。

Part8 让你大开眼界的幽默十八法

滑稽比喻幽默法

比喻要有可比性,这是修辞的规律。可是,把本体与喻体之间没有一致的地方直接扯在一起,这是产生幽默感的规律。除了用不相称的分类和排列引起怪异感以外,还可以用不伦不类的比喻来造成滑稽的效果。

清朝的《新刊笑林广记》中有一个关于学台的故事:

秀才的家丁把娃娃撒尿,良久不撒,于是吓他说:

"学台(考官)来了。"

娃娃立即撒尿,秀才问其原因,家丁回答说:

"我见你们秀才,听学台下马,吓得屁滚尿流,才想出这个主意。"

把撒尿和秀才考试相比已经荒唐,小孩一听学台之名立即撒尿,则更是荒唐之至。

汉语有一种特殊的修辞方法,就是歇后语。歇后语本来属于比喻的暗喻之列,但是它有一个特点,那是本体与喻体之间是不伦不类的,因而大都十分滑稽,如形容人做事有条不紊或唱曲子有水平,从容不迫,口语叫做有板有眼。这是一个带着褒义的词语,可是有一个歇后语是:光屁股坐板凳——有板,有眼。这与做事或唱戏有水平不但风马牛不相

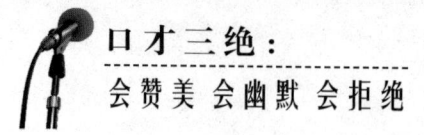

及，而且在联想意味的雅俗上也不能相容的典型。

绝大多数歇后语都以本体与喻体之间的无类比喻为特点。

因而文学家茅盾认为歇后语是一种"文字游戏"。歇后语不是一种正经的修辞方法，而是一种戏谑性的修辞方法，由于它往往远及无类，而强加比喻，常常奇趣横生。如：

（形容人做了不必要的无用功）脱了裤子放屁——多此一举。

（形容人说话不实）阎王出了告示——鬼话连篇。

（说人的水平不怎么样）床底下放风筝——不高而不妙。

（说人意图不善）黄鼠狼给鸡拜年——没安好心。

多数歇后语以荒诞、滑稽取胜。但是也有一些滑稽意味并不太浓的要细心鉴别，否则可能产生不雅的效果。不仅不雅的歇后语要鉴别，而且任何一种不伦不类的比喻都要留心使用。

比喻的巧妙运用能使我们能更好地理解幽默。

震撼世界的相对论，是科学发展史上划时代的里程碑。创立相对论的爱因斯坦晚年时，一群青年学生请他解释什么是相对论，他生动而幽默地打了一个比方：

"当你和一个美丽的姑娘坐上两小时，你会感到好像坐了一分钟；但要是在炽热的火炉边，哪怕只坐上一分钟，你却感到好像是坐了两小时。这就是相对论。"

荒谬话语幽默法

这种幽默的生命，不但在于人物在一点上着迷，而且在于不管怎样走向极端，着迷点不但不会消失，反而会增强。并不是一切真痴真呆都能构成幽默，也不是一切真痴真呆的幽默有同样的水平。要使真痴真呆显出奇趣，起码得设法使其傻言蠢行，导致显而易见的荒谬。荒谬有结果自然重要，但更重要的是导致荒谬的过程，要让读者看到荒谬的前因和后果之间的逻辑关系是如何被一步又一步，一个环节又一个环节歪曲的。

要找到一个荒谬的前提已经很难，难就难在它虽然是荒谬的，但是对故事中的人物来讲却是很真诚的。如果他不能真诚地信守虚假的前提，就不是真痴真呆了。

清朝程世爵编的《笑林广记》中有一个《瞎子吃鱼》的故事：

说是一群瞎子搭伙吃鱼，鱼少人多，只好用大锅熬汤。鱼都蹦到锅外面去了，瞎子也不知道。他们都没吃过鱼，不知鱼的滋味；大家围在锅前，喝着清水汤，齐声称赞：

"好鲜汤！好鲜汤！"

鱼在地下蹦到一个瞎子的脚上，这个瞎子才大叫起来："鱼不在锅里！"众瞎子感叹起来："阿弥陀佛，亏得鱼在锅外，若是真在锅里，我们都要鲜死了。"

明明是清水汤，没有鱼，瞎子却在称赞"好鲜汤"，这是这个故事荒谬的前提。这自然是一种夸张的幻觉，但作者也不能完全胡吹，也得有点根据，于是把吃鱼的人设计成瞎子，让他看不见，又特别说明他们从未吃过鱼。如果没有这两点，这个前提就不能成立了。前提不能成立，以上故事的逻辑基础就垮了。

这个基础的真正荒谬之处是一种错觉，是一种主观的着迷，而并不是自我欺骗，因为这是真诚的。正因为这样，它着迷得很有趣。但是光有这么一点着迷，效果还是有限的，还不够劲儿，还得让效果放大一下，让瞎子的逻辑荒谬更强烈一些才成，于是便有下面的高潮：原来不知无鱼，觉得鲜，还情有可原，现在明明知道没有鱼，鲜的错觉不但没有消失，反而引出了没有被"鲜死"的庆幸。

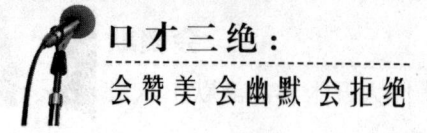

口才三绝：
会赞美 会幽默 会拒绝

这类幽默的生命，不但在于人物在一点上着迷，而且在于不管怎样走向极端，着迷点不但不会消失，反而会增强。一点着迷和导致极端，是构成这类幽默的两个关键。

在古代好几本笑话书中都有刘伶嗜酒的故事：

其友（或妻）答应让他醉个够，乃以缸蒸酒，酒成推其于缸中，盖之。

过了3天，听不见缸中动静，以为刘伶这下满足了。打开缸一看，刘伶醉醺醺地坐在酒糟上，半天才把头抬起来说："你说要让我醉个够，却让我坐在这里闲着干什么？"

嗜酒是一种着迷，这并不幽默，幽默产生于迷至极端乃生幻觉。明明浸入酒缸3天把酒喝完了，还觉得没有喝。在通常情况下人皆可能着迷，但条件稍有变化人们就自己明白了，也就是悟了，但于幽默之道则不然。

一点着迷属于真痴真呆之法，其中效果最强烈者，原因是迷而不悟，即使迷到极点仍然不改其迷。

荒谬的夸张总能引起人们发笑，因为荒谬夸张本身包含了不协调，从而产生强烈的幽默效果。

一个法国人、一个英国人和一个美国人在一起吹嘘他们本国的火车是如何如何地快。

法国人说："在我们国家，火车快极了，路旁的电线杆看起来就像花园中的栅栏一样。"

英国人忙接上说："我们国家的火车真是太快了！得往车轮上不断泼水，不然的话，车轮就会变得白热化，甚至熔化。"

"那又有什么了不起！"美国人不以为然地说，"有一次，我做国内旅行，我女儿到车站送我。我刚坐好，车就开动了，我连忙把身子探出窗口吻我的女儿，却不料吻着了离我女儿6英里远的一个满脸黑乎乎的农村老太婆。"

Part8 让你大开眼界的幽默十八法

吹牛的笑话有很多,你平时既可收集,也可以创作。有空你也不妨试着吹吹牛,反正吹牛不上税,也不会有其他麻烦。美国有个吹牛者俱乐部,专以荒谬夸张地吹牛为乐,可见这种幽默技巧之实用。

偷梁换柱幽默法

偷梁换柱就是把概念的内涵作大幅度的转移、转换,使预期失落,产生意外;偷换得越是隐蔽,概念的内涵差距越大,幽默的效果越强烈。幽默是一种情感思维方法,它与人们通常的理性思维方法有相同之处,也有不同之处。对相同之处,人们不用细心钻研,就可以自发地掌握;而对于不同之处,许多幽默感很强的人虽然已经掌握,但不知其所以然,而幽默感不强的人则往往以通常的思维方法去代替幽默的思维方法,其结果自然是幽默感的消失。幽默的思维和通常的理性思维至少有两个方面是不同的:第一,在概念的使用和构成上;第二,在推理的方法上。这里主要讲概念在幽默中的特殊表现。

通常,人们进行理性思维的时候,有一个基本的要求,那就是概念的含义要稳定,双方讨论的必然是同一回事,或者自己讲的、写的同一个概念前提要一致。如果不一致,就成了聋子的对话——各人说各人的。如果在自己的演说或文章中,同一概念的含义变过来变过去,那就是语无伦次。

看起来,这很不可思议,但这恰恰是很容易发生的。因为同一个概念常常并不是只有一种含义,尤其是那些基本的常用概念往往有许多种含义。如果说话、写文章的人不讲究,常常会导致概念的转移,虽然在字面上这个概念并没有发生变化。在科学研究、政治生活或商业活动中,概念的含义在上下文中发生这样的变化是非常可怕的。因而古希腊

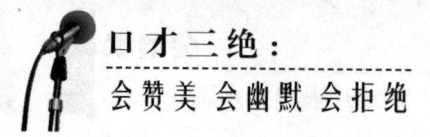

的亚里士多德在他的逻辑学中就规定了一条，思考问题时概念要统一，他把它叫做"同一律"。违反了这条规律，就叫做"偷换概念"，也就是说，字面上你没有变，可是你把它所包含的意思偷偷地换掉了，这是绝对不允许的。

可是幽默的思维并不属于这种类型，它并不完全是实用型的、理智型的，它主要是情感型的。而情感与理性是天生的一对矛盾，对于普通思维是破坏性的东西，对于幽默感则可能是建设性的成分。

有这样一段对话：

老师："今天我们来教减法。比如说，如果你哥哥有5个苹果，你从他那儿拿走3个，结果怎样？"孩子："结果嘛，结果他肯定会揍我一顿。"

对于数学来说这完全是愚蠢的，因为偷换了概念。老师讲的"结果怎样"的含义很明显是指还剩下多少的意思，属于数量关系的范畴，可是孩子却把它转移到未经哥哥允许拿走了他的苹果的人事关系上去。

然而对于幽默感的形成来说，好就好在对这样的概念默默地转移或偷换。仔细分析一下就可发现这段对话的设计者的匠心。他本可以让教师问还剩余多少，然而"剩余"的概念在这样的上下文中很难转移，于是他改用了含义弹性比较大的"结果"。这就便于孩子把减去的结果偷偷转化为拿苹果的结果。可以说，这一类幽默感的构成，其功力就在于偷偷地无声无息地把概念的内涵作大幅度的转移。有一条规律：偷换得越是隐蔽，概念的内涵差距越大，幽默的效果越是强烈。

机械模仿幽默法

机械模仿术就是在瞬息万变的生活中，不管情境如何变化，把运用

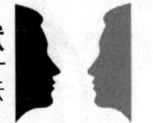

Part8 让你大开眼界的幽默十八法

于某一事物的东西生搬硬套在另一事物上,只是机械地模仿,使其笨拙可笑。

柏格森在他的《论笑》一书中指出,滑稽是"镶嵌在活东西上的机械的东西"。在瞬息万变的生活中,突然插进一个机械死板的表现当然好笑。在卓别林表演的喜剧中,利用人物的机械僵化表现出的笑话,俯拾即是。有一个电影表现在高度机械化、自动化的流水线上,一个工人的全部动作都被扳螺丝钉的动作同化了,以至于他看到女人衣服上的纽扣也要当螺丝钉去扳一下,结果笑话百出。

有一个学生,这天先生教给他三个字"你、我、他",并用它们造句。"你,你是我的学生;我,我是你的先生;他,他是你的同学。"

学生回家后高兴地把这些告诉了父亲,指着父亲说:"你,你是我的学生;我,我是你的先生。"他又指了指他的母亲,"她,她是你的同学。"

父亲听了很气愤:"我怎么是你的学生呢?我,我是你的父亲;你,你是我的儿子;她,她是你的妈妈。"受了委屈的学生,来到学校,责怪先生:"先生,您教错了,应该是这样的:你,你是我的儿子;我,我是你的父亲;她,她是你的妈妈。"

这位学生与他的父亲都是傻到家了,不懂得情境的变化会导致语言表达的变化,机械刻板,乖傻可笑。

这种因乖傻而产生的幽默故事在我国民间笑话中也有许多实例。

有一个小伙子不善于说话。一天,邻居家生了个儿子,大家都去祝贺,他也去了。父亲特地叮嘱他,千万不要在席间说出不吉利的话,他高兴地答应了。

席间,他一言不发,只管喝酒吃肉。直到吃完了,有人问他为何不说话,他说:"你们见了吧,我今天可什么也没说,这个孩子要是死了,那可不关我什么事!"

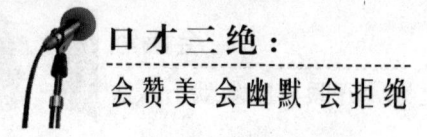

小伙子虽然席上什么也没说，可结尾处的假设还是没有顾及到"此时不该说的话"，叫人哭笑不得。

汤姆："我看这位新来的数学教师不怎么样。"

比尔："为什么？"

汤姆："昨天他对我们说5+1=6。"

比尔："错在哪儿呀？"

汤姆："可他今天又说4+2=6。"

不懂得变通，只知一味机械记忆，也产生了一种愚蠢可笑的幽默效果。

威利的儿子到姑姑房间里玩，回到爸爸身边时拿着一小袋糖，说是姑姑给的。

爸爸问："你说了'谢谢'没有？"

"啊，忘了。"儿子马上又跑到姑姑房里去道谢，回来以后对爸爸说："其实我不用去谢姑姑。"

"为什么呢？"爸爸问。

"姑姑说，'好孩子，不用谢'。"

孩子们的思维一般是简单的直线型，表现出一贯性，也常常因此而闹出笑话来。

强词夺理幽默法

强词夺理幽默术是指在各种交往中，因为种种原因而明显不合理的一方，总要想方设法找出理由，证明自己是合理的，因为这理由本身的不合理性，幽默就在这中间产生。

一般说来，陷入困境中的人们都急于想挣脱出来，这当然需要技

Part8 让你大开眼界的幽默十八法

巧。你完全可以从你授人以柄的话语出发，机智巧辩，强词夺理，硬要把无理说成有理，把错说成对，用以自我保护。而在不利的环境中，越是带着自我保护色彩，越能轻易地从中脱身，幽默的成分自然也就越多。这种情形在日常交往中更容易表现出来，因为日常交往一般是轻松、和谐的，如果你偶有失策，陷于被动，完全可以强词夺理，以充分的幽默感来加以掩饰。

一名电脑推销商正在费尽口舌企图说服一个男人购买他的电脑："我卖的这款电脑是目前最先进的，能回答你提出的任何问题。"

"那好。"那个男人不耐烦地说，"问它知不知道我的父亲在哪？"推销商将问题输入电脑，数秒钟后电脑显示如下信息："他目前正在苏格兰钓鱼。"

"搞错了吧，"那个男人说，"我父亲早在3年前就去世了！"

推销商耸耸肩："没错，你母亲的丈夫是在3年前去世的，但是你的亲生父亲此刻确实正在苏格兰钓鱼。"

推销商为售出电脑，难免夸大其辞，对电脑的性能吹嘘一通。面对顾客的诘难，推销商想随意敷衍了事，不料却落入顾客的质问中，显得十分狼狈。他没有惊慌失措，而是巧妙地利用"母亲的丈夫"和"亲生父亲"两者间的不完全同一性，强词夺理，为顾客生造出一个"父亲"，产生意想不到的幽默效果。当然，这种强词夺理未免有些过火，他自己虽能巧妙脱困，却也可能得罪顾客，不免要功亏一篑。

推销商的强词夺理虽然运用得稍嫌失当，可他的确给我们提供了一个摆脱困境，制造幽默的思路：运用一些不成其为理由的理由，在适当的环境中就可以脱困、幽默两者兼得。

当你一不小心掉入语言的陷阱而十分狼狈时，你可能无计可施，弄得脸红脖子粗；可能愤怒或沮丧；可能手足无措。但是这一切都于事无补，你还得另想办法。这时，客观情境的严酷十分需要你调动思维的潜

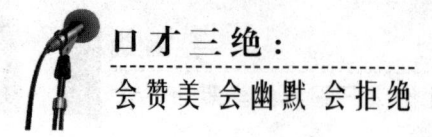

力，作出超常的发挥。因为你的精神处于一种十分亢奋、活跃的状态，说出的话往往机智而又幽默，让人在笑声忘记你曾有过的狼狈。

强词夺理通常是你精神亢奋状态过程中极易闪现的念头。俗话说："从哪儿跌倒，就从哪儿爬起来。"你在"理"上陷于被动，最好的办法当然是把"理"夺回来，不管是"强词"也好，还是"巧词"也好，只要能通过调侃自己或调侃他人而摆脱困境就行了。

强词夺理其实就是"无理而妙"。明明是无理的东西，你偏偏要把它说成有理，这自然有悖于生活常识，也不符合逻辑的推理。但是，有时候离生活的真实越远，反而还越具有幽默性。越和现实相协调，幽默却越不可能存在。幽默也就这么回事儿！

张冠李戴幽默法

对方明明说的是甲事物，我偏偏当他是说乙事物；对方明明是这种意思，我却故意误认为另一种意思，这就是张冠李戴。

生活中，我们常常免不了与别人发生一些小冲突。这些冲突，有时是对方故意挑衅，找岔子；有时是双方无意间撞到一起，产生了小摩擦；有时是自己不小心触犯了别人，人家不肯罢休……总之，不是什么大是大非的矛盾，基本上都是鸡毛蒜皮的小疙瘩。如果大动干戈，如临大敌似的去对付，未免太小题大做，徒然浪费自己的时间、精力。但是，如果置之不理，却也痛痒相伴，坐卧不宁。这时候，张冠李戴幽默术就可以大显身手。它故意将对方的意思转移到别的事物或人身上，使其产生明显的不和谐，让笑声将冲突消解于无形。

张冠李戴幽默术的运用大致有以下两种情况：

第一种情况，对方有意挑衅，试图让你感到难堪。这种情况下，最

有效的办法是把"冠"直接给他"戴"回去,让他"自吞苦果"。由于预期与现实的差异性和戏剧性,幽默也随之而生。

一天德国大诗人歌德在公园里散步,在一条狭窄的小路上遇到一位反对他的批评家,这位傲慢的批评家说:"你知道吗?我这个人从来不给傻瓜让路。"歌德却说:"而我恰恰相反。"说完闪身让批评家过去了。这种对抗式的幽默耐人寻味。

这里,批评家以"傻瓜"暗指萧伯纳,萧伯纳却故作不知,巧妙地借同一主题回避了一句话——"给傻瓜让路",将"傻瓜"的"桂冠"又原封不动地奉还给批评家,令他哭笑不得。我们在佩服萧伯纳的机智之余,肯定会报以会心的微笑。

第二种情况,双方无意间发生冲突,或自己不小心触犯别人而遭到责怪。这时候进行的回击不能像第一种情况下那样锋芒毕露、咄咄逼人,而要尽量地缩小影响,转移矛盾。使用张冠李戴时也尽量避免直接"戴"回对方,而是"戴"到一个与双方都没有关系的第三者身上。因为"戴"得巧妙,幽默的意味也就自然流露出来。

公共汽车突然刹了一下车,车上的乘客全都身子猛地一晃。一个青年脚下不稳,直撞到一个姑娘身上。姑娘横眉立目:"德性?"

青年忙道:"不,是惯性。"

姑娘说"德性",是责怪青年行为不妥,有缺德之嫌。青年却巧妙地借一个"性",故意理解为物理上物质的某种属性,再加以否定,代以"惯性"这一物理专业名词,既避免了与姑娘的争执,又委婉地解释了这一意外的原因,说明责任并不在自己身上,从而缓解了姑娘的怒气,消弭了一场可能发生的冲突,并且让笑声在车厢内荡漾。

总而言之,张冠李戴幽默术在引人发笑的同时,既可以有效地驳回恶意的攻击,也可以缓和因误解而产生的嫌隙,至于怎样恰当地利用它的这种双刃的作用,使用者要视具体情况而定。

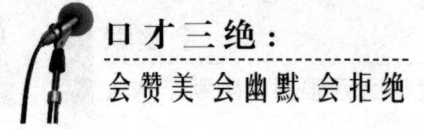

婉言曲说幽默法

有这样一个故事：

王麻子是个极爱占小便宜的人，常常在别人家白吃白喝，吃完了上顿等下顿，住了两天住三天。一次，他在一个朋友家里吃了三天后，问主人道："今天弄什么好吃的呀？"

主人想了想，说："今天我们弄麻雀肉吃吧！"

"哪儿弄那么多麻雀肉呢？"

主人说："先撒些稻谷在晒场上，趁麻雀来吃时，就用牛拉上石磨一碾，不就得了吗？"

这个爱占便宜的人连连摇手说："这个办法不行，还不等石磨过来，麻雀早就飞跑了。"

主人一语双关地说："麻雀是占惯了便宜的，只要有了好吃的，怎么碾（撵）也碾（撵）不走。"

幽默作为语言艺术，与修辞手段密切相连，这个话题所要谈论的婉言曲说就是其中的一例，它与修辞格中的委婉修辞方法相似，但"委婉"修辞方式不能带给人幽默。

比如说，资料室要下班了，一个读者还依依不舍，不愿离去，管理员走过来，和蔼地说："下班了，你要看的书夹个条子，明天还留给你先看。"

这里管理员采用了婉曲的修辞方式，语言温和而含蓄，但丝毫没有幽默感。现在我们谈论的"婉言曲说"的幽默法，可以说是"婉曲"的变格，它是说话人故意把所要表达的本意绕个圈子曲折地说出来，利用婉言来获得幽默效果。

克诺先生来到一个陌生的城市，进了旅馆，他想在那儿过夜。

"一个单间带供应早餐要多少钱？"他问旅馆老板。

Part8 让你大开眼界的幽默十八法

"多种不同房间有多种不同的价格,二楼房间15马克一天,三楼房间12马克一天,四楼10马克,五楼只要7马克。"

克诺先生考虑了几分钟,然后提起箱子就走。

"您觉得价格太高了吗?"老板问。

"不,"克诺回答,"是您的房子还不够高。"

一般说来,幽默应避免敌意和冲突,否则,幽默就会被减弱或者消亡。从这个意义上讲,婉言曲说最适合构成幽默。

在此例中,如果克诺直言道:"你的房价太高,我不住了。"那么,幽默即刻消亡,这则故事本身也失去了存在价值。克诺话语里的幽默感,来源于钝化语言的攻击锋芒。他没有把自己对房价的不满意直接宣泄出来,因此,并没有把他和老板的关系弄僵。他游刃有余地用比直言更为有效的方法表述了自己的意向,避免了人际关系的对抗与僵化,极其幽默。

婉言曲说的幽默之法,还可理解为拐弯抹角、曲折暗示地说,从而达到表述隐衷的目的。在通常情况下,幽默与直截了当地表述隐衷无缘,直抒胸臆是抒情的效果,而不是幽默的效果。

一般来说,幽默都以间接暗示,诱使对方顿悟为上,如有隐衷,拐弯道出比一吐无余聪明。

在社交场合中有许多冲突,由于某些利害关系,对你的朋友的批评,以暗示为上,最好是以荒诞不经的方式启示他顿悟。

相传乾隆皇帝下江南到苏州狮子林,见那假山似通似断,像迷魂阵一般,玩得开心。游罢假山,当地官员请他题字,他一时得意忘形,写了"真有趣"三字。

恰好旁边站着接驾的状元黄熙,他觉得这三字意太俗,有失皇上大雅,但又不好直说,只得巧妙婉词,奏曰:"臣见圣上御笔,笔笔铁面银钩,字字龙飞凤舞,其中这个'有'字更是百媚千姿。臣冒昧该死,

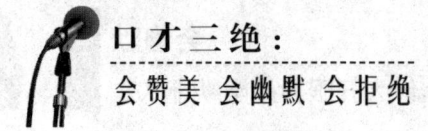

望乞圣上将这个'有'字赐予小臣。"

此言一出,乾隆皇帝复阅此三字,方知话中有话,顿悟个中之理,于是顺水推舟,改为"真趣"(即真趣亭上乾隆之亲笔题匾),但又不好意思,故在旁附一行小字"御赐黄熙有"。

乾隆皇帝题字不当,为臣的自然不便直说,所以,黄熙以曲说隐衷之法,曲折暗示皇上,致使乾隆改动了题匾,留下了千古佳话。

当你觉得对什么不可改变的事情不满意,从而感到困窘,如果你直接把它表达出来,这并不能显示你有什么过人之处。如果你能用曲折暗示的方法,说明你对困窘似乎取无所谓的态度,那你就是一个有幽默感的人。

在生活中,有很多人心直口快,直来直去,批评别人火药味很浓,既得罪了人,又达不到目的。其实,人人都有自尊心,只要运用得法,含蓄隐晦的表达也可激起对方心底的良知。这种曲意讽喻的方式是我国传统的幽默技巧。

颠倒错位幽默法

"逻辑"有悖于常规,于是产生出歪理,幽默的素材便在"歪理"中滋长出来。有一个相声讲了这样一个故事:

甲乙两人相逢,一见如故,握手言欢,问寒问暖。待两人很是亲热了一番之后,突然发现对方竟是陌生人,于是两人异口同声地问道:"请问尊姓大名?"

作为相声里的材料,这个故事是富有幽默感的。那么它的幽默感是怎样造成的呢?它显然是将事物正常的握手顺序易了位,违反了常理。在日常生活中,人们总是先互相认识再彼此亲热的,而故事中的甲和乙

Part8 让你大开眼界的幽默十八法

都还没弄清对方的尊姓大名就忙于问安、言欢,这就是颠倒了人们相识的一般规律,与人们的正常逻辑不协调,于是幽默感便应运而生。

梦是不能续作的,但在幽默中却可以:

有个人做了个梦,梦见朋友请他去喝酒看戏。大家刚入席,酒也斟满了,菜也端上来了,戏也开场了,可是他却被老婆惊醒了。于是,他把老婆好一顿臭骂。

老婆说:"别骂了,你还是赶早快睡吧!可能现在戏才演到一半哩!"

这个人可能是个馋鬼,舍不得梦中的一桌酒席。可是好梦未圆,就被老婆打破了,他怎能不恼?这人也够痴的,梦境岂能当真?即使梦接着做下去,他欣赏的也不过是水中月、镜中花,品尝的也不过是不能充饥的画饼。但故事发展到此还没有多少幽默味,只是一般的讥刺痴人。他老婆的答话,为这则故事起到了画龙点睛的作用。她以梦为真,让丈夫接着做梦,到梦中去找回刚才失去的快乐,显得十分荒诞,幽默感来了。

位移真义幽默法

人们总希望自己能言善辩,能够妙语连珠、幽默诙谐地和周围的同事、朋友们交谈。或许,位移真义法这种幽默技巧能为你的交谈增色。

位移真义法就是思想倾向的偏离,把心理重点移到另一主题上,而不是原来的主题上。人们常用这样的词询问,如:怎么、怎么样、什么样,等等,对于这类问题的回答,位移真义法往往会有意料不到的幽默和机智效果。

人们说的话,往往字面意义与说话人想表达的意义并不完全一致,

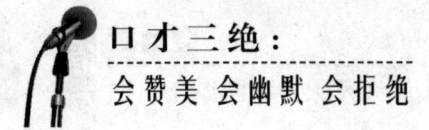

我们暂且称它们为表义和真义。将说话人的真意弃之不顾，而取其表义，是位移真义法的根本技巧。

有个姑娘到杂志社编辑部对总编说："我有个笑话要投稿，请你们在杂志上发表。"

总编看过稿子后，说："小姐，可这笑话有些冷。"

"没关系的，你们就在夏天发表它吧。"

在这里，总编辑说的表意是笑话有点冷，而真义却是这笑话不适于发表，尽管姑娘对真义已很清楚，但她故意置之不顾，拾起话的表意，很机智地幽默了一番，这便是采用了位移真义法的幽默技巧。

每个人说话，都有一定的前提，并且这些前提往往是大家都承认了的，被心照不宣地省略掉了的。位移这些前提，需要敏锐的头脑和很强的逻辑推理能力。但以位移真义法位移前提而成的幽默往往会引得人赞不绝口。

房客对房东说："我没法再忍受下去了，这屋顶一刻不停地往我房间里漏水。"

房东反驳说："您还想怎么样？就您那一点点房钱，难道还想漏香槟不成。"

这的确是个很精湛的幽默，房客的真义是"不论漏的什么都有碍于他"。但是老练的房东却故作懵懂不知，将它位移为"漏香槟比漏水要好，漏水次之"。

如果能辨明真义与表义，平时说话的时候，就可以应用这种位移真义法制造出很多幽默来。如果有人用很具体的事实抱怨你，比如你请客，朋友戏谑说你的酒是掺了水，你不妨试着用此法幽默一番。

笑声会使人心情开朗，容光焕发，而幽默则会给你带来笑声、欢颜。生活中处处都有幽默，只要拥有幽默的心，你就能抓住它。

Part8 让你大开眼界的幽默十八法

借助外力幽默法

英国诗人乔治·莫瑞是一位木匠的儿子,他很受当时英国上层社会的尊重。他从不隐讳自己的出身,这在当时英国社会是极为少见的。

一天,一个纨绔子弟与他在一处沙龙相遇,嫉妒异常,欲中伤诗人,便高声问道:"对不起,请问阁下的父亲是不是一位木匠?"

诗人回答:"是的。"

纨绔子弟又说:"那你父亲为什么没有把你培养成木匠?"

诗人微笑着回答:"对不起,阁下的父亲想必是绅士?"

纨绔子弟傲气十足地回答:"是的!"

诗人又说:"那你父亲怎么没把你培养成一位绅士呢?"

面对纨绔子弟的恶意提问,诗人没有正面回答,而是就坡骑驴,根据对方的方式进行反问,使纨绔子弟丢脸献丑,偷鸡不成反蚀一把米。

运用借助外力法需要论辩者巧妙导引,灵活转接,抓住契机,后发制人。很多口才大师常用此法在一些大型场合反击敌手,捍卫尊严。

设置悬念幽默法

设置悬念法是幽默的一个重要的技巧,相声演员管它叫"设包袱"。即以热切的语调、真实的细节和充满戏剧性的情节引出你的幽默力量,在关键的那句话说出之前,埋下伏笔,预作暗示,让听众"着了你的道"。然后,用关键的话一语点破,或叫解开"扣子",抖开"包袱",让听者有出乎意料的感觉,于是,幽默的效果就发挥出来了。

公园的椅子上坐着一位老妇人,一个小孩走过来。

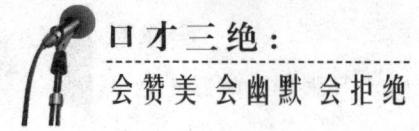

"婆婆,您的牙还行吗?"

"已经不行了,都掉了。"

于是孩子拿出一包胡桃,说:"请您替我拿一拿,我去打球。"

这则幽默中的悬念被顽皮的孩子设置得甚是巧妙,令人捧腹。

运用设置悬念法时,有两个问题需要注意:一是不要故弄玄虚,让人不着边际;二是设置悬念要巧妙,顺理成章,从而达到幽默的效果。否则,"斧凿"的痕迹太重了,给人以故弄玄虚之感,不仅不显得幽默,反而使人反感。设置的悬念要紧扣主题,精心设计,恰到好处。

不要急于求成。如果你迫不及待要把妙语趣事说出来,太急于要引起听众发笑,太早地让人知道有趣的"谜底",就会显得操之过急,太早泄露"天机"泄露了惊奇,由于铺垫不够,火候不成熟,结果也就失去了幽默感。

所以,设置悬念应娓娓而谈,不疾不躁,使听众对结果有错误的预期,有一个缓冲思考的时间,然后再一语道破。但是也不能太慢,慢到使听众忘了他所期待和预期的是什么了。再看以下这则幽默,就是以不同方式埋下伏笔,设置悬念的。

邮递员送来一份电报,小芬芬用筷子夹着,小心地走进屋里,说:"爸爸,你的电报。"爸爸见了,奇怪地问:"你为什么用筷子夹着?"

小芬芬说:"我怕触电啊!"

在这则幽默里,小芬芬用筷子夹电报就是埋下伏笔,设置悬念,最后小芬芬说:"我怕触电。"就是一语解开了"扣子"。

设歧引疑幽默法

从前有个人请客,酒席间有一客人,刚一举杯就放声大哭。主人忙问:"老兄为何临饮而哭?"客人回答说:"我于生爱的是酒,如今酒已死了,为何不悲不哭?"主人笑道:"老兄差矣,酒怎么会死呢?"客人故作沉痛的样子说:"既然没死,为啥没有一点酒气?"满座哗然。

客人发现主人不用好酒待客,不直说,而以故意放声大哭诱发主人的疑问:为何临饮而哭?客人还是不直答,而是风趣地说:酒已死了。这又引出第二句:酒怎么会死呢?这时客人才解答疑句:说酒死是因为它没酒气。这样设歧引疑,旁敲侧击,真可谓迷离藏趣,令人会心而笑。

有两则同样幽默的故事:

一个穷人,应邀到朋友家做客,可是这位朋友的招待实在太差劲了,仅仅给他喝了几滴米酒。临走时,他恳求主人在他的左右两边腮帮子各打一个耳光:"为的是让我老婆看见我两腮通红,以为我吃饱喝足了。"

还有一位吝啬鬼,更是小气得出奇。他在大杯子里仅仅倒上一丁点儿酒,刚好盖过杯底,一位客人向他要一把锯子。

"你要锯子做什么用?"

"为了把杯子的无用部分全部锯掉。"

这两个富有讽刺意味的幽默,用的正是"设歧引疑"的暗示之法。

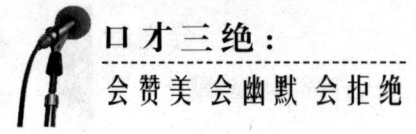

含沙射影幽默法

罗西尼是十九世纪意大利著名的作曲家。有一次,一个作曲家带了份七拼八凑的乐曲手稿去向他请教。演奏过程中,罗西尼不住地脱帽。作曲家问:"是不是屋里太热了?"罗西尼回答说:"不,我有见到熟人脱帽的习惯,在阁下的曲子里,我碰到那么多熟人,不得不连连脱帽。"

对于这位求教的作曲家七拼八凑的乐曲手稿,罗西尼显然非常不满,但他没有点破对方"抄袭""拼凑",而是用富于幽默的"不住地脱帽"的动作和"碰到那么多熟人"的解释,委婉含蓄地暗示了自己尖锐的批评意见,这种批评虽不如直说那般鲜明尖锐,但它不仅生动形象,而且幽默、含蓄,更富于讽刺意味而耐人寻味。

有一位青年爱抄袭别人的作品,一天他来到某杂志社问自己所投的一首诗能否发表,编辑问他:"年轻人,这首诗是你自己写的吗?"

青年答道:"是的,当然是我自己写的。"

编辑很有礼貌地站起来,向他伸出手来,

"那么,莎士比亚先生,见到您我很高兴,我以为您早已不在人世了呢?"

在这里,编辑含蓄地暗示了对对方抄袭莎士比亚的诗句的严厉批评,但他大智若愚,表现得那么礼貌、热情、信以为真,这就扩大了幽默效果。

巧借话题幽默法

一天,阿凡提去朋友家做客。那位朋友是个爱好音乐的人,他拿

Part8 让你大开眼界的幽默十八法

出了各种乐器,一件一件地演奏给阿凡提欣赏。中午过了,阿凡提早就饿得难受,那位朋友还在没完没了地拨弄乐器,并问道:"阿凡提,世界上什么声音最好听?是独塔尔还是热瓦甫呢?"阿凡提回答说:"朋友,这会儿,世界上什么声音都比不上饭勺刮着锅的声音好听呀!"

如果阿凡提说:"我肚子都快饿扁了,你还没完没了地摆弄乐器干什么?"虽然直接,却显得不得体,所以他及时接过话题,临时用"饭勺刮锅的声音"与音乐家的乐曲声作对比,其实是以此暗示对方该是进午餐之时了。由于转折自然,表达得含蓄而幽默,在不损害对方自尊心的前提下令对方愉快地得到了暗示。

讳言婉语幽默法

人们在日常说话中,由于某些原因需要避讳,于是出现了讳言婉语。从某种角度看,讳言婉语实际上是种巧妙的暗示,有时会有幽默的效果。

一个泥瓦匠,因为他在喝得酩酊大醉时,说了一句"沙皇陛下在我的屁股底下",被告到法院。

法院经过认真审理,确认他有罪。记者们要报道此事时,又不能重复那句侮辱皇上的话,真是费尽了心思。后来一个聪明的记者写的消息被各报采用。那位记者是这样写的:"泥瓦匠安德烈被法庭判处有期徒刑3年,因为他泄漏了一些有关沙皇住处的令人不安的消息。"

经过记者的一番处理,实言与讳言之间形成了夸张性的距离,令人忍俊不禁。

80多岁的施姆娶了一个年轻的太太。奇怪的是:她生了个孩子!他沉思着去找好朋友,问道:"拉比,这可能吗?"拉比答道:"我给

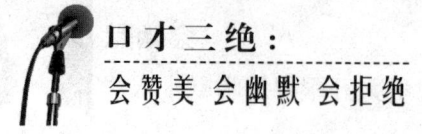

您讲个故事：从前在非洲，有个人撑着一把阳伞，在沙漠中行走着。突然，一只狮子朝他走来了，他迅速地把伞收起来，把伞当作枪向狮子瞄准，然后只听得'呼'的一声——再一看：狮子躺在血泊中，死了。"

"这不可能！"

"这是真的！要知道，他身后还站着一位拿枪的猎手，他开枪了！"

巧妙的讳言婉语，幽默的暗示效果！

类比幽默法

类比幽默法是指把两种或两种以上互不相干甚至是完全相反的、彼此之间没有历史的或约定俗成的联系的事物放在一起对照比较，显得不伦不类，以揭示其差异之处，即不谐调因素。

在类比幽默法中，对比双方的差异越明显，对比的时机和媒介选择越恰当，所造成的不协调程度就越强烈，对方对类比双方差异性的领会就越深刻，所造成的幽默意境也就越耐人寻味。

人们的日常生活和科学研究一样，分类都是约定俗成，得用同一标准，否则，必然造成概念的混乱，导致思维无法深入进行。人们从小就被训练掌握这种最起码的思维技巧。如：猪、牛、羊、桃就不能并列在一起，人们会把桃删去，这是科学道理，但并不幽默。

在类比分类时要产生幽默的趣味恰恰要破坏这种科学的逻辑规律，对事物加以不伦不类的并列。

类比幽默法自古就是我国民众常用的基本幽默手法，它能使人在会心的微笑或难堪的情况中开启心智，受到教育。

请看古人的类比幽默。

Part8 让你大开眼界的幽默十八法

甘罗的爷爷是秦朝的宰相。有一天,甘罗看见爷爷在后花园走来走去,不停地唉声叹气。

"爷爷,您碰到什么难事了?"甘罗问。

"唉,孩子呀,大王不知听了谁的挑唆,硬要找个母鸡打鸣,命令满朝文武想法去找,要是3天内的找不到,大家都得受罚。"

"秦王太不讲理了。"甘罗气呼呼地说。他眼睛一眨,想了个主意,说:"不过,爷爷您别急,我有办法,明天我替你上朝好了。"

第二天早上,甘罗真的替爷爷上朝了。他不慌不忙地走进宫殿,向秦王施礼。

秦王很不高兴,说:"小娃娃到这里捣什么乱!你爷爷呢?"

甘罗说:"大王,我爷爷今天来不了啦。他正在家生孩子呢,托我替他上朝来了。"

秦王听了哈哈大笑:"你这孩子,怎么胡言乱语!男人家哪能生孩子?"

甘罗说:"既然大王知道男人不能生孩子,那母鸡怎么能打鸣呢?"

本来秦王的母鸡打鸣已够荒谬,就当时来讲,从理性上说服秦王是很难的,因此甘罗就以谬对谬,将两个同样荒谬的事并列一起,揭示了秦王要求的不可行性,显出极不协调感,这样幽默之趣油然而生。

这是古人类比幽默中的精品。

由于类比幽默的方法简便,在现代人们的社交活动中,可以广泛地用作自我调侃和朋友之间的戏谑。

类比幽默虽说简单,但也需要智慧和超脱精神,否则是很难发挥出来的。

一个吝啬的老板叫仆人去买酒,却没有给他钱,仆人问:"先生,没有钱怎么买酒?"

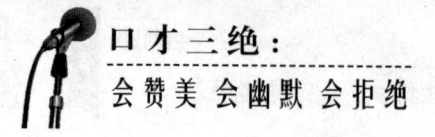

老板说:"用钱去买酒,这是谁都能办到的,如果不花钱买酒,那才是有能耐的人。"

一会儿,仆人提着空瓶回来了。老板十分恼火,责骂道:"你让我喝什么?"

仆人不慌不忙地回答:"从有酒的瓶里喝到酒,这是谁都能办到的,如果能从空瓶里喝到酒,那才是真正有能耐的人。"

花钱买酒与空瓶里喝酒一类比,其内在就出现了针锋相对的矛盾,谐趣顿生。老板搬起石头砸自己的脚,同时也表现出了仆人的智慧。

这里不但表现出类比幽默手法,同时有返还幽默形式在内,即以其人之道还治其人之身。可见,幽默的表现形式往往不是单一使用的,而是几种幽默形式的交叉使用。

类比幽默的方法很简便,在社交活动中,被广泛运用。例如:

星期六,一个小伙子进城卖鸡蛋,他问城里常打交道的蛋贩子:"今天鸡蛋你们给多少钱一个?"

蛋贩子回答:"两毛。"

"一个才两毛!这价真是太低了!"

"是啊!我们蛋贩子昨天开了个会,决定一个鸡蛋的价格不能高于两毛。"

小伙子很难过地摇摇头,但只好卖掉,走了。

过几天,小伙子又进城来了,还是上周这个蛋贩子,他看看鸡蛋,说:"这鸡蛋太小了。"

"是啊。"小伙子说,"我们的母鸡昨天开了个会,它们作出决定,因为两毛钱实在太少,所以不能使劲下蛋了!"

一个是"人会",一个是"鸡会",并列一比,绝妙横生。

类比幽默的幽默感是"比"出来的,其情趣也是"比"出来的。这样就有利于对方心理接受。我们看下面一例:

Part8 让你大开眼界的幽默十八法

有一位中学生，成绩很好，几乎每次考试都是全班前两名。有次考到第五，她妈生气地说："去年我为你感到骄傲，这次你怎么了，你曾经是班上考得最好的呀！"

女儿微笑着说："每个同学的妈妈都想为自己的孩子考第一而骄傲。如果我老是第一，他们的妈妈可怎么办呀？"

得第一的妈妈的心情和成绩差的妈妈的心情并列相比，两种心情完全相反，其趣就生于此。

一语双关幽默法

论辩中，运用语言文字上的同音或同义关系，使字词或句式同时涉及两件事，表面上说此实际上说彼，这是使用频率很高的双关法。双关能使表达生动活泼，委婉含蓄，耐人咀嚼，回味无穷。

西莫多·冯卡门是现代著名的航空大师，在他八旬高龄时，美国政府授予他美国第一枚"国家科学勋章"。

当授勋仪式结束后冯卡门走下台阶时，他因患严重的关节炎，显得步履艰难，美国总统急忙上去搀扶他。冯卡门在向他示意感激之后，轻轻地推开总统的手，说："总统先生，下坡而行者，无须搀扶，唯独举足攀登者，方求一臂之力。"

冯卡门在这里借用语境，巧设双关，表面上是说下坡、上坡之事，实则暗指希望总统平时多多关注在困难的条件下向科学高峰辛勤攀登的科研工作者，含意深刻，表达得体。巧用双关语，从而使事物产生事半功倍的效果。

古代有这样一则故事：

一位县官，带着随员骑马到王庄处理公务，走到岔路口，不知该选

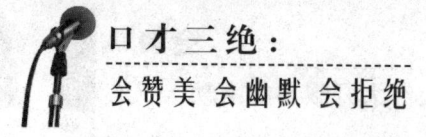

口才三绝：
会赞美 会幽默 会拒绝

哪条路，于是，便大声地问一个过路的老人："喂，老头，到王庄怎么走？"那农夫不睬不理，只是赶路。县官大声要他停下。农夫说："我没时间，我要去刘庄看一件古怪的事。"县官问："什么古怪的事？"农夫一板一眼地说："刘庄有匹马下了一头牛。" "真的？马怎么会下牛呢？应该下马才对啊！"县官感到莫名其妙，农夫煞有介事地回答："世上的怪事多着哩，我怎么知道那畜生为何不下马呢？"

面对无礼的县官，农夫机智地运用语义双关指着"畜生"去斥责县官，其骂法实在高明。

双关是一种绝妙的论辩武器，运用时要坚持文明表达，以理服人的原则，使格调高尚文雅，内容纯净正派，要以德胜人、以理服人，切忌粗俗低级，更不能像泼妇骂街。

正反对比幽默法

俗话说：不比不知道。对比能使我们在平凡中发现特异，在正常中发现荒诞。对比还形成了差异，造就了矛盾，如果把人生比作舞台，对比使我们看到了不同人对自己角色的演绎，看到了同一个人在不同场景中的表演，我们在观看演出时，常会发出会心的微笑。

英国前首相丘吉尔一次应邀到广播电台发表重要演讲。途中车出故障，他从路边招来一部计程车，对司机说：

"载我去BBC广播电台。"

"抱歉，我不能去，我正要赶回家听收音机，听丘吉尔的演讲呢！"司机说。

丘吉尔非常高兴，马上掏出一张英镑给司机。

司机一见有那么多的钱，也很高兴，他叫道：

"上车吧！去他妈的丘吉尔。"

这两幕场景的对比或许会使丘吉尔尴尬，但我们却觉得非常幽默。

著名科学家爱因斯坦在未成名时衣着寒碜。一次，有一个熟人在纽约街头见到他，便问：

"你怎么穿得这样破旧？"

爱因斯坦回答说："这里反正也没有人认识我。"

过了几年，当爱因斯坦一举成名以后，那个熟人在纽约街上碰到他，惊异地问：

"你怎么还穿得这样破旧？"

爱因斯坦笑着回答："反正这里的人都已认识我了。"

在这里，对同一个问题，两个相反的回答构成了对比。在对比中，我们充分感受到了爱因斯坦的潇洒风度与幽默感。

有一天，八仙之一铁拐李从一座小桥上走过，这座桥是用两根木头拼成的，一根高一根低。铁拐李走过，正好凑合他那一长一短的瘸腿，比走在平地上更平稳。于是，他满口称赞："天下的桥，就算这座桥修得最好了！"

几天以后，铁拐李往回走。这一次走的方向恰好和上一次调转过来，所以桥上那一高一低的木头就不凑合他的腿了。长腿走在高木头上，短腿走到低木头上，比平常瘸得更加厉害了。他发火了，连声骂道："天下的桥，就算这座修得最坏了！"

对比总是在人们的心理中造成一种落差，而我们往往会在这种落差中感受到幽默。

Part9　生活中的细节　　让幽默无处不在

职场幽默技巧：如何做一个办公室里的开心果

　　职场沉浮多年，唯有幽默，那稍纵即逝的智慧火花，总是在关键的时刻闪现，助我们渡过许多难关。

　　在一次招聘会上，方华应聘某外企一个炙手可热的职位，简历投出后大概两星期左右，对方就将抱歉未能录用的 E-mail 发给了他。可能是由于系统错误，对方发了两封抱歉信给他。方华毫不犹豫地回了一封信，"既然您对未能录用我如此遗憾，为什么不再给我一次面试机会呢？"不知是不是这封信起的作用，后来方华得到这个公司另一个更好职位的面试机会。

　　在方华与美国老板相处的过程中，他更是不失时机地幽他一默，总能"化险为夷"。有一天老板不小心把可乐打翻在他办公室的地毯上，他异常恼火，激动得手舞足蹈，说蟑螂部队准保会因此大规模地袭击他的办公室。方华想了想，微笑着说："绝对不会发生这种事，因为中国蟑螂只爱吃中餐。"老板的脸色放晴了，高兴地朗声大笑。

　　即使在意外发生时，幽默也是一枚开心果，让大家转忧为喜。

　　一家写字楼走道里的电力系统出了问题，直冒白烟，办公室顿时

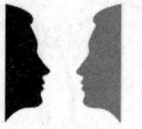

一片黑暗。各公司的人闻到异味后都冲出来,看个究竟。正紧张着,不知道发生了什么事故时,一个同事开始向大家发放他从保险公司领的健康手册,缓解缓解气氛。大家都在猜到底发生了什么事故。其中一位员工扬了扬手中的健康手册,答道:"让我们研究一下自救手册吧,看看在危难情况下如何保护自己。"大家于是哈哈大笑。一位外国老板正色道:"为什么不给我一本?"那位幽默感极佳的同事说:"我会立即为您翻译的。"

很多时候,幽默言辞都是在了解了欧美国家的文化背景和职场习惯后的即兴之作。有一回面试就是这样。

那是个星期五下午,不知出于什么原因,李奇穿着牛仔裤就去面试了。经过口语听力测试、电脑水平测试后,美国人的表情告诉李奇他非常满意。但美国人突然冷不丁地问李奇:"请问你为什么穿牛仔裤来参加面试呢?"李奇急中生智,快速答道:"今天不是周五吗?周五不是'便装日'吗?"李奇记得原来在另一家美国公司工作时,周五总是有一幅漫画贴出来,漫画上的公司职员都穿睡衣,着拖鞋,睡眼惺忪的模样,旁边标注着大写的"Friday"(星期五)。果然不出所料,老板哈哈大笑,李奇自然顺利地得到了这份工作。

婚恋幽默技巧:让爱情因幽默感而升温

许多姑娘公开宣称:"我要寻觅的郎君应该具有幽默感。"的确,会幽默、具有幽默感的小伙子往往备受姑娘们的青睐。曾经有一位相貌平平,身高不过一米六五的小伙子,他竟追上了校花。而且更不可思议的是,走上社会后,他们俩还真的成家立业了。结婚那天,同学们叫当年的校花披露小伙子的绝招,校花抿嘴一笑:"他是个幽默冠军!"顿

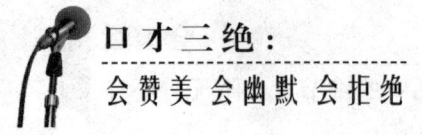

时响起一片吁声,大家都没想到幽默竟有如此魅力。

一位数学家同女友在公园散步,女友问他:"我满脸雀斑,您真的不介意?"数学家温柔地回答:"绝对不!我生来就爱小数点。"顿时,姑娘在又嗔又怪之余,心中泛起阵阵爱的涟漪。

幽默,这个具有神奇推动力的东西,它像助推火箭,推动爱情之星遨游直上;它又像大马力的发动机,推动爱情之舟一路向前。

同样的道理,夫妻双方如果知道时时用幽默去浇灌婚姻生活,我想"婚姻是爱情的坟墓"那句咒语早就见鬼去了,而应该以"婚姻是爱情崭新的起点"而代之。

一次,邻居老张的妻子对丈夫说:"你看人家老李,因为当年失恋,后来发奋图强,如今多辉煌呀!"如果是一个不懂情理,缺乏幽默感的丈夫,他或许会接着说出:"你跟老李去呀!""老李算老几!"之类的话来。可富于幽默感的老张说:"当年你如果讨厌我,我也会出人头地的,尊敬的夫人!"老张的妻子轻轻地擂了老张一拳头:这实际上近似于爱的抚摸!

幽默是婚姻生活的润滑剂,它能消融夫妻间的疙疙瘩瘩;幽默是婚姻生活的助燃器,它能使爱情之火燃得更旺。

家庭幽默技巧:
营造一个笑声满满的家庭氛围

如果说亲情是太阳,温暖着你和我,那么家庭中的幽默就是弯弯的虹桥,联结起我们的心。

人人都希望家庭的港湾宁静而和谐,而宁静的生活也需要笑声做点缀,和谐的日子也需要诙谐来调剂。在家庭生活中适当运用一些幽默话

会幽默

Part9 生活中的细节让幽默无处不在

语，能使家庭气氛更融洽，家人生活更幸福。几位文化名人的做法可供效仿。

著名剧作家沙叶新幽默感极强，其女儿也天生具有幽默细胞，还在童年时就对"女大不中留"有过一番妙论："我认为'女大不中留'的意思就是……嗯……就是女儿大了，不在中国留学，要到外国去留学。"后来，她果然去了美国留学。

一次回国探亲，她和父母谈起同在美国留学的弟弟，说弟弟想娶个黑人姑娘。她母亲不由大吃一惊。"妈妈怎么还有种族歧视？黑人女孩是黑珍珠，身材好极了，长得也漂亮。""我倒没有种族歧视，"沙叶新插话说，"我就担心他们以后给我养个黑孙子，送到上海来让我们带。万一晚上断电，全是黑的，找不到孙子那不急死我们？"女儿连忙说："那没关系，断电的时候你就叫孙子赶快张开嘴巴，那不是又找到了？"

在父女之间这场温情脉脉的唇枪舌剑中，父亲显示了他开阔的胸襟、年轻的心态和幽默的天性，而女儿更是青出于蓝而胜于蓝，她机灵的回答、狡黠的反击为久别重逢的父女增添了一份额外的喜悦。

在读者眼里，著名作家钱钟书是满腹经纶的学者，自然不苟言笑，其实不然。

钱氏夫妇在清华养过一只很聪明的小猫。爱猫成癖的钱钟书特备长竹竿一根，倚在门口，不管多冷的天，听见猫儿叫闹就急忙从热被窝里爬出来，拿了竹竿帮自己的猫打架。和钱家猫打架的是邻居林徽因女士的猫，妻子杨绛怕钱钟书为猫伤了两家的和气，就引用钱氏小说《猫》中的一句话来劝他："打狗要看主人的面，那么，打猫更要看主妇的面了。"钱钟书调皮地笑答道："理论总是不实践的人制定的。"此后却不那么冲动了。如果杨绛硬去阻止正在生气的他打猫，也许会适得其反，最聪明的办法当然是迂回出击先逗他笑。

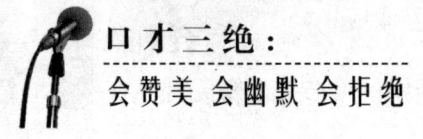

口才三绝：
会赞美 会幽默 会拒绝

表面上看，他俩针尖对麦芒互不相让，但隐匿在一问一答中的幽默，让人一眼就能看出他俩是妇唱夫和其乐融融。

台湾诗人余光中育有四女，再加上妻子，十足的阴盛阳衰。好在余光中已习惯与五个女人为伍，沙发上散置皮包和发卷、浴室里弥漫着香皂和香水的气味、餐桌上没有人和他争酒都是天经地义的事。所以余光中戏称家为"女生宿舍"，称自己为"舍监"。

由于家中的电话装在余光中的书房，所以他会忙得不可开交："四个女儿加上一个太太，每人晚上四五个电话，催魂铃声便不绝于耳了。像一个现代的殷洪乔，我成了五个女人的接线生。有时也想回对方一句'她不在'，或者干脆把电话挂断，又怕侵犯了人权，何况还是女权。在一对五票的劣势下，怎敢冒天下之大不韪？"

在余光中的满腹牢骚中，我们分明可以听出他作为家中唯一一名男性的自得与骄傲。与其说他是忍气吞声为家中的女人们忙进忙出，不如说他是心甘情愿为家中的女人们吃苦耐劳；与其说他忙得焦头烂额，不如说他是忙得不亦乐乎。聪明的余光中是以正话反说的方式向妻女"谈情说爱"的。

倘若说余光中的"叫苦"还有一丝"欲说还休"的味道，那么，当代著名漫画家丁聪的"抱怨"则完全是"一吐为快"了。

有人问丁聪："你身体这么好，有何养生之道？"他回答说："大概是有个好饲养员吧。饲养员就是我老伴，她做什么，我就吃什么，从不挑食，不挑食的孩子就是好孩子。"当然，丁聪所谓的"不挑食"仅限于肉类，至于蔬菜，他是难以下咽的。对此，丁聪看法如下："我的理论是顺其自然，想吃说明身体需要，不想吃说明不需要，何必勉强呢！所以，我是想吃什么吃什么，当然还要在老伴的管辖之下——我什么也不会做，因此只能逆来顺受。"

有时，丁聪索性将老伴称为"家长"，他的幸福感便表现在不时地

Part9 生活中的细节让幽默无处不在

向朋友们抱怨"家长"的管束。名为诉苦,实为夸耀,丁聪正是运用这种独特的方式向老伴进行柔情倾诉的。

上海作家陈村视女儿为掌上明珠,谈起女儿他就没大没小、口无遮拦了:"我现在是名花有主,动辄得咎。出门要请假,回家要汇报,自己看自己也觉得有教养多了。之所以有这点滴的进步,全是女儿天天对我的栽培。"

倘若不是深爱女儿,陈村怎么可能对女儿言听计从、毕恭毕敬呢?

他还说过:"我从小就没有父亲,不明白一个标准的父亲是怎么样的。我本可以自学成父,可是真的当了父亲才知道比较困难。好在有女儿的言传身教,就把父亲当了下来。""自学成父"一方面说陈村从小没有品尝过父爱的滋味,另一方面也表明了他做一个好父亲的决心。陈村正是用这样幽默的话语表现他的"爱女"之心的。

著名作家三毛和荷西的爱情故事曾感动过无数少男少女,在撒哈拉那个物质极度匮乏的地方,是幽默的话语使他们的生活情趣盎然。有一次,荷西指着岳母从台湾寄来的粉丝问三毛:"咦,什么东西?中国细面吗?"三毛随意发挥道:"这个啊,是春天里下的第一场雨,下在高山上被冻住了,山民们扎好了背到山下来,一束束卖了换米酒喝,不容易买到哦!"

在三毛极富诗意的回答中,在她对荷西的小小"欺骗"中,新婚妻子对丈夫的亲昵之情溢于言表。善于创造幽默使妻子三毛平添妩媚,品味幽默使丈夫荷西倍觉甜蜜。

演讲幽默技巧:语不逗人誓不休

演讲是在比较正式的场合对众人所作的一种带有鼓动性、说服性、

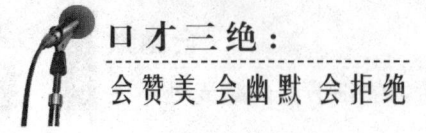

抒情性和表演性的讲话，但是，不能因为它比较正式，演讲人就一定要端起架子，板起面孔，作枯燥无味的陈述。所以，造成幽默轻松的气氛是使演讲易于为人接受的一种高明的方法。

许多优秀的演讲者都善于以幽默风趣的语言紧紧抓住听众的注意力，使听众在会心的笑声中与他产生共鸣，从而比较容易地接受并牢牢记住他的观点。

著名笑星鲍怕·霍普说："题材有出色和平庸之别，但是我知道如何通过时间的控制，来使普通的笑话变成很棒的笑话。"

当你为了抓住听众，更好地阐述主题时，插入的幽默笑话或小品必须是毫不做作的。说话要流利，态度要自然，举止要有节制。

芝加哥有个人，他一心想得到某俱乐部主席的位置。他在一次对俱乐部成员的演说中，表现得过了头，在不到两小时的演说过程中，他至少说了510则笑话，并配以丰富的表情和确实引人发笑的手势。

听众们被他逗得哈哈大笑，末了，在他讲完最后一则笑话时，有人大叫："再来一个！"

这位老兄也真的再来了一个，再次把人逗得疯狂大笑。

但是他没有当上俱乐部主席——他的得票数在候选人中列倒数第二。

当他闷闷不乐地走出俱乐部时，他问那位喊"再来一个"的听众："你说我比他们差吗？"

"不，一点也不差，"那人说，"你比他们有趣多了，你可以去当喜剧演员。"

作为演讲者，碰到的第一个难题通常是：主持人向听众介绍你，并且称赞你的时候，你应该怎么办？这时，我们就不能只是随着主持人的介绍点点头了。那样的话，就没有幽默感，也不能给听众留下深刻的印象。

Part9　生活中的细节让幽默无处不在

如果有人请你去演讲，那么你最好事先写个自我介绍，在演讲开始前交给主持人。否则，出于主持人的礼貌，你可能被介绍为"著名的……"或"伟大的……"，等等。而这些对你将要进行的演讲没有丝毫的帮助。如果你的姓名比较特别或是容易出错的话，那么不妨运用幽默的方式让主持人知道。著名演讲家德克就是这方面的行家。下面是他和主持人之间的一段对话：

"您怎么称呼，先生？"

"哦，我叫德克。"

"您是德克萨斯州人吗？"

"不，我是路易斯安那州人。"

"那您为什么取名德克？"

"我想我叫德克该比路易斯好些吧。有这样一个怪名字确实有好处，不过我还没发现好处在哪儿。"

这是介绍自己的一种好方式。不过，要注意的是，你一定要把自己的介绍词建立在真实可靠的基础上，而且要简洁易懂，让主持人一看就明白。这样的话，主持人也会乐于与你合作。在你与介绍人之间建立融洽关系的基础上，你还得运用幽默的力量来应付突变。

有位演说家在主持人介绍失误之后，面带微笑从容地说："我希望我能说这是一次最好的介绍，但是实际上不是。你们知道我最感到满意的一次介绍是怎样的吗？那次是面对千万人的演讲会，我非常盼望得到最伟大的介绍，结果我终于得到了。那就是由我自己介绍自己。"

场下听众大笑，演说家也渡过了难关。

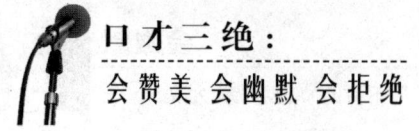

口才三绝：
会赞美 会幽默 会拒绝

谈判幽默技巧：化干戈为玉帛的"魔法棒"

谈判的双方要相互尊重。不管双方代表在个人身份、地位上有多大差异，他们所代表的组织在力量、级别等方面如何强弱悬殊、大小不均，一走到谈判席上，就都是平等的。

但是，有的谈判代表自恃地位高贵，或背后实力强大，在会谈中傲慢无礼，对另一方挖苦攻击，试图在气势上压住对方，迫其屈服；也有的代表自身涵养不好，谈判不顺利时恼羞成怒，对另一方侮辱谩骂。在此类情况下，如果要不辱使命，不失气节，又不致激化矛盾，使谈判破裂，被攻击的一方可以使用幽默语言回敬无礼的一方，打击其气焰。

战国时代，齐国大夫晏子出使楚国。楚王想在接见他之前先侮辱他一番，以此来挫一挫齐国的威风。楚王派人把城门紧紧关闭，然后在城门的边上凿了一个仅能容一人通过的小洞，让晏子从这个小洞钻进城内。换了另人，也许会大发脾气或怒而返回，那样就难以完成使命了。

晏子只是轻蔑地一笑，说："只有出使狗国的人才从狗门进去，现在我是出使堂堂的大国楚国，怎能从这样的狗门进去呢？"楚王听说后无言以对，只好命人大开城门把晏子迎了进去。

楚王接见晏子时，看他身材矮小，就挖苦地说："难道齐国没有人了吗？"

晏子随口应答："齐国首都临淄大街上的行人太多了，举袖子就能把太阳遮住，流的汗像下雨一样，人们比肩接踵，怎么会没有人呢？"

"既然有这么多人，怎么会派你这样的矮子为使臣呢？"

"我们齐王派出使者是有标准的，最有本领的人，派他到最贤明的国君那里去。我是齐国最没出息的人，因此被派到楚国来了。"

晏子面对楚王对自己的人身侮辱，从容反击，他顺着楚王的话贬低自己，抬高自己的国家，同时有力地奚落了楚王，说得楚王张口结舌。

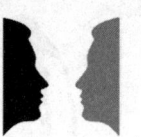

Part9 生活中的细节让幽默无处不在

晏子以自己的机智和雄辩，打击了对方的嚣张气焰，维护了自己的尊严，从而为后来谈判在平等互利的基础上进行而铺平了道路。

在很多谈判场合，常常会出现意外事件，如果不能妥善处理，就会发生难堪的事，从而破坏现场气氛。这时不妨幽默一下，就地打滚，或许就能挽回看似无法挽回的尴尬局面。

基辛格参加美苏战略武器谈判并签署协议之后，他立即在自己下榻的饭店举行记者招待会。在会上，基辛格透露说："苏联每年大约有生产250枚导弹的能力。"

"我们美国呢？"敏感的美联社记者马上接过话头，"我们的导弹生产能力怎样？核潜艇又有多少？"

"很抱歉！我不知道美国每年生产导弹的枚数，"基辛格答道，"不过，核潜艇的数目我倒是清楚的，但我不知道是不是属于保密的。"

"不属于保密的！"那记者又立刻说道。

"不保密吗？"基辛格微笑着说，"那好，你能告诉我有多少吗？"

领袖人物的智慧让我们佩服，不过，普通人的幽默智慧也值得我们学习。

在一家药店里，一位顾客气愤地对经理说："一星期前，我在这买的润肤膏，我用了一点作用也没起，我要求退款。"

"为什么？"

"你说，它可以与脱发做斗争的，可是不顶用。"

"您再试试看。我是说过，这种润肤膏可用来与脱发作斗争，但并未说，它一定最终能取得胜利。"

在商务谈判中，不仅自己要保持语言的严谨性，而且也要仔细琢磨谈判对手的语言，找准关键字眼，说不定也能随时给对方以致命的一击。

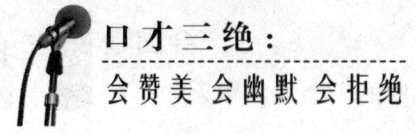

口才三绝:
会赞美 会幽默 会拒绝

在美国的一个犹太人聚集地,一个富翁请一位犹太画家为他画肖像。犹太画家精心地为富翁画好了肖像,但富翁却拒绝支付议定的5 000美元报酬,理由是:"你画的根本不是我。"不久,画家把这幅肖像公开展览,题名为《贼》。富翁知道后,万分恼怒,打电话向画家抗议。

"这事与你有什么关系?"画家平静地说,"你不是说过了吗?那幅画画的根本就不是你!"

富翁不得不买下这幅画,以方便他将之改名为《慈善家》。

当对方不愿意履行承诺的时候,当你的劳动成果就要付诸东流的时候,你要冷静地对待所遇到的事,找到对方的要害,用最巧妙、最经济的方式迫使对方就范。

会拒绝

在生活中，我们常常会遇到别人大事小情各种所求，如果一味地用说"是"包揽下来，是不明智的，这种"老好人"的做法其实并不受欢迎。该拒绝时就拒绝，该说"不"时就说"不"，不仅对方收到的信息很明确，自己也能放轻松。说好拒绝话，是一种态度的拒绝，而不是感情的拒绝。

Part10 你可以说"不"——"不"与"是"都重要

允许自己说"不"

"是"和"不"是表明肯定和否定的两种观点。古希腊哲学家华达哥拉斯说过：最短、最老的字是——"好"或"不"，都需要做最慎重的考虑。"不"和"是"在保护个人利益方面具有同等重要的作用。而且"不"确实还是一个行之有效的"是"的前提条件。倘若你不能对别人说"不"，就意味着你不能真正对自己的某个需求说"是"。从这个意义上说，"不"先于"是"。既然"不"先于"是"，那么，允许自己说"不"是当务之急。

当你经过仔细思考，认为对方所说欠妥时，不妨大大方方地说声"不"。如果不会拒绝，只是一味地接受，长此以往，给他人留下"好说话"的印象就大事不妙了。这次你接受了对方的要求，下次你也拒绝不了。因为对方在未开口之前已经认定你不会说"不"，这份认定是不容易推翻的。否则，你之前的"善行"便前功尽弃了。

当你在为有价值的事情而拒绝他人的时候，允许自己说"不"，才不至于破坏与他人的关系。说"不"并不代表你不善于助人，也不代表你是冷血动物，没有人情味。无论对谁，只要你不想做的或者违反原则，就要敢于说"不"。否则，会将自己的生活搞得压力重重，身心疲惫。

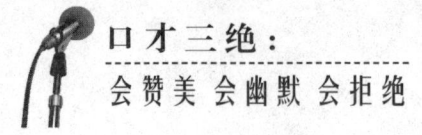

同事小王请你过去帮忙修理电脑。你说："行！"

同学让你请假，帮他抬电子琴到儿子的学校。你说："好的！"

韩博叫你上班的时候帮他打卡，他堵车可能要迟到了。你说："没问题！"

你本来有一大堆脏衣服要洗，但老乡约你去逛街。你说："当然可以！"

你为什么从不说"不"？曾看到过这样一篇故事，仅供参考：

早上。王阿姨打电话来，问我能不能陪她一起去看"苏富比"拍卖中国古董。我说"不！"中午社区报纸打电话问我能不能为他们的征文颁奖。我说"不！"下午圣若望大学的学生打电话来，问我能不能参加周末的餐会。我说"不！"晚上台北传真过来问我能不能写个专栏。我说"不！"当你说4个"是"的时候，我说了四个"不"！

你或许要讲我是不近人情，但你也要知道，当我说第一个"不"时，同时告诉了她"下次拍卖古画，我会去。至于今天，因为我对家具、器物、玉石的了解不多，很难提出好的建议。"当我说第二个"不"时，我说"因为我已经做了评审，贵报又在最近连着刊登我的新闻，且在一篇有关座谈会的报道中赞美我，而批评了别人。如果再去颁奖，怕要引人猜测，显得有失客观。"当我说第三个"不"时，我说"因为近来有坐骨神经痛之苦，必须在硬椅子上直挺挺地坐着，像是挨罚一般，而且不耐久坐，为免煞风景，以后再找机会！"当我说第四个"不"时，我以传真告诉对方"最近已经寄出一篇头题（就是刊登在重要位置的长文，而非专栏式的短文），专栏等以后有空再写。"

故事中的"我"的确说了"不"，但是说得委婉。"我"确实拒绝了，但拒绝得有理。既然"不"说得有理有据，还有什么不好意思的呢？遗憾的是，现实生活中确实存在不好意思说"不"的人。

比如，一个女员工明明不愿意，却不敢拒绝领导晚上的邀约。一

会拒绝

Part10 你可以说"不"——"不"与"是"都重要

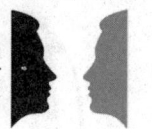

个守门保安明明知道没出示通行证的人不能通过,却不敢拦阻领导家人的座车。一位鉴赏家明明知道是赝品,却不好意思不为出示的朋友盖下鉴定为真迹的印章。问题是:当那位领导对女员工有冒犯之举止时,后者不是吃了亏,就是在不得不拒绝的情况下最终得罪领导。甚至那领导可能在丢了面子之后气愤地说:"你既然要说'不',为什么不早说呢?"当那个被放行的车里藏了坏人,一旦出事,领导非常有可能将保安扭送法办:"明明知道公司的安全规定,为什么让没有通行证的人通过,敢情是串通的?"当那赝品被行家察觉,收藏家可能说"你如果知道,为什么不告诉我,让我非常没面子!"别人还会说:"那是什么鉴赏家,若非串通了骗钱,就是能力有问题!"试问,如果他们当初果断地说"不",还会有诸多"解不开,理还乱"的烦恼吗?

由此可见,把"不"重新录入你的人生字典,使其成为一个合理的、省时的、肯定生活的字眼,实在是当务之急。如果你实在是不好正面拒绝,不妨采取迂回的战术,转移话题也好,另有理由也罢,主要是善于利用语气的转折——温和而坚持,绝不会答应,但也不致撕破脸面。比如,先向对方表示同情,或给予赞美,然后再提出理由,加以拒绝。由于先前对方在心理上已因为你的同情使两人的距离拉近,所以对于你的拒绝也较能以"可以体会"的态度接受。

"不"是必要的拒绝

相信绝大多数人都曾遇到这样的情景:明明知道自己想要说"不",而且有必要说"不"的时候,却变得哑口无言了。为求在别人心目中留有好印象,只好接受别人提出的一些要求。然而,有很多事情并不是你想办就能够办得到的。受客观条件、个人能力等方面的限制,

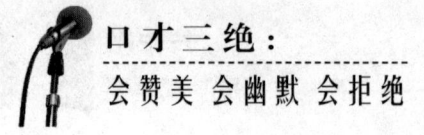

有的事情凭你一己之力是根本无法完成的。所以,当有人求你办事的时候,你必须考虑,这事情你是否有能力办成功。倘若没有十成把握,你就得诚实地告诉对方,学会说"不"。千万不要随便夸下海口或碍于情面硬着头皮答应下来,否则等待你的将是苦涩之果。

周汤豪上学的时候,为人非常热心,无论是谁需要帮忙,他总是二话不说就伸出援手。大学毕业之后,他将这种"乐善好施"带到了办公室。不论哪个同事找他帮忙,他总是胸脯一拍,应允下来。

一年年底,财务部门正在为报税忙碌不已。然而,就在这个紧要关头,财务部门的一个同事突患急性淋巴肿瘤住院了,原本就不充足的人手一下子变得更吃紧了。眼看申报在即,许多账目却都还没核算完毕,财务部经理急得如热锅上的蚂蚁。正在这时,不知谁说了一句:"周汤豪好像学过会计,要不要叫他来帮忙?分给他一些简单的计算工作,应该没问题。"经理一听,赶紧将周汤豪借调过来。

听到要帮忙理账,周汤豪想都没想就答应了。他放下手头的任务,投身到令人眼花缭乱的数字之海中。周汤豪大学时的确学过财务管理,可是毕业已5年有余,从来不曾派上用场,计算技巧生疏了不少,周汤豪的性情也比过去浮躁了很多。看着堆积如山的账册,为了加快效率,他凭着自己模糊的记忆,开始用在大学学到的"快捷算法"来算账。

试问,不准确的"快捷算法"怎么可能运算出正确结果呢?虽然周汤豪一天就把财务部经理交给他的账目核算清楚了,可是最终结果与实际情况出入甚大。非常庆幸的是,最终财务总监审核的时候,发现数目不对劲,经过细细核对,才察觉周汤豪做账目的计算方法是错误的。最后,财务部全体人员彻夜加班,重新整理,才修正了错误,避免了数十万元的损失。虽然结果还算是好的,可是财务部全体人员也为此耗费了极大的精力。

造成这样的结果,病急乱投医,随意请人帮忙的财务部经理虽有责

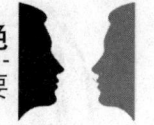

Part10 你可以说"不"——"不"与"是"都重要

任,但更多的还是周汤豪个人的问题。

有道是:"没有那金刚钻,就别揽那瓷器活儿。"乐善好施固然可嘉可奖,然而,想帮助别人,前提必须是自己有帮助别人的能力。如果没有帮忙的能力还要硬充好汉,无异于一个人自家穷得都揭不开饭锅了,却还要去帮别人偿还房屋贷款一样,这样是不可取的。

可能有人会说:反正是帮忙,帮得上就帮,帮不上就算了呗,先答应下来应该无伤大雅吧?至少还能让对方求得一时心安呢!诚然,有些鸡毛蒜皮的小事帮不上忙的确无所谓,一旦涉及金钱、个人或公司利益等要事的时候,如果自己没能力处理妥善却不懂得作出必要的拒绝,以致越帮越忙,那就不好了。周汤豪帮倒忙,不仅导致财务部人员耗费精力,还差点让公司蒙受巨大损失。我们每个人都应该以此为鉴,不做"帮忙不成反捅娄子"之人。

值得一提的是,当对方处于困境时,最好不要拒绝对方的紧急要求。除非你希望看对方出丑,有趁火打劫的快感,否则在对方最需要你的时候,伸出援手替他解困,对你非常有利,总有一天,对方会还你这个人情。务必记住,不要对他人承诺超出你能力范围的事情,如果对方的请求是你肯定无法完成的,最好要艺术地拒绝并说明原因。

说"不"是有主见的表现

美国著名人类学家威廉·尤里曾形象地比喻:整个人生就是在"是"与"不"之间跳跃的舞蹈。我们每个人只要是醒着,就有必要说"不",无论对朋友和家人,还是对老板和同事,抑或是对合作伙伴和自己。然而,在现实生活中,稍加注意,便会发现时常听人这样说:

"我不能说'不'……"

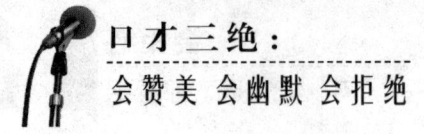

"面对老板,面对父母、爱人,甚至孩子,我都不能说'不'……"

"我经常迫不得已地对人说'是',以至于我常有太多的事情要做,整天忙得焦头烂额。"

事实上,每个人都能说"不",都有说"不"的权利。如果你想要保护自己的尊严,保护自己独立发展的志向,保护自己的时间,保护自己的财产和金钱,保护自己的健康,甚至生命,就必须学会说"不"。诚如前文所说,"不"是一个重要的、合理的、必需的词,说"不"与说"是"同等重要。那些非常渴望想学会说"不"的人能够证明这一论点。

作家余毛毛说过一个故事:在一年的6月里,遇到两个平凡的女孩,都只有19岁。

第一个女孩是一家饭店的服务员。那天,和几位朋友在一起吃饭,席间,聊到各自读中学时的母校,当余毛毛说自己是市S中的时候,在一旁不声不响为他们服务的她快乐地笑了起来,对余毛毛说:"呀,我们是校友耶!"由于余毛毛对自己的母校没啥敬意,因为它几乎是全市最差的中学。于是,便跟朋友们说:"你们看到了吧,这就是S中的,你们现在不是局长,就是主任,不是作家,就是老板,我到现在还是个小科员,我这位小校友在这当服务员,我们S中毕业的,都没什么出息。"

大伙哄笑,令余毛毛没想到的是,刚才那番话激怒了这位小服务员,她说:"S中的怎么了?当服务员怎么了?你自己不行,怪学校干什么。我是A大的学生,我们家穷,我只不过是在这勤工俭学而已。"服务员冲撞客人是不礼貌的,但余毛毛自感无礼在先,而且服务员的话也让他们惊讶,便也没计较。他们问服务员的情况,才知道她父母双双下岗,她上大学不花家里一分钱。

第二个女孩是一个景点导游。他们去的时候,她正在售票处的大厅

Part10 你可以说"不"——"不"与"是"都重要

里跳绳,看到他们来,她欢天喜地地将绳子一扔,说:"你们请我吧,我认识这山上的所有的花草树木,不请我,你们亏大了。"其实,他们原本不想请导游,但她的话逗乐了他们,于是就决定请她。

果真,她认识这山上不少的花草树木,但不是所有的。他们调侃她,说她给自己做虚假广告,她哈哈地笑了起来,说:"不把你们哄上山,我怎么赚到钱,带你们一趟我能拿15块提成呢。"

这时她的手机响了,她和什么人在电话里争执了起来,最后她说:"我就不回去,我就不要你们的钱。"说着赌气地挂了电话。余毛毛有点好奇,说你这跟谁在吵呢,她说是她老爸,余毛毛问:"你老爸给你钱为什么不要,他很有钱么?"她说:"是的啊,他开了一家工厂呢,我们家还有个酒店,还有个茶庄呢。"

这番话让余毛毛一行人震惊不已,问:"你们家这么有钱,你还做导游干什么?"她轻描淡写地说:"我不乐意花他们的钱,我就喜欢花自己赚的钱,我是学旅游管理的,我才不要回家做小老板。"

由上不难看出,说"不"固然代表拒绝,但也代表一种选择。而一个人正是通过不断的选择来界定自我、形成自我的。因此,当你想说"不"的时候,就等于说"是",等于选择了一种与对方截然不同的立身处世的状态。勇敢说"不"并不一定会给你带来麻烦,反而能替你减轻压力,更好地赢得生存与发展的机会。记住,如果你想活得潇洒自在一点,活得有原则一点,就十分有必要说"不"。

积极的"不"帮你赢得"是"

很多时候,我们口中说出的"不"应该以一个更加重要的"是"为前提。这是一个成功的"不"所具备的特点。换句话说,我们应该说

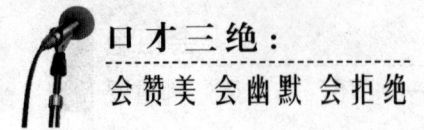

的是积极的"不",而不是消极的"不"。当然,保证每一次说"不"都会马到成功是一件不太现实的事情,但我们应该尽力而为,争取把"不"说得更完美。

有一个这样的案例:

有3个日航的代表与来自美国某公司的一些世故的经理进行谈判。

美方代表是压倒性的,他们有备而来,气势汹汹。刚开始谈判,就借用图表、电脑图像和种种数字的帮助,证明其价格的合理性。仅他们念完所有的资料就花了两个半小时。而在这段时间里,日本的3名代表一句话也不反驳,只是默默听着。

当美方代表说完时,重重地呼出一口气,靠在软软的座椅上,以谈判结束的那种语气问麻木不仁的日本人:"你们认为怎么样?"

其中的一位日本代表彬彬有礼地惨笑了一下,说道:"我们不明白。"

"什么?"美方代表惊诧地问道:"你们这是什么意思?不明白什么呀?"

另一位日本代表又彬彬有礼地答道:"全部事情。"

锐气大挫的美方代表差点犯了心脏病,他勉强地挤出几个字:"从什么时候开始?"

第3位日本代表还是那么彬彬有礼:"从谈判开始的时候。"美方代表无奈地苦笑着,但又能怎么样呢?他泄了气似地靠在椅背上,打开昂贵的领带结,无精打采地妥协道:"好吧。你要我们怎么样?"

3位日本代表同时彬彬有礼地答道:"麻烦您再重复一遍吧。"

日方反过来处在主动的地位,美方起初的那股勇气早已烟消云散了,谁能再一字不漏地重复那堆长达两个半小时的啰唆材料呢?因此,美方的开价开始下跌,而且越来越不利。显然,美方已处于下风了。

这给我们的启示是,无论是在生活中还是工作中,我们都要学会积

会拒绝
Part10 你可以说"不"——"不"与"是"都重要

极说"不"。懂得如何说"不",知道在何时说"不",会对你所处的地位起到调整作用。如果你深谙说"不"之道,在商业谈判中能给对方一种深不可测的感觉,从而让对方对你望而生"畏",那么,你在谈判桌上就占尽了"地利"。因此,该拒绝时就要坚决说"不"。说"不"是一门艺术,学会它并灵活运用它,会使你生活得从容不迫,会帮你赢得正确的"是",使你的利益实现最大化。

过度说"是"是对自己的不负责

当我们过度使用"是",对任何人、任何事都说"是"的时候,我们就非常容易放松自己,失去把握时间和金钱的能力。在有些情况中,甚至会让自己背离正常的生活轨道,走入歧途。毫不夸张地说,当我们对来自他人的每一个恳请和要求都肆无忌惮地说"是"的时候,我们就非常容易成为自己最顽固的敌人和最可悲的牺牲品。

日本有位名叫井上的人,身为一名著名作家,他曾经因一度失踪而成为媒体广泛关注的人物。究其原因,据说是因为他不敢拒绝出版社的约稿,最终导致工作量超过了自己能够承受的极限。就算是工作排满了,他也唯恐拒绝了这一次,以后出版社就不再给自己机会了。于是,井上虽然心里清楚答应下来非常勉强,但还是接受下来。现实的情况是,一旦选择了接受,就必须履行合约、负责到底。井上深深品尝了过度说"是"的苦果。

无独有偶,我国春秋时期,晋国有两个相邻的小诸侯国:虞国和虢国。晋献公一直想要扩充自己的实力和地盘,谋划着如何侵吞这两个小国。

有一次,晋献公召集群臣,想找个借口说邻近的虢国经常侵犯晋国

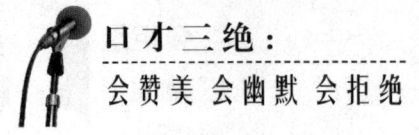

的边境，计划派兵灭了虢国。可是在晋国和虢国之间隔着一个虞国，讨伐虢国必须经过虞地。"怎样才能顺利通过虞国呢？"晋献公问手下的大臣。

大夫荀息说："虞国国君是个目光短浅、贪图小利的人，只要我们送他价值连城的美玉和宝马，他不会不答应借道的。"

晋献公一听有点舍不得，荀息看出了晋献公的心思，就说："虞虢两国是唇齿相依的近邻，虢国灭了，虞国也不能独存，您的美玉宝马不过是暂时存放在虞公那里罢了。"晋献公采纳了荀息的计策。

虞国国君见到这两件珍贵的礼物，顿时心花怒放，听到荀息说要借道虞国之事时，当时就满口答应下来。

虞国大夫宫之奇听说后，赶快阻止道："不行，不行，虞国和虢国是唇齿相依的近邻，我们两个小国相互依存，有事可以彼此帮助，万一虢国灭了，我们虞国也就难保了。俗话说：'唇亡齿寒'，没有嘴唇，牙齿也保不住啊！借道给晋国万万使不得啊。"

虞公说："人家晋国是大国，现在特意送来美玉宝马和咱们交朋友，难道咱们借条道路让他们走走都不行吗？"宫之奇连声叹气，知道虞国离灭亡的日子不远了，于是就带着一家老小离开了虞国。

果然，晋国军队借道虞国，消灭了虢国，随后又把亲自迎接晋军的虞公抓住，灭了虞国。晋献公也取回了自己的宝马和美玉。虞公痛心疾首地说："真是悔不该不听宫之奇的劝说呀！"

井上不懂说"不"之道，终致心力交瘁；虞公过度使用"是"，最终导致国破家亡的教训更是深刻的。可见，平日里在该说"不"的时候不肯说"不"，过度使用"是"，其实是对自己的不负责任。我们应引以为戒。

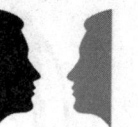

Part10 你可以说"不"——"不"与"是"都重要

在无谓的时间消耗中敢于拒绝

"不"一向被认为是很生硬的一个词,好像即使你想拒绝也要改成"恐怕""大概"才显得礼貌。其实,在一定情况下,大胆地说"不"才是一种明智的选择。生活是一场和时间、活动以及责任的战斗。说"不"可以有效保护你的时间不会被浪费,还可以避免陷入想取悦而又不能取悦每一个人(包括你自己)的困境。

张艺宁是个温柔大方又善解人意的女孩。虽然长得不算漂亮,但她浑身散发着一种亲切感,因此无论走到哪里,她都有一群很要好的朋友。张艺宁的这种性格决定了她在朋友之间属于"绝对称职"的倾听者,很多人都喜欢把个人的快乐、忧伤向她倾诉。

能成为别人倾诉的对象,本来是件好事,张艺宁也非常看重朋友、同事们的信任,因此无论是谁、在什么时候找自己聊天谈心,她都尽可能放下手中的事情去帮助朋友、同事解决问题,俨然成了朋友眼中的"心理咨询专家"。

然而,时间一长,张艺宁却发现自己已经陷入一种恶性循环。

最初,朋友之间的聊天、沟通仅限于中午吃饭时间,或下班后一起逛街购物的时间。不过,随着交往的加深,大家聊天的时间就变得不固定了,有时即使是工作时间,她的那些友人也要通过QQ、微信之类的聊天工具东聊西扯。当然,每次有这种讨论,绝对少不了张艺宁的份。即使她手头工作很忙,别人也要把她扯进聊天讨论组。

女人之间的聊天,往往会围绕一个话题讨论很久,张艺宁发现,一旦自己卷入其中,就会荒废很多工作时间。为了找个借口不参与闲聊,她便在自己的办公桌上堆满了厚厚的文件夹,然后尽可能将自己埋首其中。但是那些八卦同事却视而不见,继续让张艺宁当陪聊。而每当遇到这种状况,张艺宁也不好意思开口说"不",只好无奈地一边耐着性子

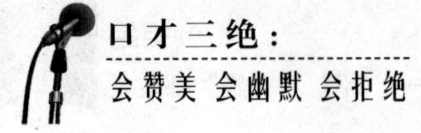

搭讪,一边盘算着如此繁重的工作又得让自己加班加到什么时候。

如果说聊天的内容正常一些,张艺宁可能还可以忍受。只不过,在她比较亲密的这几个朋友当中,晓俊每天就只知道数落自己的男朋友,甚至还怀疑他脚踏两只船;周霞则每天抱怨单位待遇不好;芳芳更惨,今天哽咽地说自己失恋了,需要有人安慰,明天又兴高采烈地说自己与男友复合了……每次聊天结束之后,朋友们的苦闷是得到宣泄了,可是张艺宁却身心俱疲——工作一大堆,还要听她们发牢骚,并安慰她们。

但是,更令张艺宁意想不到的是,随着时间流逝,她发现自己似乎也在悄悄地改变——每天一上班就会不由自主地想起周霞的抱怨。于是,自己的工作热情瞬间就冷却了。看到上司,本来想过去打个招呼,耳边却突然响起同事曾经说过的上司的一些坏话,和上司聊天沟通的冲动也瞬间消失殆尽。听多了朋友抱怨男友的话,张艺宁也会不自觉地想:老公在外面会不会也拈花惹草?于是回到家中,常常对老公旁敲侧击或正面逼供,还不时翻箱倒柜、跟踪窥探,希望找到他在外面胡搞乱来的蛛丝马迹,弄得夫妻之间嫌隙日深。张艺宁不仅在工作上耽误不少,积极性逐渐消退,还导致夫妻感情生活出现危机,生活陷入一团混乱……

有人愿意和张艺宁分享心情,这表示别人对她的信任,理当好好珍惜。但这并不意味着毫无原则地牺牲自己的宝贵时间。张艺宁的问题就出在这里——自己白天的主要任务是工作,若聊天时间太长,必然会大大降低工作效率。这种情况下,她可以跟对方直说:"不好意思,我正在忙,老板要我在9点之前把方案交上去,等会儿有空再跟你聊……"用适当的拒绝为自己争取工作时间,这才是正确做法。

这个故事启示我们,当他人要求你陪他做什么事情的时候,如果你觉得对其说"是",将会导致你的时间被无谓的消耗,你就得学会对既浪费时间又没有益处的谈话说"不"。

Part10 你可以说"不"——"不"与"是"都重要

我们的人生,总有重要的事和不重要的事。如果你任由不重要的事占满你的时间,那么那些对你真正重要的事就没有机会去做了。而只有那些真正重要的事才有沉甸甸的分量,足以影响你的一生。

时间对每个人而言都是最宝贵的资源。因此,我们要学会善于利用时间,不能把时间浪费在一堆无意义的琐事上。大致说来,时间可以被活动、谈话、他人、思维方式占用、投资或消耗。如果你常常抱怨:"我的时间不够。"那么,不妨静心思索,你是否说过太多无谓的"是"?把很多个人时间毫无原则地分给他人,那么,留给自己的时间就会变得寥寥无几,还会让自己变得身心俱疲,易怒,甚至生病。

Part11　为何拒绝很难——
说"不"与说"是"的心理影响

"爱面子"让你不敢说"不"

小峰刚参加工作不久，叔叔来看他。到了吃饭的时候，身上只有50元钱的小峰很想找个小餐馆随便吃一点，可叔叔却选中了一家很体面的餐厅。叔叔开始点菜，他征询小峰的意见，小峰只是含混地说："随便，随便。"心里却直嘀咕，50元钱怎么够付这顿饭钱？可是叔叔却一点没有注意小峰的不安。

吃完饭，服务员拿来了账单，小峰看了一眼，张着嘴，却什么也没说出来，叔叔微微一笑，付了饭钱："小伙子，我知道你的感觉，我一直在等你说不，可你为什么不说呢？要知道，有些时候，一定要勇敢、坚决地把这个字说出来，这才是明智的。"

小峰的尴尬是什么原因造成的呢？显而易见，爱面子是罪魁祸首。虚荣心人皆有之，死要面子则是虚荣心的最具体表现。一个人不可能不要面子，但又不能够死要面子。死要面子的人，往往会真正丢了面子。

事实上，不适当地过分爱面子，在中国传统思想里是非常常见的。"面子"是中国人心理上的沉重包袱。"人活一张脸，树活一张皮"，可以说是中国人的集体无意识情结。过重的自尊来自东方哲学熏染，中国佛、儒、道家文化是有厚重耻感内涵的，这些造成了中国人高度重视

Part11 为何拒绝很难——说"不"与说"是"的心理影响

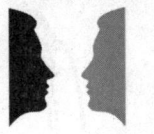

做人的"礼仪、节气",高度重视人的"脸面",这些文化深深影响着中国人的思想与心理。

即使在现代社会,仍然是很讲究"面子工程"的。中国文化中"面子"指的是他人眼中的我,即你做任何事情要顾忌面子、做得体面,不能让别人在背后戳你脊梁骨,你得顾忌自己的行为对他人的影响,以及他人对自己的看法。这是文化所形成的人际行为规范,本质上是人的自尊需要。

耻感文化形成了束缚人们内心的枷锁,有些人由于个性懦弱、内心自卑而在一个讲究面子的文化环境里很不自由,备受人际焦虑折磨。这种人是活在别人的印象中,其自我概念是建立在他人评价上的,其个性决定了他在人际交往时,会高度关注他人的行为反应,包括他人的需求。如果他在意了别人和满足了别人,自然会获得别人的好感,好的态度和好的评价,自己就会感觉被重视,觉得自己做得很对,很有成就感。

这种自我肯定来于别人肯定的人,是无法在他人面前给予否定的,即害怕说出"不"的。因为对别人否定,就意味着对自我的否定,这会断绝看清自己是谁的被肯定来源(给自己评价的客体)。所以,他在对别人有求必应的"讨好"中,充分感到自我的存在和存在的价值。由于"讨好"是以压抑自我为代价,他必然会逐渐感觉是在为别人而活,会逐渐产生拒绝别人的愿望,但他欲拒不能。因为他内心的弱小与不安全感,使他无力承受"万一被拒绝"的后怕,他潜意识的"讨好"欲望,使他还不愿丧失他人的好评和好感,唯有"讨好"能感觉自己是好人,也唯有实现"讨好"才能免除他在社交中的焦虑。当然他的心理现实是:要么顾了自尊(面子)委屈了内心自由,要么顾了内心自由而伤了面子(自尊)的矛盾冲突。但一般情况下,他宁愿忍辱负重而不愿丢失面子。中国的酒文化就足以说明人际社会中人们为了保全面子而说"不"之难。

当然,面子不能不要,一个一点儿面子也不要的人,恐怕自尊心也

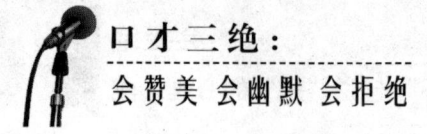

不复存在。关键的问题是要搞清怎样做才算不丢面子。什么样的面子可以丢，什么样的面子应当保？具体说来，出于虚荣的面子应当丢，有关人格的面子需要保，不保何以处世？而保的办法就是实事求是。事实俱在，曲直分明，面子不保亦在；哗众取宠，装腔作势，面子虽保亦失。

值得一提的是，有些人之所以不拒绝别人，是为了自己的面子。还有很多人接受别人的请托，是为了顾及对方的面子。众所周知，被拒绝是令人不愉快的事情，也是没什么面子的事情，尤其是在众目睽睽之下遭到拒绝，即使周遭的人没有觉得不妥，可是当事人却会觉得自己没有受到应有的重视，颜面扫地。轻者会生拒绝他的人的气，重者两人感情完全破裂也不无可能。所以，不少"好好先生"们为了顾及对方的情绪，维持双方友善的关系，放弃了说"不"的权利。

"酒肉朋友"缺少说"不"的勇气

常听别人提起这样的事情：原本打算说"不"却被对方邀请吃饭，"我们找个饭店，边吃边慢慢谈吧！"结果答应了对方的要求而怏怏不乐归来。

这启示我们，在了解对方意图的前提下，想拒绝对方，就必须严格禁止自己与对方一起吃喝。因为一旦成为"酒肉朋友"，人们就会产生难以说"不"的心理，从而丧失拒绝对方的勇气。

我国厨师界有个非常伟大的始祖伊尹。伊尹是商朝开国君王汤王的宰相，他不仅帮助汤王推翻暴虐无道的夏桀，还辅佐商汤、外丙、仲壬、太甲、沃丁五代君王，在朝五十余年，功勋彪炳。伊尹享年100岁，沃丁以天子之礼将他葬在商汤陵寝之旁，以表彰他对商朝的贡献，甲骨文中记载商朝还有祭祀伊尹的仪式。

Part11 为何拒绝很难——说"不"与说"是"的心理影响

伊尹出生时遭遇洪水,获救后被莘国国王的厨师收养。伊尹在御厨的抚养下长大,学得一手烹调的好绝技;同时他天资聪颖,又用功读书,学问渊博,懂得治国的道理。后来莘国的公主嫁给汤王,伊尹作为陪嫁的仆臣同去。

伊尹重复向汤王陈情了七十次,每次都被拒绝。苦闷之际,擅长烹饪的伊尹突然心生一计,应聘汤王的御厨,为汤王准备早、午、晚餐,历经周折之后,终于和汤王有了"交情"。汤王由于吃了伊尹做的饭菜,故难以对伊尹说"不"了。

伊尹指出,治国的道理与烹饪的道理是相通的,都统合于"道",能通晓"道"就能掌握好万事万物。他以调和五味作比喻,向汤王说了许多治国的道理,深得汤王的赏识,被任命为宰相。他说:"做菜既不能太咸,也不能太淡,佐料要放得适中;治国就如同做菜,既不能操之过急,也不能松弛懈怠,只有弄清主次先后顺序,掌握好分寸,才能够政通人和,国家才能治理好。"

伊尹又讲到各地方的美食,然后跟商汤说:"你要吃到这些美食,就要有良马;要成为天子,就要实行仁政,让你的百姓生活过得好、能够信任你。"在看到夏朝气数已尽,就用"割烹"作比喻向汤王建议"讨伐夏桀、拯救人民"。

伊尹这些亲民、行仁政的建言,商汤听了之后心悦诚服,点头称"是"。

由上可见,成为"酒肉朋友"对于一个人说"是"或"不"具有非常重要的影响。可能有人会这样想:即使变成"酒肉朋友",只要各自付款,就不会有心理上的负担,说"不"自然也就不是一件难以启齿的事情了。这可就大错特错了。因为从心理学角度讲,一起吃喝的行为本身,往往会无意识中把两个人结合在一起。一旦有了这样的关系,丧失拒绝的勇气也就是理所应当的事了。

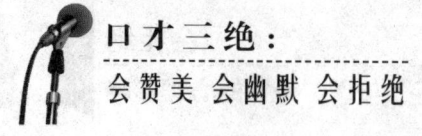
口才三绝：
会赞美 会幽默 会拒绝

被拒创伤是导致人们不敢说"不"的重要原因

玛丽娜的丈夫是一个公认的好人。无论是亲戚同事，还是邻居朋友，等等，只要对她丈夫说一下请求，她丈夫就尽量给人家帮忙办好，且不要对方的报酬。这样的人在他人眼中，绝对地百分百的活雷锋。可是，玛丽娜却非常苦恼。因为他们家的生活不是很富裕。原因是帮人帮的太多了，家里根本存不住钱。他人的生活水平一直提高，可是，自家仍然停留在温饱阶段。而且，她丈夫帮人经常不在家，家里的活儿几乎都是她一个人做。

一天，玛丽娜这样抱怨："你可真是个好人，但我嫁给你这好人，我一点都不觉得幸福。你谁都帮，谁都想照顾，偏偏不照顾我这当妻子的。把家里的责任甩给我去做，自己倒去做大众好人。"令玛丽娜惊讶的是，丈夫居然说自己其实也不是很情愿，只是通常没有勇气对他人的请求说"不"罢了。

玛丽娜家的局面跟前几年的热播剧《家有儿女》里一个情节非常相似。主人公的邻居经常向他们家借东西，很多次他们都不想借，然而又没有勇气说"不借"。借出的东西，还不好意思要回来。偏偏那个邻居又不自觉，借了东西不还，还继续借其他的。搞的他们家很是郁闷。后来，他们的女儿拒绝了那个邻居的借书，还气呼呼地说："说个'不'字，有那么困难吗？不想借就不借嘛！"

为什么有人不想答应别人的请求，却没有勇气拒绝，只好违心地答应呢？因为在他们的成长过程中，缺乏说"不"的家庭教育环境。换句话说，难以开口说"不"是从小养成的性格，是教育孩子的长者，通常是孩子的父母教育孩子的结果。可能有人说，孩子的父母不会不让孩子说"不"的，也不会让孩子一定遵从他人的强迫的。从表面上看，的确

Part11 为何拒绝很难——说"不"与说"是"的心理影响

不能归咎于父母。然而，深入分析一下，就会得出不一样的结论。

每个孩子在成长过程中，几乎都要经历一个叛逆期。在这个叛逆期，孩子会迫切想挣脱长者的束缚，依照自己的意愿处理事情。当然很多时候，孩子在叛逆期之内的叛逆举动很多是错误之举。比如，该吃饭了让孩子吃饭，孩子说："不想吃。"这实际上就是孩子的叛逆之举。他不想听从大人的安排。大人碰到这个情况，通常是先好言相劝，以便让孩子吃饭。一番苦口婆心之后，如果孩子仍然拒绝吃饭，可能有的大人就会采取"暴力方式"让孩子屈服。从孩子角度而言，他一开始说"不"，结果却发现说"不"会遭受惩罚。如果类似的事情频繁多次发生的话，孩子就会丧失说"不"的勇气。什么事情都遵循大人的意思。大人让他做什么，他就会做什么。因为他已经条件反射，假如说"不"，就得忍受皮肉之苦。渐渐地，说"是"便成为了一种习惯。

此外，孩子在大人强迫他做事的时候，渐渐学会如何观察大人的脸色，害怕惹大人生气，担心自己会因此而遭遇惩罚。因此，孩子之所以对一件事情说"是"就是怕惹他人不悦。长此以往，类似的事情多了，就会渐渐养成一种说"是"的习惯。简而言之，被拒创伤是导致人们不敢说"不"的重要原因。

有人总结，不敢说"不"的人，在他过去经历和人际环境中，一定存在"不许你"太多。在"不许你"氛围下，人的思维和思想被制约，难有自主性和创造力的发挥，人的所作所为无形中被一种势力控制着，总是听到和遭到"你不能……""你不要……""你如果不……就会……"的指引，脑海充斥了太多与"不"相关的内容，为达到"不"的要求和避免违犯"不"的惩罚，一个人的个性里会渐渐形成对"不"的高度敏感，他不得不服从权威，又厌恶和敌视权威的"不许你"，他心里体验着"不也不是，不是也不是"的种种焦虑。

所以，要想增强人们说"不"的勇气，就得从"娃娃时期"开始抓

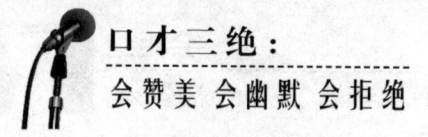

起,在教育孩子的时候,大人应该尽可能地给予孩子多一些说"不"的教育机会。

迷信权威的人多半难以说"不"

迷信权威的人多半难以言正词严地说"不"。他们大都盲目认为权威一定是正确的,其实,这些人混淆了这样的一个概念,即权威不等于真理。在很多时候,正是由于轻信权威而束缚了自身的发展,不敢坚持自己的观点,盲目顺从,以致让一些发明、发现和自己的想法沉溺于自卑之中。正确的态度是:相信自己,做一名敢于向权威发起挑战的勇士。唯有如此,才能有所突破,才能走出一条属于自己的辉煌之路。

世界著名的交响乐指挥家小泽征尔,在一次欧洲指挥大赛的决赛中,按照评委交给他的乐谱来指挥时,发现有不和谐的地方。小泽征尔马上停了下来,让乐队重新演奏了一次,但仍然觉得不如意。这时,在场所有的评委也都要求小泽征尔继续,他们说这是小泽征尔的错觉,乐谱没错,乐队也没有错。

小泽征尔坚持让乐队重新演奏,但评委们都不答应。思索再三,小泽征尔突然大吼了一声:不对不对!一定是乐谱错了。话音刚落,评判席上立即响起了一片热烈的掌声。原来,这是评委们精心设计的圈套,以此考察在发现乐谱有错误并遭到权威人士"否定"的情况下,指挥者能否坚持自己的正确判断。

在小泽征尔之前,有两位参赛者也发现了问题,但他们认为这是权威给的乐谱,不可能有问题,因此都没有指出来。小泽征尔则不然,他也因此在这次比赛中摘得了桂冠。"尊重自己,尊重音乐,不迷信权威",这就是小泽征尔的原则。

Part11　为何拒绝很难——说"不"与说"是"的心理影响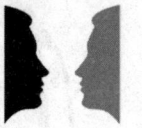

前两位参赛者虽然发现乐谱存在错误，但由于迷信权威、崇拜权威的错误理念作祟，以至于不敢说"不"，最终放弃了自己的正确判断。只有小泽征尔不迷信权威，敢于坚持自己正确的判断，从而摘取了大赛的桂冠。这给我们的启示是：只有不迷信权威、能够坚持正确判断的人，才能有所成就。

蒋百里与蔡锷同庚，同为秀才，在日本留学期间一同在日本陆军士官学校学习军事。两人志同道合，一见如故，于是，结成生死之交。蔡锷是维新派领军人物，梁启超的弟子，那时梁启超在日本避难，由蔡锷介绍，蒋百里结识梁启超并拜他为师。梁启超对蒋百里的文学才华非常赞赏。

1902年，中国留日学生已达3 000人左右，大多思想激进，倾向革命。同年，蒋百里当选为中国留日学生大会干事，并组织"浙江同乡会"，又于1903年2月创办大型综合性、知识性杂志《浙江潮》。该杂志32开本，月刊，每期约8万字，行销国内，鲁迅先生积极支持《浙江潮》，每期都寄回国内让亲友阅读，他的第一批作品《斯巴达之魂》等，即发表于《浙江潮》。身在上海狱中的章太炎先生的诗文也在该刊登载，《狱中赠邹容》一诗万人争诵。

蒋百里为《浙江潮》所写的发刊词，声情并茂，传诵一时。他又以飞生、余一等笔名，发表《国魂篇》《民族主义论》等长篇论文连载，鼓吹民主革命，提倡民族精神。他的文章立论独到，条理清晰，文辞流畅，感情奔放，与梁启超的文笔十分类似；而他倾向革命，又不同于梁启超的改良主义，颇受读者注意。

蒋百里一向视梁启超为恩师，执礼甚恭，但在革命与改良问题上，却从不含糊，敢于同恩师公开论战。1902年，梁启超在日本横滨创办《新民丛报》，宣扬"立宪"，尤重"新民"，指出："欲维新吾国，当先维新吾民，中国所以不振，由于国民公德缺乏，智慧不开……。"

接着他又写出了《新民说》《新民广义》等文章，系统地阐述发挥。改良主义论调泛滥一时，迷惑了不少人。蒋百里立即用笔名"飞生"，撰写《近时二大学说之评论》，刊于《浙江潮》，尖锐指出："《新民说》不免有倒果为因之弊，而《立宪说》则直所谓隔靴搔痒者也。"此文连载两期。刚刊出上半篇，即引起梁启超的高度重视，马上回应，写了《答飞生》一文，刊于《新民丛报》，进行辩解。这场论战，实际上是后来章太炎与梁启超那场大论战的前奏。同好问蒋百里："梁任公是你的恩师，你怎么同他公开论战？不怕损害师生情谊吗？"蒋百里直言相告："吾爱吾师，但我更爱真理！"（引文自金宝山的《蒋百里："吾爱吾师，但我更爱真理！"》）

权威不等于真理。所以，我们不能盲目进行权威崇拜而失去说"不"的勇气，而应该用自己的大脑思考，以作出理智的判断和决定。

想讨好并取悦他人的心理让"不"在心口难开

近日，王硕满脸苦恼地对朋友诉说，他感觉四处讨好他人让自己活得很累。领导交代的任务，从来不打马虎眼，就算是被要求额外加班时也满口答应，因为他总想着借此给领导留下一个好印象。对于同事恳请的事，不管是不是分内之事，也违心地应承下来，担心说"不"会伤害同事之间的情感。

在人际交往过程中，这类人常常扮演奉献者的角色。他们通常认为，别人必须得到我的帮助，在与人交往时我必须作出牺牲，以使别人欢愉，同时也为自己赢得一个好人缘。他们绝对遵守法律和社会道德，就是对一般的社会习惯也不敢轻易说"不"。

Part11　为何拒绝很难——说"不"与说"是"的心理影响

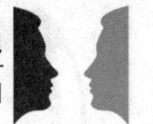

类似王硕这种想讨好并取悦他人的心理让"不"在心口难开。大致说来，人们想讨好并取悦他人有双重含义：一是功利性的，即通过主动讨好别人而达到自己的某种企图或目的；二是防御性的，通过讨好别人而达成情感联盟，避免树立攻击对象，为自己取得宽松的生长环境。由此可见，讨好别人有着它积极的一面。但过分"讨好"也会给人带来无尽烦恼。

我们每个人都不是神，并不能满足他人的所有要求。换句话说，无论我们多么尽力，总会有人感到不满意。况且，即使我们能够实现对方的某种愿望，也总要为自己的幸福和快乐多想一些。难道有人找你要很多钱，为了避免说"不"带来的愧疚，为了筹钱就可以去违法犯罪吗？或有人喜欢你，想跟你在一起，你就必须说"是"吗？既然有很多事情我们做不到，无法取悦所有人，何必还要过于耿耿于怀，心存不安呢？

记住一个原则：对方有求于你，如果你能够帮到他，那是他亏欠你的；如果你因为心有余而力不足才拒绝对方，也只是互不亏欠。你没有必要刻意讨好别人，更不必因为拒绝对方而感到亏欠对方什么。相反的，必要的拒绝反而是替对方节省了时间，帮助他尽快找到正确的解决方法。简而言之，对他人说"不"绝不等于亏欠！别人没有义务帮助你，同样的，你也没有义务一定要迁就对方，可帮助对方达成其所愿。

法国权威沟通培训师佛朗斯·布雷卡尔提供了一个测试人们是否迁就他人的小练习。现在，请思考下列情况，勾选出最符合你的选项。

1.最近一次违心答应别人请求时，在说"是"之前你在想什么

　　a）"我无权拒绝。"

　　b）"如果拒绝了，别人就不喜欢我了。"

　　c）不假思索就答应了。

　　d）"拒绝会招致不快。"

2.最近一次违心答应别人请求时，你有何感想

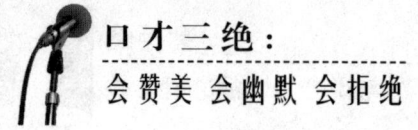

a）气愤，但是说不出口。

b）控制不住的冲动涌上心头。

c）感到非常焦虑。

d）感到莫名的不适。

3.最近一次违心答应别人请求时，你的内心深处有什么想法

a）"为什么非要说'是'呢？说'不'并不困难，也不复杂，难道不是吗？"

b）他们非要我答应下来。

c）我不愿意，但应该答应。

d）我不愿意，但没能拒绝。

4.最近一次违心答应别人请求后，你有什么想法

a）"为什么我总是这样？"

b）"人是自私的动物。"

c）"争取下不为例。这是最后一次。"

d）"下次答应前我一定多加思考。"

答案分析：

依据下表分别计算所得红桃、黑桃、方片、梅花的数量。	a	b	c	d
1	黑桃	红桃	梅花	方片
2	红桃	黑桃	梅花	方片
3	方片	黑桃	梅花	红桃
4	红桃	梅花	黑桃	方片

如果黑桃居多：说明你经常不假思索就会答应。适应型儿童状态在你身上屡见不鲜，以致事后才意识到自己的真实想法。

如果红桃居多：说明你倾向于为讨人欢心而违心迁就。你之所以陷入适应型儿童状态是因为害怕因拒绝而招致不悦。

如果梅花居多：说明你是为避免冲突而迁就别人。你担心说"不"

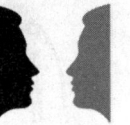

Part11 为何拒绝很难——说"不"与说"是"的心理影响

会招来麻烦,因此陷入适应型儿童状态。

如果方片居多:说明你总是让别人满足你的需求。你陷入适应型儿童状态中,因为你妄想即便没有说明,别人也应当顾及你的处事限度。

对照自己的实际情况,倘若你是个难以说"不"的人,那就得深入反省自我:"我为什么非要答应对方我根本没有能力做到的事情呢?"问问自己除了委屈自己以讨对方欢心之外,还有没有其他途径来赢得对方的爱戴与尊重。

在时机还未成熟时往往不敢说"不"

有人不敢说"不"是顾及切身利益,考虑到时机还不成熟,因此才忍辱负重。忍耐是一种品质,是一种力量,更是一种主动收缩、自我控制的人生智慧。有道是"小不忍则乱大谋"。从这种角度上讲,不敢说"不"反而具有积极意义。

贾布斯先生已经学会了怎样对人说"不"。在动乱年代的某天,一个有权势名叫布鲁的人来到他的住宅,拿出一份由统治本城的那个霸主签发的证件,上面说他的脚踏进哪栋房子,那栋房子就归他所有;凡是他要吃什么食物,那食物就得属于他;他要谁做他的奴仆,谁也不许说"不"。

布鲁坐在沙发上,要来食物,大口大口吃完,抹抹嘴,坐到床上准备睡觉时问他:"你愿意伺候我吗?"然后,贾布斯先生给他盖上被子,驱赶蚊子,睡觉时也不离开他半步,就这样供他使唤了整整7年之久。他什么事情都替他做了,只有一件事情他不会做,那就是说一句话。

岁月流转,一晃7年过去了。布鲁由于吃足睡足喝足,凡事只用发号

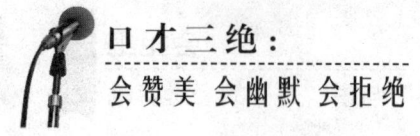

口才三绝：
会赞美 会幽默 会拒绝

施令，从不运动，最后身材变得无比臃肿。在一次心脏病发作后一命呜呼。这时候，贾布斯先生用那床破旧的大棉被把他的尸体紧紧裹住，拖出了房子。然后，把房间冲洗得一干二净，又把整个房子粉刷一新，然后轻松地叹口气，说："不！"

这个故事的主人公贾布斯先生，面对不速之客布鲁的到来，并未将其扫地出门。在布鲁质询他是否愿意伺候他的时候，贾布斯先生也没有贸然对其说"不"，而是一声不吭地精心侍奉布鲁，服帖地听从布鲁的使唤，直到布鲁归西，才将"不"说出口。7年之后的"不"，表现的是贾布斯先生超人的忍耐力。在现实生活中，我们在做任何事情之前都要衡量是否值得。值得的话当忍则忍；如果是无谓的忍耐，其实是一种懦弱的表现，不足效仿。

人生就是由一个个的选择构成。忍，还是不忍，对每个人来说都是没有标准答案的，但目标都是一样，就是要改变现状。忍是改变的时机未到，不忍是改变的时刻来临。在时机未到之时，忍耐不是逃避，而是休养生息；不是退缩与屈服，而是忍一时风平浪静，退一步海阔天空；不是放弃，不是消极颓废，而是"留得青山在，不怕没柴烧"的等待；不是绝望，不是苟且偷生，而是忍辱负重，在失败后总结失败，在成功时总结成功。

清朝嘉庆皇帝在政治上最为精彩的一笔是，乾隆皇帝去世10天之内扳倒和珅。和珅出身于满洲正红旗，出生在现北京西直门内驴肉胡同，属于让朝廷放心的皇家一族。和珅自幼聪明伶俐，熟读四书五经，对"《论语》心得"恐怕可与北京师范大学的于丹教授相媲美。而且和珅多才多艺，通晓满、汉、蒙、藏四种语言文字，善书法。和珅最大的本领是极善于察言观色，乾隆皇帝喜欢什么他就能学会什么。嘉庆刚当上太子时，和珅曾去巴结过嘉庆。嘉庆很讨厌和珅，但知道他还是父皇的红人，自己扛不动，只能乖乖地按兵不动。1799年，乾隆一驾崩，嘉庆

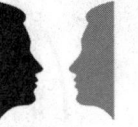

Part11 为何拒绝很难——说"不"与说"是"的心理影响

便向曾位极人臣的和珅动刀，一下子列举其20大罪状，赐其自尽，尽抄其家产。

智者的忍耐向来是有限度的，不是一直忍耐下去，而是终有爆发的一天，达到自己的目的。勾践能忍当马夫，尝粪便之苦。回到越国，还能忍耐卧柴薪尝苦胆之苦；韩信家境贫寒，常食不果腹，遭受欺凌而忍胯下之辱。最终，他们都创造了属于自己的辉煌。当我们受命运摆布的时候，为了顾全自己的利益，也必须学会忍耐。这将让我们站得更高，望得更远，让我们在沉默中坚定自己的信念，在失望中找到希望。

当对方希望你说"是"时，你能说"不"吗

平日里，一些人爱以自我为中心，不会苟同别人的意见，只要不合自己的意思，就直接说"不"。还有一些人认为"不"字说得太多的话，会影响自己的人缘，因此，当对方希望自己说"是"的时候，会违心地说"是"。诚然，被否决的滋味，无论对谁而言，都是不愿意品尝的。但是，如果你能够掌握适当的否决技巧和方法的话，不仅不会对你的人缘产生消极影响，还能给对方留下好印象。

在秦始皇吞并六国（齐、楚、燕、韩、赵、魏）前，意欲扩大御花园来大量饲养珍禽异兽。这要消耗很多的财力、民力和国力。秦始皇还传下命令："反对者一律严惩不贷！"当时，有个能言善辩的侏儒叫优旃，他这样对秦始皇说："好，这个主意很好，多养珍禽异兽，敌人就不敢来了，即使敌人从东方打过来的话，只需下令派鹿用角把他们顶回去就足够了。"

面对满心希望臣属对自己所做决定说"是"的秦始皇，优旃技巧地

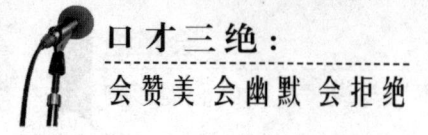

道出了"不"。这种委婉含蓄的建议,使秦始皇从谬性中想到必须养精蓄锐以对付可能来犯的各路敌人。秦始皇愉悦地听从了优旃的劝谏,收回成命。自此以后,他还对优旃刮目相看,善待有加。

在实际生活中,当对方希望你说"是"时,你是遵循内心的引导,果敢地把"不"字说出口,还是会受到"来者不拒"心理的制约,即便是把自己搞得压力重重,甚至是身心疲惫,也难以将"不"字说出口呢?你属于哪种人呢?请根据个人的实际情况,赶紧检测一下自己吧。

(1)在工作中,上司经常让你去做一些职责范围之外的事情。

(2)虽然你对自己的工作早已作出妥善的安排,可是却总被突如其来的事情打乱。

(3)你不忍心看到别人因你的拒绝而心生不悦。

(4)面对他人提出的各种要求,你总是尽力去满足。

(5)突然发现身边的异性对你纠缠不已,尽管你对此反感至极,却无能为力。

(6)遭到上司莫名其妙的批评,你会告诉自己不要去顶撞。

(7)你发现身边的人似乎都很轻松,唯独自己忙得团团转。

(8)同事、朋友经常向你倾诉烦恼和忧伤,却丝毫不顾及你是否愿意当他们的热心听众。

(9)虽然你很想拒绝一些不愿意做的事情,却很容易被他人说服。

(10)你曾经尝试过说"不",却因为拒绝的技巧和时机运用不当,导致事情变得更糟。

以上10项表述,有几项总是发生在你身上?显然这些情况都是因为不懂得拒绝而产生的。这会让我们的工作、生活变得日益困窘。经过检测,如果你觉得自己目前正处于这种困窘的状态中,那么,你就必须开始掌握一些说"不"的艺术了!

比如,当对方有求于你,或向你提出主张、想法的时候,首先,注

Part11　为何拒绝很难——说"不"与说"是"的心理影响

意聆听对方说话（听对方说话是对对方的起码尊重）；当明显判断对方所说之事是不好的事（从社会道德规范看），或感觉自己不具备满足对方要求的条件，或手头的事比对方约你去做的事更重要时，或对对方的主张、想法极不认同的时候，要果断拒绝（拒绝时要果断，不能含糊其辞，要明确表达自己"不"的态度），并作出必要的解释。其次，还应注意说话的语气（不要粗暴地对待他人）和方式（要尽量委婉）。

想说"不"先克服说"是"的反射性习惯

如果经常性地将说"是"当成一种习惯，那么就很难再说"不"。因此，学会说"不"，就先克服说"是"的反射性习惯。以下几点方法可以帮助你逐渐改掉容易说"是"的习惯。

（1）如果你想要说"不"，就不要把"是"说出来。

（2）你是不是常常想说："不"，但不知怎么回事，最后却鬼使神差地说了"是"？试着养成一个习惯，在作出回应之前，先深呼吸、数三下之后，再回答对方。这样做将会延缓你说出"是"的反射性动作，并争取几秒钟的时间，思考一下该如何拒绝对方。

（3）在英文字里，"不"是一个最短的字。但是要有效说"不"，事实上有三个步骤：第一步，简短地复述对方的要求，以表示你确实了解对方的需求。第二步，有礼貌但简短地拒绝。比如，"非常抱歉，我很难帮你这个忙。"第三步，感谢对方对你的重视。比如，"谢谢你这样看重我！""承蒙抬爱。"

（4）拒绝对方，常导致对方感到失落、沮丧。改善这种情绪的策略是提供其他的解决方案，比如，"我虽然不能提供什么帮助，但是Y或Z都有能力帮助你。"

（5）当你说"不"时，所拒绝的是事而不是当事人，所以，你必须尽全力将人与事区别开来。比如，与其说："我不能为你做某事。"不如省略"为你"两字，只是简单地说："我不能做某事。这是我一向坚持的原则。"

（6）在拒绝对方之前，想想"切身利益"——不是你个人切身拒绝，并非不肯帮忙，而是为了对方的益处着想。比如，A要求你将工作在一个不合理的期限内完成，与其哀求着说你不可能如期完成，不如说服对方，仓促行事对他而言并不好。又如，"你交接的工作我敷衍了事的话也能如期完成。但如此仓促处理这件事情，无法做出符合你期望的水准。"

（7）要让别人能够考虑到你的立场，最有效的办法就是站在对方的角度着想。与其严词说"不"，不如通过协商与让步，实现双赢。典型的做法就是条件交换。比如，"如果你在这件事上支持我，我将会尽全力，使你的预算全数通过。"

（8）如果情况不适用于条件交换，那么试着在不损及原则的情况下，提供给对方一个折中方案。弹性做法通常较易实现双赢，而一味说"不"则易导致两败俱伤的冲突。

（9）你也可以将难题丢还给对方。比如，"你要是我怎么处理这种情况呢？"或者是"小霞，你认为我该怎么处理这件事情才算合理、公平呢？"

（10）如果你决定要以协商的方式，取代断然拒绝对方，那么在谈判桌上你必须具备清楚的目标，并据此切实地与对方商谈。这样做不但可以避免自己犯大错误，也可以让参与商谈的相关人士清楚，你是有备而来的。

（11）不管可能性有多大，对对方可能发生的冲突都要做好充分的准备。清楚自己要什么，预估可能的反对意见以及回应的方式。这样做

Part11 为何拒绝很难——说"不"与说"是"的心理影响

并不是要你"吃了秤砣铁了心"地想着如何对别人说"不",而是准备好相关资料与议论方式,有备无患。

(12)当你不愿意被迫屈服时,勇敢地说"不"乃是你的权利,不必有罪恶感。何不试试情理兼顾的沉默方式,在你说了:"不行,非常抱歉,我不能做这件事"之后,就保持沉默。

(13)尽可能不要在说出"不"之后,就没有下文。练习以"我了解你现在的心情……我以前也是这么觉得……但是后来我发现……"的模式,建立双方的同理心与相互了解,以消除双方因未达成协议所造成的负面情绪。

(14)婉谢但不要严拒。温和的回应总是比情绪性的过度反应要好。情绪是具有渲染性的,"不行"这个词通常会引发他人强烈且负面的感受。因此,当你必须要对他人说"不"时,就不要再刻意摆出一副友善的言行,在对方情绪上火上加油。否则,对方可能觉得你在轻视他,甚至会觉得你在幸灾乐祸,进而产生一种被侮辱的感觉。

Part12　坚决拒绝的七大场合，
你的人生你做主

面对知心的朋友，该说"不"时要说"不"

"不"字写起来很简单，寥寥四画而已，但面对知心的朋友，轻松地将"不"脱口而出并非易事。因为当我们说"不"的时候，也就意味着拒绝——拒绝朋友的要求、请托……这绝对是一个令人伤神的问题。

2014年夏天，家住北京的李先生准备利用周末开车到石家庄办事，因为途中要经过保定，所以他老婆的"闺中密友"请他帮忙将一份北京特产——新鲜的烤鸭带到保定某小区的亲戚家中。不过，这件事却让李先生很为难：虽然要途经保定，可是原定计划是从保定外围经过，况且他对保定的市区道路并不熟悉，因此他并不赞成接受这个请托。不过李太太却认为，既然大家都是多年的好友，以前对方也没亏待过自己，这样一件小事都要说"不"的话，实在不好，于是没想太多便一口答应下来。

既然老婆大人都已经答应人家了，李先生虽然觉得非常不方便，也只好照办。到了保定，虽然他很快就跟老婆的"闺中密友"的亲戚联系上了，可是由于实在不熟悉当地道路，在市中心绕了大半天才终于把特产送到对方家中。遗憾的是，由于在车里闷得太久，烤鸭已经变质，弄

会拒绝
Part12　坚决拒绝的七大场合，你的人生你做主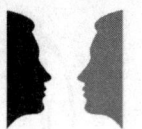

得对方心里很不愉快。更惨的是，因为在路上耽搁太久，到达石家庄的时候，和李先生约好的人因为有事也已去外地出差。不得已，李先生只好在石家庄多待了几天才将自己的事情处理妥当。

本是好心帮忙，结果却事与愿违，这显然是两边不讨好。但是这是李太太在接受"闺中密友"的请求时，就已经注定了的结果。因为这个忙，实在不适合去帮。李先生这种"好心没好报"的遭遇，在日常生活中很是常见。要避免类似的情况发生，方法其实很简单，就是有技巧地向对方表明一个字——"不"。

很多人不好意思对朋友说"不"，他们过分在意朋友对自己的评价。实际上，真正的友谊不会因为你的一次拒绝就破裂。所以要调整好自己的心态，该拒绝时就拒绝，该说"不"时就说"不"。

马燕和同事陈述的交情非常好，两人经常一起吃饭、逛街，好到情同姐妹一般，就连同事也经常开玩笑地说她们是"连体婴"，几乎做什么事都要在一起。

工作5年后，马燕的业绩和能力得到上司的肯定，被晋升为设计部主任。为了庆祝升职，马燕决定在周末邀请几位关系特别好的朋友，到家中举行烧烤聚会，陈述自然是第一个被邀请的人。

对于马燕的升职，陈述当然非常高兴，虽然自己没能得到上司的青睐，有些遗憾，不过她清楚马燕为人诚恳，工作积极努力，业务能力也比自己略强一些，无论从哪个方面来说，马燕的升职都让自己心服口服，这次聚会，她理应欣然前往。但问题在于聚会那天，陈述已经有了重要安排，是一个慈善舞会，届时将有她最崇拜的明星到场。为了能够参加这次舞会，她可是耗费了不少精力。

陈述本想对马燕的邀请说"不"，然而，话到嘴边又硬生生吞了回去。因为她突然想到，如果自己不去赴约，会不会让马燕觉得自己是因为她的升职而感到不满？更何况两人是那么好的朋友，如果不去捧场，

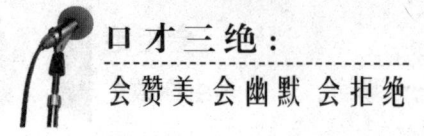

似乎太不给马燕面子了。于是在再三权衡后,陈述答应了朋友的邀约,放弃了自己期盼已久的舞会。

聚会当天,大家都玩得很开心,除了陈述。她满脑子都是舞会的事:那位明星来了没有?他会穿什么服装?如果自己在场,是不是能跟他近距离地交流……马燕看出了陈述的心不在焉和郁郁寡欢。当然,她并不知道陈述心里在想什么,只是觉得她似乎很不情愿参加这场聚会。作为自己最要好的朋友,在庆祝升职的聚会里,居然让自己这么没面子,极大地伤害了马燕的自尊心。

"如果你是对我的晋升感到不满,为什么第一时间还表现出一副很高兴的样子?"聚会结束后,马燕生气地质问陈述。而此时陈述心中也积聚了极度的郁闷:自己为了朋友放弃期待已久的舞会,最后竟然还遭受到好友的指责,这太不公平了。没说到三句话,两人竟大吵了起来。因而这次聚会之后,马燕和陈述的友情也宣告破裂。

为了"尊重"朋友,陈述牺牲了梦寐以求的舞会,接受了对方的邀约,但结果却事与愿违,不仅没让对方感到高兴,反而使得多年友谊毁于一旦。假设当初她明白地告诉马燕自己不能参加她的聚会,并且把原因委婉地说出来,事情就变得简单多了。有时候,拒绝对方其实才是真的尊重对方。

不妨采取以下策略拒绝朋友的求助。首先态度要温和。尽管说"不"是自己的权利,但仍需先说"非常抱歉"或者说"真是对不起"。然后再详细陈述自己不能"帮忙"的各种理由。这样,朋友在感情上就能接受,从而避免一些负面影响。切忌立刻说"不",否则会让对方觉得你并不重视他,容易引起对方的反感,甚至反目成仇,最终演变成"老死不相往来"的结局。其次,一定要让朋友在感情上体会到,你拒绝的是这件"事",而不是他这个"人",这样可以使朋友感觉这件"事情"虽然被拒绝了,而他和你还是要好的朋友。

倘若对方请求帮助之事的确思考不周，你还可以耐心地、实事求是地给其分析这件事办与不办的利弊。让朋友自己得出"暂时不办此事"的结论。

面对分外之事，该说"不"时要说"不"

在职场中，每个人都有自己的任务。固然，帮助同事、协助上司是一种好品质，但如果妨碍了自己的工作或有损于自己的权益，则应该学会说"不"。当然，拒绝并非一件容易的事，需要一些技巧。

如果你在上司眼中并不算优秀员工，而只是个私生活时间较少，可以随时拿来蹂躏的"软柿子"，那就请你直接告诉对方："对不起，我今天恐怕无法加班。毕竟我也有自己的家人和朋友，需要有自己的生活空间。而且加班时数已经远远超过其他同事，因此我今天拒绝加班。"当然，如果事情非做不可，你也可以给自己找个替罪羊："不过我知道，小伟这个月一次班都没有加过，而且最近他事情比较少，如果您真的要找人加班，我推荐小伟。"

不用担心说"不"的态度会让上司不满，因为任何人都不会喜欢一个毫无骨气的员工。聪明的员工在说"不"的同时，还会尽量给出建设性意见，帮助上司寻找其他解决之道。对聪明的上司来说，如果他知道你不是一个能够被随意使唤的人，敢于保护自己的权益，反而还会增加对你的好感。如果你为他提供了可替代的人选，从而帮助他更有效、更快速地解决了问题，他对你不仅不会怨恨，还会心存感谢呢。

值得一提的是，当上司交代分外任务给你处理的时候，要尽可能地避免使用"我不能答应""这太难了""我做不到""我能力有限"等显示个人无能的负面语句。因为这些语句非常容易让上司认为你是个

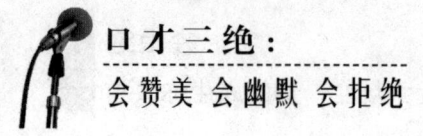

"没有能力的人""缺乏工作热忱的人""不能勇于接受挑战的人",从而对你的印象大打折扣。

通常来说,拒绝接受不善体谅他人而又十分苛刻的上司的要求,往往被视为不可能的事情。然而,有些老练的时间管理者却深谙说"不"的艺术,经常将来自上司的原已过多的工作项目,按轻重缓急编排办事优先次序表,当上司提出额外的工作项目时,即展示该优先次序表,让上司决定最新的工作要求在该优先次序表中的恰当位置。这种做法大致说来有以下几个好处:

(1)让上司做主裁决,表示对上司的尊重。

(2)行事优先次序表既已排满,任何额外的工作要求都可能令原有的一部分工作无法按原定计划完成,因此除非新的工作要求具有高度重要性,否则上司将不得不撤销它或找他人代理,就算新的工作要求具有高度重要性,上司也不得不撤销或延缓一部分原已指派的工作,以使新的工作要求能被办理。

(3)部属若采取这种拒绝方式,可避免上司误会他在推卸责任。因此,这是一种极为有效的拒绝方式。

以上拒绝上司的技巧同样适用于拒绝同事。只要我们讲究些说"不"的策略,即便是说"不",依旧能够在人际关系中游刃有余,且左右逢源。

面对诱惑,该说"不"时要说"不"

现实中的种种诱惑,大致可分为美好的诱惑(比如接受赞赏与奖金的诱惑)和不良的诱惑(比如金钱的诱惑、游戏机的诱惑、黄赌毒的诱惑)。成功与荣誉、鲜花与掌声,对每个人都具有一定的诱惑性,这是

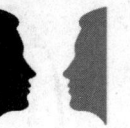

Part12　坚决拒绝的七大场合，你的人生你做主

一种美好的诱惑，也是我们积极要求进步的重要表现。然而，没有艰辛的付出，就难以产生成功的回报。面对美好的诱惑，我们必须通过正当途径和脚踏实地的努力来获取。而对于不良诱惑和伤害，我们要识别，要抵制，要勇敢地说"不"！

传说古希腊有一个海峡女巫，她用自己的歌声诱惑所有经过这里的船只，使它们触礁沉没。智勇双全的奥德赛船长勇敢地接受了横渡海峡的任务。为了抵御女巫的歌声，他想出了一个办法：让船员把自己紧紧地绑在桅杆上，这样，即使他听到歌声也无法指挥水手；让所有的船员把耳朵堵上，使他们听不到女巫的歌声。结果，船只顺利地渡过了海峡。

这个故事启示我们，虽然世间被不良诱惑充斥，但不良诱惑并非是不能战胜的。聪明之人总能结合自己的实际，用科学的态度、坚强的意志、清醒的头脑和正确的方法，摆脱不良诱惑的干扰，避免其对自己的危害，坚定地对不良诱惑说"不"。

心理学家曾做过一个试验。他发给儿童一些精美的糖果，并告诉他们：谁能在他回来之前不吃糖果，将会得到更多的糖果。之后，他躲在屋外观察。开始，几乎所有的儿童都不去吃糖果；过了一会儿，有几个按捺不住的儿童吃掉了糖果；在这些儿童的带动下，又有一部分儿童；最后，只有少数几个儿童能等到他回来。研究人员对参加实验的儿童做了长时间的跟踪调查研究，结果发现，那几个经得起诱惑的儿童，成年后，在事业上都取得了成功。也就是说，对眼前的不良诱惑，敢于说"不"的人，才有可能在多方面取得成功。

东汉人杨震是一位颇得百姓称赞的清官。他做过荆州刺史，后调任为东莱太守。当他去东莱上任的时候，路过冒邑。冒邑县令王密是他在荆州刺史任内荐举的官员，听到杨震到来，晚上悄悄去拜访杨震，并带十斤黄金作为礼物。

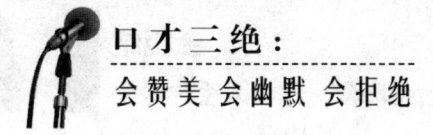

口才三绝：
会赞美 会幽默 会拒绝

　　王密送这样的重礼，一是对杨震过去的荐举表示感谢，二是想通过贿赂请这位老上司以后再多加关照。可是杨震当场拒绝了这份礼物，说："故人知君，君不知故人，何也？"王密以为杨震假装客气，便说："幕夜无知者。"意思是说晚上又有谁能知道呢？杨震立即生气了，说："天知、地知、你知、我知，怎说无知？"王密非常羞愧，只得带着礼物，狼狈而回。

　　成功企业家马云声称，阿里巴巴网站在上市前，他们对认购的预期是400亿港元，没想到，在第一站香港路演后就募集到360亿港元，随即新加坡后达到600亿港元，走到纽约已经募集到1800亿港元。"我们最初预定的发行价是12港元，人家看到这么好的路演情况，说发行24港元都可以！每股多一元就多10亿港元啊！我们若将发行价提高到24港元就会比预期多出120亿港元！这是多好的发财机会！"马云当晚召集团队开会，告诉他们，人要在诱惑面前学会说"不"，贪婪一定会付出代价，最后把发行价定在13.5港元。

　　总之，在色彩纷呈的大千世界中，不学会拒绝身边的不良诱惑是不行的。对待金钱，我们一定要取之有道，像杨震和马云等人一样通过自己的合法劳动和正当途径来获取，决不能贪污受贿或沾染其他不良行为习惯。

面对"情网"，该说"不"时要说"不"

　　郑蕾不但人长得漂亮，而且性情温柔，秀外慧中，所以在校园里不乏追求者。在众多追求者当中，有一位男孩最有毅力。刚开始，对于这个男孩的追求，郑蕾并没有拒绝，但也没有明确接受。她觉得他不错，但还没有那种倾心的感觉。因此，想再观察观察，看看这个男孩到底是

Part12 坚决拒绝的七大场合，你的人生你做主

不是自己的"白马王子"。

就在这个时候，赵凯出现了。赵凯是郑蕾的学长，比她早两届毕业。他们是在一次校庆活动中认识的。赵凯为人风趣幽默，虽然毕业仅仅两年却已经成就斐然。他的成熟稳重、认真诚恳深深吸引了郑蕾，让她觉得赵凯就是自己心目中的白马王子。而赵凯对这个美丽温柔的小学妹也十分喜爱，两人顺理成章地坠入爱河。至于苦追郑蕾4年的那个男孩，就这样被"遗弃"了。

虽然郑蕾始终没有明确接受那个男孩的追求，可是郑蕾心中仍免不了对他的愧疚，因为他毕竟在自己身上花费了4年的时间。在这4年当中，他错过了许多次得到爱情的机会。郑蕾觉得这是自己的过错，因此虽然已经有了赵凯，可是对于男孩见面、约会的请求，她总是尽量满足，她希望自己能借此弥补些什么。

就在毕业前一天晚上，男孩又打电话来，希望郑蕾陪他出去散散步。那时天色已晚，郑蕾本不想赴约，可出于对他的愧疚，她最终还是赴约。结果伤心醉酒的男孩，趁着酒兴对郑蕾动手动脚，而郑蕾竟然没有反抗，而且还半推半就地与他发生了关系，只因她希望能够补偿拒绝那个男孩所欠下的人情……事后，不忍欺骗心上人的郑蕾把事情告诉了赵凯。结果可想而知，她因此失掉了一段原本美好的爱情。

由此可见，要想进入爱情的最高境界，惬意享受爱情的美好，就应该忠实于自己的爱人，对多角恋坚决说"不"，拒绝自己陷入"情网"之中。

面对虚荣，该说"不"时要说"不"

人们生来喜欢美丽的东西：喜欢漂亮的服饰、喜欢被人表扬和称

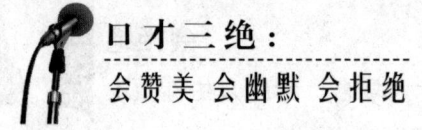

口才三绝：
会赞美 会幽默 会拒绝

赞、喜欢浪漫的爱情、喜欢精致的家具、喜欢明亮宽敞的房子，等等。这些本无可厚非，毕竟"爱美之心，人皆有之。"其实，有一点小虚荣，生活才不单调乏味，才不惆怅忧郁；虚荣，能给人们的身心带来愉悦，能使人们追求浪漫与温馨的情调。几乎所有人都有点虚荣。但是，爱慕虚荣要注意一个度。毫无理智的爱慕虚荣，不懂得对虚荣说"不"而导致吃亏上当、出洋相的例子屡见不鲜。

先来说个笑话吧。一个美女，决定花费重金，让自己瘦身。待她花十几万元以后，她觉得对术后结果非常满意！回家路上，在报摊，她买了份报纸，找钱的时候，她问老板："不好意思，你猜我几岁？"老板说：32岁。她好高兴：47岁啦！

接着，她去麦当劳，问柜台服务员同样的问题。服务员说："我猜29岁。"她好高兴："不是，47岁啦！"

然后，她又兴高采烈地来到街角的统一超市买了一包口香糖，忍不住又问那里的柜台服务员。服务员说："我猜30岁。"她好得意："我47岁，谢谢！"

等公交车的时候，她又问旁边的老头。老头说："我78岁了，眼睛不好，看不出来。不过，年轻的时候有种方法可以确定。如果你让我把手伸进你的胸衣里，我绝对可以知道你的年纪。"半晌无声，空旷的大街上，她终于忍不住好奇："好吧！你试试看。"老头把手伸入她的衬衫，又伸进她的胸衣，开始缓慢而仔细地摸索。几分钟以后，她说："好了，你猜我几岁？"老头又捏了最后一下，把手拿出来。说："女士，你47岁。"美女大吃一惊，惊讶地问："好厉害！你怎么知道的？""保证不生气？""不生气！"老头的回答让美女一个趔趄差点摔倒在地。老头说："其实刚才在麦当劳，我排在你后面。"

接下来，我们再看一个关于乌鸦的寓言故事。

从前，各种鸟在一起生活。鸟儿们都认为自己最美丽，常为此而争

会拒绝

Part12　坚决拒绝的七大场合，你的人生你做主

吵。因为鸟儿们总是叽喳叽喳吵个不停，上帝受不了了，就把鸟儿们都叫过来说："我要从你们当中选出一只最漂亮的鸟作为鸟王。"

鸟儿们都想做最漂亮的鸟王，就到河边干干净净地洗了个澡，然后开始打扮。

"我会成为最漂亮的鸟王。"

"哼！你不行，我将成为鸟王。"

乌鸦羡慕地看着鸟儿们互不相让、忙于化妆的情景，吁了口气："我也要成为鸟王。"

乌鸦每天徘徊于河边，或捡别的鸟儿掉下的羽毛，或拿自己的好东西换颜色漂亮的鸟儿的羽毛，然后趁别的鸟儿不注意，偷偷地插到自己的身上。"哎？怎么回事呀？乌鸦变成一只漂亮的鸟了。"

乌鸦看到自己水中的影子，也吃了一惊。

"哎呀，真奇妙！这是我吗？啊，真漂亮！"

乌鸦忘了自己的真面目，好像自己真的变成一只漂亮的鸟似的，得意地进入大会场。上帝从没见过这么漂亮的羽毛，就把乌鸦选为鸟王了。

"你到底是什么鸟啊？"

"第一次看到你，你从哪来的？"

"……"

乌鸦周围的鸟中有一只鸟儿发现乌鸦身上有一根羽毛是自己的。

"哎，那是我的羽毛呀？"

"对啊，那根是我的。"

"……"大家议论纷纷。

乌鸦周围的鸟儿一个个都过来拔取乌鸦身上属于自己的羽毛。

乌鸦拼命想护住身上的羽毛，但无奈寡不敌众。不一会儿身上美丽的羽毛就被鸟儿拔光了，只剩下自己原来的羽毛了。乌鸦羞愧难当，慌

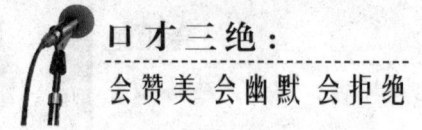

忙跑进树丛里去了。

这个故事再次启示我们，不知自己身份，一味地爱慕虚荣，迟早是要出洋相和吃大亏的。爱慕虚荣的背后必定是某一方面对自我认识的不满，所以渴望借助在其他方面的夸张来吸引人们的注意，用以掩盖和弥补自己的缺陷。其实，掩盖着的往往是自卑与心虚等深层的心理缺失。诚如莎士比亚所说，爱慕虚荣的人，是用一件富丽的外衣遮掩着一件丑陋的内衣。

从本质上说，谁都想要拥有一定的荣誉与地位，这本无可非议。但是一定要明白，追求这种荣誉和地位必须与自身的社会角色相一致。面子"不可没有，也不能强求""打肿脸充胖子"，过分追求荣誉，显摆自己，扭曲自己的人格是不理智的。一个人如果不懂得坦然面对自己的工作和生活环境，就没办法走出虚荣的"泥沼"，反而会在其中越陷越深。所以，为了拥有健康的人生，我们要懂得对虚荣说"不"。

面对选择，该说"不"时要说"不"

在现实生活中，人们都不大喜欢别人对自己说"不"，这是人之常情，是可以理解的。但这并不意味着我们要去一味曲意逢迎他人。如果对方是英明之人，你在应该说"不"的时候说"不"，往往会产生一种皆大欢喜的局面。

刘毅是西晋时的司隶校尉，生性刚毅，不管是太子、皇戚，还是皇帝本人，只要有过失，都敢于说"不"。

晋武帝司马炎统一天下后，生活更加奢侈腐化。首先为祖宗修建了一座富丽堂皇的太庙，然后又大兴土木，为自己修建了一座豪华的宫殿。本来后宫已经有好几千名美女，但是他还不满足，又下令让人搜罗

会拒绝

Part12 坚决拒绝的七大场合，你的人生你做主

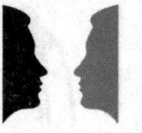

美女5 000多名，专供他玩乐。晋武帝整天过着荒淫无耻、纵情享受的生活。

晋武帝除了向老百姓横征暴敛、搜刮钱财以外，还学东汉时期汉桓帝、汉灵帝的办法，公开标价卖官。有钱的人只要花一笔钱，就可以买到一个官做。花钱少买小官做，花钱多买大官做。不过桓帝、灵帝卖官所得的钱都归国库，而晋武帝卖官所得的钱却供仅他个人挥霍浪费。晋武帝这样腐败，许多大臣看在眼里，可是畏于皇帝的权势，都不敢吭声。刘毅任司隶校尉，常跟随晋武帝参加一些活动。

太康三年正月初一，晋武帝率领百官到南郊祭天，刘毅也跟随前往。祭祀完毕，晋武帝忽然慨叹一声，问站在身旁的刘毅："我可以比得上汉朝的哪一个皇帝？"刘毅不假思索，便直截了当地回答说："我看陛下跟东汉的桓、灵两帝差不多。"汉桓帝和汉灵帝是东汉时期两个最贪淫的皇帝。晋武帝满心希望刘毅把他比做汉高祖和汉武帝，因此很不高兴地说："哪儿至于这样呢？我虽比不上古代的圣人，可是我平定了东吴，统一了天下，一心想做个贤明的君主，你这样比，未免太过分了吧？"

刘毅毫不客气地答道："汉桓帝和汉灵帝卖官爵所得的钱都交入国库，而陛下你卖官爵所得的钱却装进自己的私库，从这一点讲，我看还比不上汉桓帝和汉灵帝呢！"晋武帝闻听此言，再无话反驳，只得自我解嘲地说："桓、灵两帝在世时，他们听不到这样的话，现在我有这样正直敢言的大臣，能够当面听到这样尖锐的批评。由此可见，我同桓、灵两帝是不同的。"史料记载，刘毅在对"上司"的言行举止说"不"之后，依然得到不断晋升，以至于后来晋武帝还用"赐钱30万，月给米肉"来奖赏刘毅。

不难看出，对于他人的行为举止、态度或建议不予认同的时候，要敢于把"不"说出口，别总是担心拒绝他人以后会给"小鞋"穿。记

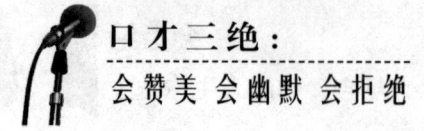

住,对他人有帮助地说"不",可以达到一种皆大欢喜的结局。更通俗地说,即你虽然拒绝了对方,但却在其他方面为其提供了一些帮助,这是一种慈悲而有智慧的拒绝。

在底线和原则面前,该说"不"时要说"不"

当该说"不"的时候,旁敲侧击地拒绝对方,让对方明白你的意思和感受,不至于你说你的,他说他的,喋喋不休,最后依然说不清楚,还可以将争端化解于无形。这方面,我们可以看一看国画大师张大千是如何处理的。

张大千留有一把长胡子,在一次吃饭时,一位朋友以他的长胡子为理由,连连不断地开玩笑,甚至消遣他。张大千心里虽然不是很痛快,却不慌不忙地说:"我也奉献给诸位一个有关胡子的故事。"

众人表示愿闻其详,张大千慢腾腾地说道:"话说刘备在关羽、张飞两弟亡故后,特意兴师伐吴为弟报仇雪恨。关羽之子关兴与张飞之子张苞复仇心切,争做先锋。为公平起见,刘备说:'你们分别讲述父亲的战功,谁讲得多,谁就当先锋。'张苞抢先发话:'先父喝断长板桥,夜战马超,智取瓦口,义释严颜。'关兴口吃,但也不甘落后,说:'先父须长数尺,献帝当面称为美髯公,所以先锋一职理当归我。'这时,关公立于云端,听完禁不住大骂道:'不肖子,为父当年斩颜良,诛文丑,过五关,斩六将,单刀赴会,这些光荣的战绩都不讲,光讲你老子的一口胡子又有何用?'"

听完张大千讲的这个故事,众人默不作声,从此再也不扯胡子的事了。

会拒绝
Part12　坚决拒绝的七大场合，你的人生你做主

　　朋友以张大千的胡子开玩笑，甚至开得有些过头，张大千想制止对方，可是如果轻描淡写地说的话，恐怕对方会不以为然，还会伤了朋友之间的和气。张大千通过故事旁敲侧击，暗示对方："你们拿我的胡子开玩笑，我已经忍了很长时间了，再这么着，我可就不高兴了。到时候可别怪我翻脸无情哦。"众人自然知趣，不再提这个话题了。

　　其实，旁敲侧击对对方说"不"化解争端于无形的案例，古已有之：三国鼎立时期，气候干旱，刘备下令禁止百姓私下酿酒。一天，官吏在民家搜出酿酒的器具，准备定罪处罚。简雍与刘备出游，看见一对男女在路上行走，于是对刘备说："他们准备通奸，为什么不拘押起来？"刘备说："凭什么说他们会如此？"简雍一脸正经地回答："他们各有可以通奸的器官，与要酿酒的人情形相同。"刘备听了大笑，就释放了因有酿具而被拘的人。

　　拒绝是一门重要的语言艺术，拒绝的最高境界是让你和对方都不至于陷入尴尬或剑拔弩张、干戈相向的境地。只要运用得当，拒绝行为不仅不会把你的朋友、上司等推向你的对立面，反而会使你赢得更多的尊重。

Part13　肢体语言密码中NO的含义

用态度传达拒绝信号

在现实生活中，我们常常要面对不能不拒绝的情景。这时，就势必得思索该怎样把"不"说出口。其实，可以传情达意的，并不仅仅局限于我们的口头语言。由于以态度表示的"不"，早在说话双方相对面的瞬间，早在发出口头语言之前就已经开始。所以，很多时候，借用态度传达"不"的信号，能够同口头语言一样传达出"不"的信号，甚至能起到比口头语言更令人满意的效果。因此，我们说，学会用特定的态度表达自己是学会拒绝的必修课。

日军占领上海后，梅兰芳闭门谢客，过起了隐居生活。1942年，日本帝国主义为了粉饰太平，妄图把梅兰芳请出来，率领剧团赴南京、长春、东京等地巡回演出，梅兰芳以牙痛为由婉言谢绝。此后，他不再刮脸了。不几天，就留起了小胡子，对外称自己"上了年纪，嗓子坏了，早已退出舞台"。

国民党亲日派首领、大汉奸汪精卫，在南京成立伪国民政府后，特务头子吴世宝提出要宴请梅兰芳，并劝说梅兰芳进行一次慰问演出。第二天，闻听日本人要来，梅兰芳吩咐儿子从抽屉里拿出一支四联防疫针，找出针筒，注射针药。不一会，梅兰芳真的开始发起高烧来了。日

Part13 肢体语言密码中NO的含义 会拒绝

本人派军医来检查,摸了梅兰芳滚烫的额头,经测试高烧42度,他们这才放弃原来的打算,无奈地摇着头走了。

梅兰芳说"不"的故事表明,一个人除了口头语言之外,态度所散发出的信息,也可以无意识地被他人接受,并作为判断自己是否被拒绝的标准。因此,如果你想说"不",你大可不必开口说出"不",而有意识地、巧妙地用态度表示"不",便可充分传达你的拒绝之意了。这样,既可避免难以开口的事发生,也不必给对方不愉快的感觉。毕竟,人与人之间的交流与沟通,并不仅仅依靠对话。智者大都懂得态度在这件事上占有极其巨大的分量。

接下来,我们再看看鲁迅先生是如何用态度对以貌取人的行为说"不"的。

有一天,鲁迅先生穿着一件破旧的衣服上理发院去理发。理发师见他穿着很随便,而且看起来很肮脏,觉得他好像是个乞丐,就随随便便地给他剪了头发。理了发后,鲁迅先生从口袋里胡乱抓了一把钱交给理发师,便头也不回地走了。理发师仔细一数,发现他多给了好多钱,简直乐开了花。

1个多月后,鲁迅先生又来理发了。理发师认出他就是上回多给了钱的顾客,因此对他十分客气,很小心地给他理发,还一直问他的意见,直到鲁迅先生感到满意为止。谁知道付钱时,鲁迅先生却很认真地把钱数了又数,1个铜板也不多给。理发师觉得很奇怪,便问他为什么。鲁迅先生笑着说:"先生,上回你胡乱地给我剪头发,我就胡乱地付钱给你。这次你很认真地给我剪,所以我就很认真地付钱给你!"

理发师听了觉得很惭愧,连忙向鲁迅先生道歉。

虽然说态度是表达意思的一种雄辩语言,但它有一个困难点,就是比起文学或声音的语言来,不太容易把"程度"表达得恰到好处。若只作为口头话语的辅助手段来用,并不需要太多的要求,然而,它却很难

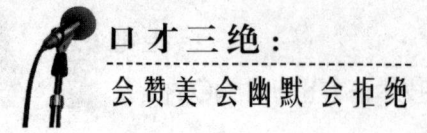

表达拒绝或亲密的程度。所以，我们有时候就需要这么做：开始时轻微地表示否定的态度，这样还不见效，再进一步表示更强烈的拒绝姿态。

不妨应用美国加州大学罗彼特·索玛的实验结果。依照他的说法，当一个人被侵犯时，大致上会以下述两个阶段发出否定性身体语言。

首先，摇晃上半身，游动脚部，用脚尖踏拍地板——这些动作是属于第一个阶段，它在预告："你太靠近，我会坐立不安"。

其次，第二个阶段是：闭上眼睛，收起下巴，弓弯背部，用这些动作来表示"你在这里会妨碍我。你已侵入我的领域。"当然，最后是离开现场走入不受侵犯的安全地带的动作。

这样看来，尽是和我们日常的动作脱不了关系的，也正因为这样，所以才会变成广泛的一般动作。对于缠住你不放的请求者，不妨先摇晃你的脚，或用脚尖踏拍地板，接着闭上眼睛，收起下巴——用这样两个阶段的"战术"让他主动"撤退"吧。

当然，如果你实在是有不得已的苦衷时，倘若能委婉地说明，以委婉的态度把"不"说出口，别人还是会感动于你的诚恳的。

将拒绝的态度进行到底

很多人都觉得说"不"是一件相当难以启齿的事情。面对请求者那乞求的眼神，人情义理，当自己说出"不"时对方可能会感受到的挫折感……一开始想到这些后果，原先想说"不"的念头，也会动摇起来。有时候，由于这些想法的无形驱使，竟然把原非本意的"是"脱口而出，以致追悔莫及。

为了不招致这样的失败，始终一致贯彻"不"的意志，得从外面用"不"的动作来予以加强。我们常从孩子身上看到这种现象：本来并不

Part13 肢体语言密码中NO的含义

伤心,但为了引起父母的注意,假装哭泣,结果真的流出了眼泪。以手掩眼,发出像哭一样的声音,就构成哭的架势,如此一来,感情伴随而生。

美国的心理学家威廉·杰姆士说:"感情能以动作的调整,予以间接地调整。当你失去快乐时,最好的恢复快乐的方法,便是装成快乐的样子行动、说话。"提倡给人的身体以刺激,身体便能产生反射性的变化,引发悲伤或欢喜的感情。同理,我们拒绝他人的意志,也会因采取拒绝的态度而被唤起或得到强化。简而言之,即如果想贯彻"不"的意思时,最好继续拒绝的态度以巩固说"不"的意志。

下面的策略可以帮助我们一旦说"不"就坚持到底。请选出你下次需要说"不"时打算使用的方式和策略,并坚持你的决定。在你努力成长为说"不"的主人的过程中,请经常复习以下50条策略。这些策略是美国会议及管理要点培训公司创始人简娜·柯普提供给我们的,非常值得一试。

(1)在说出你的决定之前,给自己一些思考时间。清楚自己作出这个决定的原因将帮助你坚持自己的决定。

(2)要求一些仔细考虑请求的时间。然后运用"说'不'的能力模型"弄清你说"不"的原因。这样做将增加你对"不"的回答的自信心。

(3)再次做说"不"的测试题看看你提高了多少。继续用那些有用的策略,尝试用新的方法克服那些脆弱的时刻的心理困难。

(4)说"不"之后,离开当时的情境。

(5)找到一个不但能够不断提醒你为什么说"不",而且帮助你继续说"不"的同盟者。

(6)从简单的练习开始。对什么说"不"最容易?从那里开始,本周每天都对这件事情或活动说"不"。也许对第二份食物说"不"最容

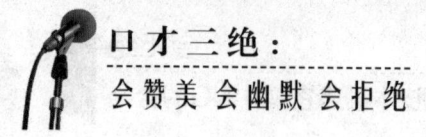

易。你可以从对在杂货店冲动购物的行为说"不"开始,也可以从对仅仅因为便宜而买那些甩卖的T恤说"不"开始。

(7)坚持你的立场。字面意思是双脚分开,与肩同宽,坚定地站立。深吸一口气,心平气和地呼吸。倾听他人,你可以发现"不"是否是最好的回答。当你发现"不"就是你想要的回答的时候,请说"不"。在你知道自己的决定被对方理解之前,请保持原来的站姿,继续深呼吸。

(8)用"不"字设定保护你自己、你的家人、朋友以及其他人的界限。当你专注于保护那些对你重要的人的时候,你就更可能坚持自己的决定。

(9)用"不"字设定保护你的时间、精力以及财产的界限。

(10)保持诚实。如果在拥有资料的基础上得出了尽可能好的决定,"不"就是一个正直的、符合伦理道德的回答。承认这一点有助于你坚持自己的决定。

(11)把"不"放在你的回答的开始位置。

(12)懂得"不"很少与"是"一样受欢迎。

(13)把"不"的一切责任归于自己。不要责备别人,不要指责别人,或者把责任转嫁给别人。你已经说了"不",你可以证明你为什么说"不",你知道说"不"的结果。因此,要承认你自己说了"不",并为之承担责任。

(14)为它承担责任。换句话说,你自己选择说"不",而且有权利说"不",所以你自己要为之承担责任。

(15)停止自责。一旦你说过"不"要为之承担责任。事情可能变坏,或者你可以改变主意。不要对自己太苛刻,而要多做观察。人际关系学讲师和教练雪利益尼·艾乐吉提出了以下观点:"不要认为你自己的决定错了,相反,要注意观察它所起的作用,你下次可以采取什么不

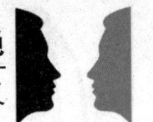

Part13 肢体语言密码中NO的含义   会拒绝

同的办法,可以从中得到什么教训。"

（16）对你的判断有信心。如果你决定说"不",相信你的决定并支持你的决定。

（17）记住伦理学作家大卫·吉尔的观点:"说'不'的能力证明你确实作出了可靠的判断。"

（18）你不需要向任何人解释。你已经作出了决定,重要的是你知道其中的原因。

（19）记住自我防卫专家克里斯·肯特的话:"'不'是一个完整的句子。"

（20）远离不利的交易。你说"不",你这样做是因为你受到了不公的待遇。你应该得到公正的对待,恢复你的权利,并要求得到公正的对待。

（21）改变以警惕为开始的说"不"的习惯。既然你现在更加明白,你就可以更好地坚持你的决定。

（22）坚持你的决定,因为它经常比你说了别人要你说的话更有效。

（23）如果你觉得当面说"不"比较困难或者危险,你可以通过书面方式说"不"。

（24）有时对顾客、卖主以及供应商说"不"也不是一件坏事。因此,你一旦决定就要努力实现。你不但可以对那些你购买他们物品的人说"不",而且可以对那些买你物品的人说"不"。

（25）相信自己,你有权说"不"。

（26）结果。在说"不"或"是"之前要考虑结果,也要为其他可能出现的结果做好准备。记住,如果情况改变,你可以要求得到更多的信息,重新作出决定。

（27）练习使用说"不"的能力模型。只有这样,当你需要时,你

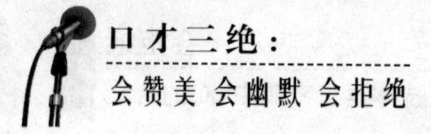

才能快速想起这些问题；目的、选项和资源、时间、情绪练习、权利和责任。知道你在作出决定之前已经收集了尽可能多的信息可以帮助你坚持自己的决定。

（28）要认识到当你在生活中学习如何说"不"的时候，其他人也在学习如何恰当地说"是"或"不"。

（29）独立思考。不要随波逐流，你要知道自己为什么作出这样的决定。如果你随波逐流，你就很容易变得犹豫不决。因为每当他人改变他们的决定，你最终也会改变你自己的决定。

（30）知道你的"不"顾及到你的最大利益。这不仅仅可行，而且可以帮助你保护自己、保护你的时间和精力。

（31）考虑你的"不"是否顾及其他人的最大利益。如果如此，那么通过说"不"，你就给其他人提供了保护。

（32）尊敬。说"不"也是表示尊敬的一种方式。说"不"表示你尊敬自己和他人。

（33）正直诚实。在你知道自己不能够完成任务时说"不"是一种符合伦理道德的回答。

（34）自尊。在你受到不公的对待时，说"不"是一种恢复自尊的方式。

（35）绝不低估"不"的功能。

（36）明确你自己说"不"的意图。换言之，要清楚在说"不"后，你希望产生什么结果。

（37）说"不"能够锻炼强大的内心。

（38）学会用"不"并非表示你比别人更有权力。"不"是关于如何控制你自己的决策的问题。一旦你作出决定，就要坚持你的决定。

（39）说"不"是一种拒绝他人的方式。针对问题更易于坚持你的决定。

Part13 肢体语言密码中NO的含义

（40）请求别人帮助。在你觉得坚持决定有困难的时候寻求熟练的"不"的主人的帮助。

（41）每次需要时，要大声地说"不"。只想到说"不"是不够的，思考只是说"不"过程的一半。其他人读不懂你的心，因此要大声说"不"。

（42）利用"说'不'的能力模型"防止你的"不"变成"是"。

（43）问问你自己为什么有必要对孩子说"不"，但是为什么不可以对成年人说"不"。

（44）不要再做犹豫不决者。不管你是不可靠的犹豫不决者还是犹豫不决者，都不要再犹豫不决了。如果你决定需要成为合理的犹豫不决者，你就要果断地作出决定，并且说到做到。

（45）考虑你为什么经常等到自己生气，感到压力，或者疲惫不堪的时候才说"不"。你为什么这样做？现在，你将如何停止？

（46）如果一个活动或请求不重要或不相关，请说"不"。

（47）如果请求的时间期限不符合实际或者不可协商，请说"不"。

（48）要有说"不"的勇气，并坚持它。

（49）你的"不"也可以给其他人带来说"不"时所需要的勇气。孩子们写过他们在说"不"的人身上所观察到的勇气。一位作家用下面的语言记录过关于教皇约翰·保罗二世在2003年的一篇演讲中谈到的勇气问题。这部分演讲的标题是："对致人死亡的文化、自私自利、恐怖主义和军事冲突说'不'的勇气。"演讲中还有这样一句话："这就是我们需要作出选择的原因，只有这样，人类才有未来。因此，全世界的人们和他们的领导人必须时常有说'不'的勇气。"

（50）记住"不"的功能。

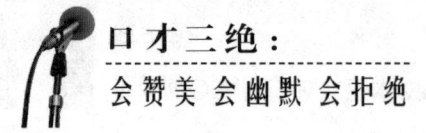

用肢体语言作出拒绝的姿势

从一个人的表情、举止等肢体语言能够看出一个人的内心世界。聪明的人们往往能从对方的一举一动,甚至一颦一笑中体察到对方的心理状态。现在,不妨把这种察言观色的技巧移用到说"不"的艺术中来。

比如,一位男子在观看电视节目的时候,滔滔不绝地发表评论影射女友。这种情况下,女友便可以用适当的肢体语言来表示内心的不满,对这种影射行为说"不"。具体可以这样做:神情专注地欣赏电视节目表示无法分心听他的高论,或故意找些杂志翻阅,以转移视线表示两个人的兴趣不一致。逐渐地,男子就会因为自己的高谈阔论没有听众而就此住口。

又如,恋爱期间,有些感情炽热的男子往往难以控制自己的情感。目光或举止会有意无意地流露出某种企盼。聪明的女人通常是怎样对待这种过分的表示的呢?大声地说"不"予以斥责,显然容易伤害对方的感情;而任其所为又并非己愿。这种情况下,不妨用愤怒的目光注视他,或者板起面孔,做出一副冷漠的神情,他自然就会察觉你内心的不满,继而不敢动手动脚。

当你出门旅游的时候,无论是选择飞机,还是火车、汽车、轮船等交通工具,都有可能会遇上不少有趣的人,也可能跟邻座的旅客交谈一番。在旅途过程中,结交新朋友,聊聊天,是打发时间最好的办法。

当然,你也可以闭目养神、静静地翻翻书、听听音乐,等等,充分地享受独处的乐趣。这些不想理会别人的明显动作,可以清楚地传递"请勿打扰"的信息。你甚至可以塞上耳塞,表示不想跟人交谈。当对方问话,只做简短的回应,而且,也不主动问候对方,这些都表示你无心与人交谈。不过,有些情况,邻座旅客的话可能很多,一直很想跟你交谈。此时,你就要更明确地向对方表达不想再谈,以下是建议用词。

Part13　肢体语言密码中NO的含义

你想看书时：

"我很想聊天，但是，我更想在到达目的地之前，将手上的这一本书阅读完毕。"

"我很想看这几个星期以来的杂志，让精神轻松一下，平常我很忙，没有这么多的时间，所以，很抱歉无法与你多谈。"

你想工作时：

"我希望你不介意，手边的这项工作截止日期快到了，我得赶工。"

"平常我很喜欢聊天，但是，目前还有一项工作，时间非常紧迫，我得加快速度！"

你想听音乐时：

"我不希望自己看起来很不友善，可是我确实有点累，想好好休息一下。"

"对不起，我有点困，想小睡片刻，听音乐能够帮我入眠。我现在无心聊天。"

你想安心看书、看杂志、听音乐不愿被干扰时，就要勇于对外界的干扰说"不"。这看似小事，但是，处理这些小事的方式却很重要。勇敢地说"不"，就会有不同的结果产生，能让你生活得更舒适、更愉快。

当你是消费者，勇于说"不"，买卖时你就能做主，才不会因为不好意思而买下不想要的东西，也才不会随着推销员的脉搏跳动。勇于说"不"，能让主控权回到你的手中。当有人干扰了你，你敢适时说"不"，就能重新获得宁静的生活环境；如果闷不吭声，只有不停的受气抱怨了，说得不好听一点，完全是咎由自取。

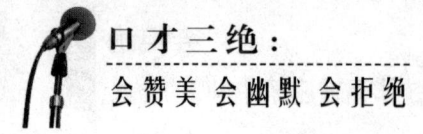

体态不佳的举止就是否定

曾有一部外国的电影,其中讲述的是一对感情已接近冰点的夫妻,演出了下面一场戏:

一个事业心极强而把妻子冷落在家的丈夫,责备妻子变心,并迫使其回心转意。妻子早已没有这个意思,但也许是对自己的出轨行为感到愧疚吧,不敢绝情地离丈夫而去。她一面听着丈夫越说越激动的话,一面拿一只手的拇指和食指用力按了一下双眉下凹陷的部位。这一动作是外国人疲倦时常做的动作。丈夫看到妻子这一举止,突然闭口沉默了。妻子看丈夫不再说话了,便喃喃地说:"对不起,没什么。"之后,丈夫单方面地驳斥又继续下去,不久她的那个动作再次出现。经过几次这种动作的重复后,丈夫便一言不发了。

我们谈论这些镜头有何用意呢?因为影片中妻子的动作和态度中隐含着用身体语言来表达"不"的方式。

妻子自始至终都没有说出一个"不"字,只不过偶尔只言片语地应和着丈夫的激烈言辞。可是最后,丈夫却放弃了说服的念头,默默地退出了。这一定是她偶尔所做的那按眉毛下部的动作导致了这种结果。身体语言的研究者们认为,这种表示体况不佳的动作是对于交谈双方发出否定的信息。比如,转动脖子,用手帕擦拭双眼,按压眼睑,拍肩膀,揉压太阳穴以及上述按眉毛下部的一连串动作都是。

上述动作直接的用意是想消除身体的不悦感、疲劳感、倦怠感,同时,也可以说是在发出这样一个信息:"你的话使我生理上疲劳,心理上倦怠,希望你早一点闭嘴。"又可以认为那是在要求改变话题或者加快说话的速度,至少,它是具有打断对方说话的效果的。

此外,强调一点,当上述动作并非听者有意地作出来时,会使说话者无从应付。在上面的例子中,妻子一边做这个动作,一边说些表示歉意的话语。这里面有这样的意思:"我本想好好听你说话,然而我的身体却违反我的意志,而在表示它的不愉快和无法适应。" 即使是有意地使用这种动作,对方对于这种无言的"不"也无计可施。

中断微笑使对方不安

在绝大多数人看来,微笑意味着无言的肯定。日本曾发行一本女性杂志,取名"微笑"。真是用心良苦。由于微笑是表示温柔、可爱、温顺等女性的象征,故很容易被女性读者所接受。微笑有两种心理上的意义:暗默中的了解——你所说的我很理解;认同意识的表现——你说得对,我赞成。在商场上,有微笑服务的提法,在人际关系中,当想要和对方亲近时,应设法面带微笑进行交流。如果对方也回报以微笑,交流就会融洽热烈。

郑华在一所乡镇中学任教,他总是对其他老师抱怨自己执教的班级课堂氛围过于沉闷,学生们上课不愿意主动回答问题。后来,校长请一位特级教师来上课,郑华在教室后面听课。这位老教师进课堂不到5分钟,就把课堂气氛营造得轰轰烈烈,学生们争先恐后地回答问题。下课后,这位特级教师告诉郑华:"你要面带微笑,微笑就是对学生的肯定和尊重。"

由此可知,微笑是使交流圆满进行的润滑剂。意大利著名画家达·芬奇给我们留下的"蒙娜丽莎"那永恒的微笑,数百年来一直扣人心弦,我们不得不佩服微笑的魅力。

既然微笑通常被视为容易亲近和安心感的象征。那么,在想要对他人说"不"的情境中,我们为何不反其道而用之呢?接下来,我们思考这样一个问题:"倘若微笑这个润滑剂突然停止供应,会给对方的心理

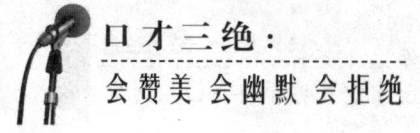

带来什么样的影响呢？"

如果从微笑所具有的意义来说，则是表示"你的话我不是很赞成""我和你不再是共同的伙伴了，因为想法不一致"的信号。换句话说，如果想停止和对方之间的交谈，只要把原来浮现在脸庞上的微笑中断就行了。这样做，对方往往会产生不安感，会不由自主地想："我刚才滔滔不绝的话是不是被拒绝了？"

想拒绝时，不要碰触对方递过来的物品

请问，你可曾在百货公司的现场促销等地方目睹过这样的场面？好奇地围拢过来的顾客们，起初只是远远地站着看。没过多长时间，促销者就说："美女，请拿去看看！那边的先生，也拿一个！"然后把商品交给两三个顾客。于是，四周的顾客就争先恐后地奔向商品，各自拿起一个仔细地端详……

让顾客拿在手里观看的方法，其实是含有巧妙操纵心理的陷阱的。促销者的目的并不是让你确认商品的好坏，而是要让你接触商品，从而引起容易接受商品的心理状态。换句话说，"触摸"是一种"亲密行为"，即便触摸的对象是物品，也能使对方产生容易接受它或周围状况的心理状态。当我们想对对方的言行举止说"不"时，接受的心理状态当然是禁忌。也就是说，如果你想说"不"时，就千万不要碰触对方递过来的物品。

很多推销员往往会拿推销商品或顾客原本无意购置的领带等让顾客试一试，顾客因受劝拿起来试试看，不知不觉已经决定购置了。当然，这也并不限于商品。接下来，我们看这样一个事例。

有一次，肖子涵前往并不十分乐意洽谈的客户那里。由于匆匆忙忙

Part13 肢体语言密码中NO的含义

地换穿上衣,以致把口袋里的打火机、碳素笔等都遗忘在公司的办公桌抽屉里了。当和客户开始洽谈业务时,要核对文件,计算数字,都不得不使用对方递过来的碳素笔。打火机也是这样。因此,他感到到一种无言的压迫,遂产生了一种难以拒绝对方的心理。

肖子涵的事例启示我们,不要碰触对方递过来的物品,可以防止无谓的亲密化。物品也和人一样,一经"触摸"也会产生"亲密感",再想要拒绝就不容易了。

想拒绝时,不妨背着窗户就座

相信很多人都有过这样的经历:在小学或中学时代,班主任让你下课后去他(她)的办公室,听到这句话的时候,心情顿时变得既紧张又慌乱,甚至现在想起这种情景也会心跳加快。虽然知道不一定是班主任教训自己,但是要进那一扇门时心情就顿时凝固了似的。走进办公室,班主任和平日走廊上擦肩而过时的样子,简直是变了个人似的,一脸威严。

只不过是区区一间办公室,没想到能给人如此大的心理压力。学生踏入班主任办公室的感觉,似乎和公司的员工被喊到总经理室所产生的紧张感有相似之处。每逢踏入总经理室,心里很多想说的话一下子就说不出口了,请求批准遭到拒绝也缺乏反抗之心,这些都是只要曾在公司上班过的人都有过的经历吧。

无论是班主任办公室也好,总经理室也罢,之所以会让人产生一种压迫感,当然有来自班主任、总经理这种高职位的压力的缘故,然而,房间的构造本身也会压迫人的。一张大的办公桌,一叠一叠的文件以及其他物品摆设,这些都可以给人一种压力感,其中,最不可忽视的是对

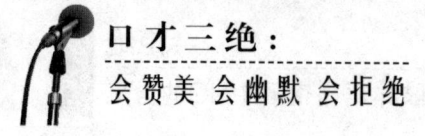

方背窗而坐的位置。这一点非常重要。

因为当人们背窗而坐时,玻璃具有冷冷的质感,似乎代表坐者坚强的意志。反之,面向窗户而立的人,他的视线朝向窗外,繁杂之物映入视线范围,使他无法集中注意力。据说,看不见外面的毛玻璃,由于那种不清晰的亮度,反会令面对窗户的人产生不安感。此外,还有上述背光的效果。员工的脸被窗外的光照到正面,而总经理的脸则背光成影,相对而言,其表情员工并不是很容易就能观察出来的。

有些美国人为了强调这种效果,会倾向于选择"角落的办公室"来做总经理室。所谓"角落的办公室",是指一栋大厦的边角间。即被窗户和窗户包围的房间。这样,可以加倍背光的效果。而且,据说大多数的公司都把总经理室设在高楼上,这也是象征性地表示他完全地掌握了整个公司,有助于提高窗户的背光效果。

背着窗户就座的拒绝方法当然也适用于总经理和员工间的关系以外的情况。比如,要在办公室、大酒店或餐厅和请求之人相见的时候,如果你想拒绝对方的请求,就应尽快占据背窗的位置坐下来。这样,你就可以居于优势而将"不"脱口而出了。

从对方背后更容易拒绝

在饭店、酒吧等地方独自一人就餐的女士,无意间与邻座客人的视线相对后,往往吃饭动作容易变得生硬起来。平时说话滔滔不绝的人,一旦站在大众面前,就容易说话结结巴巴,甚至出现忘词儿、不知所云的现象。

总而言之,一个人只要意识到别人的视线,就会感到不安。在心理学上,以一个人站在舞台上会感受到的不安为代表,称之为"舞台恐惧

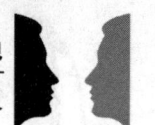

Part13 肢体语言密码中NO的含义

症"。所谓的"舞台恐惧症",就是害怕一个人站在舞台上,尤其是追光灯的情况下尤其的显著,会出现出虚汗、脸发白等一系列虚脱前兆。站在一大群人的面前会出现紧张等现象,也是源自这种舞台恐惧症。

还有,除了有意识地望着别人的眼睛说话或倾听的时候之外,通常而言,一个人也会因视线的交错——即视线对视线的碰撞而引起不安的感觉。一般认为,以自然的状态交谈时,人总是习惯望着对方的眼睛说话。心理学家的研究发现,人们在倾听时有75%的时间在注视说话者,而在谈话时人们会有41%的时间在注视对方。而且,平均每次注视用时2.95秒,而实际视线的交错时间是1.1秒,仅占整个交谈时间的10%~30%而已。研究表明,在这个范围的目光交流是安全适度的。

英国心理学家麦凯尔·阿吉尔曾做过这样一个有趣的报告,那是针对一个人因和听众接触时的条件的差异,于是有不同程度的不安感而进行的调查。最为沉着的,第一是站在听众的背后时;第二是戴上黑色眼镜时;第三是站在稍远的地方时;第四是普通的状态;第五,最感到不安的是戴上口罩时。

这就意味着,一个人当被别人注视时,而且是自己的眼睛被注视时,会产生不安感;当站在别人背后时,因自己的面部表情还有眼睛都未被看见,所以能处于最安定的心理状态;而戴上黑眼镜时次之,因为别人看不见自己的眼睛;戴上口罩居最后,则可能是由于只有眼睛被别人看见的原因。常听说外科医生的眼睛很具有权威性,大概也是因为口罩把眼睛强调出来的缘故。

此外,眼睛对上或者视线相对,还会令人有一种双方都在向对方积极采取主动的感觉。同时,正如所谓的"眼睛是心灵之窗",两眼相对,意味着双方间积极的交流和接受。这件事,对于说"不"时具有重要意义。即说服的一方,当然热心地看着你的眼睛寻求碰上你的视线。他想借此透过眼睛把自己的要求送入你的心中。正如"注视"这句话代

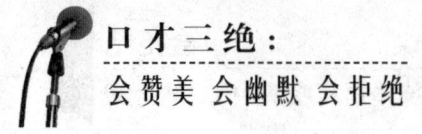

表着热心,你将因注视对方的眼睛,把自己暴露在可能接受对方谈话内容的危险中。所以,如果你想要说"不"时,应该尽量避免与对方的视线相接触。

综上所述,我们可以引申出如何把难以启齿的"不"说出来的智慧。不妨抓住一个机会,比如一面递茶给对方,一面从背后或旁边开口说"那件事实在有点……"如此一来,"不"就很容易脱口而出了。举个例子,如果要拒绝搓麻将的邀约,与其从正面,倒不如从背后拍一下对方的肩膀说:"今天很抱歉……",这样,不但容易拒绝,也不会给对方不悦的感觉。从而,最大限度地利用了人的背部没有长眼睛的事实,来将你的"不"字说给对方听。

置身于对方触手可及的范围之外表示拒绝

在运动场上,每当取得胜利的时候,队友们总爱拍拍手,甚至亲切拥抱,借此相互激励斗志,争取更大的胜利。而一旦出现失误时,队友则会悄悄拍拍你的肩膀,表示对你最真诚的谅解和安慰。

关于人的身体,尤其是女人的身体,有一个既美妙、又危险的秘密,那就是人对于"触身"的抵抗力很弱。身体稍一被触摸,就会不知不觉间立即和对方产生共同的感受。就会下意识的依恋和期待,尽管在理智上大脑里并没有对那个人有什么好感,但那是一种生理上的本能反应。尤其是女性,比男性更经不起"触身"。某演艺界的星探说过这样的话:"女孩子不是用说服的方式劝她走入演艺界的,要'触'使她自动产生想走入演艺界的念头。"因"一触即发"而被迫答应的危险,女性占的比率较大。

业绩优秀的推销员的推销秘诀之一便是边介绍产品的特征,边轻触

Part 13　肢体语言密码中NO的含义　会拒绝

对方身体。举个例子,推销员一边说"这种衣服(可以是车子、玩具等物品)的特征是——美女……这个质地——请看看",一边轻触女顾客的身体。当然,这种通过碰触对方身体赢得对方的共同感觉,进而成功地让对方说"是"的方法,并不仅仅局限于销售领域。这种方法在其他人际关系交流中同样适用。

当然,这种触摸要找准机会,选准场合,力求自然。碰触太用力会招人厌恶,而碰触太轻则对方没有什么感觉,自然也达不到理想的效果。无意识地、恰到好处地轻触对方身体,这是决定你目标是否实现的关键要素之一。

越是卓越的推销员,越是会寻找机会——从原先是面对面的位置转移到对方的旁侧去,这主要是为了增大触摸的机会。因此,为了顺利地对对方的要求说"不",避免让对方碰触就成为重要的条件,即处于可能被触及的距离之外,从有利的位置谈话,才是说"不"的有效手段。这样做的目的是,不让触身效应有一丝发挥作用的机会。

有专家指出,人之所以经不起触摸,是缘于所谓的"印记"——动物(包括人类,人类是一种高级动物)先天与生俱来无法消除的体验。这种体验有学者称之为"印记"。康拉特·劳伦兹,奥地利人,1973年诺贝尔生理医学奖得主,动物行为学的开山祖师,在他的著作《所罗门的指环》一书中谈到孵化出来蹒跚走路的小雁鸟,把当时最靠近的罗连兹视做母鸟,一直追随左右的例子。身为小雁鸟"妈妈"的罗连兹则必须每隔几分钟就得学母雁鸟叫上两声,即使夜里也得这样。所谓"印记",指的是出生前一刻或刚刚出生时所获得的反应。

根据近年流行的学法,人类的印记是在母亲的胎内时获得的。比如,触身之所以变成印记,也是由于受胎期中,母亲经常抚摸自己的腹部,人便在胎儿时期就以身体铭记被抚摸的舒适感。而且,这种被"印"上的感觉,是具有不可逆性的。这种情形就好比是无法消除的文

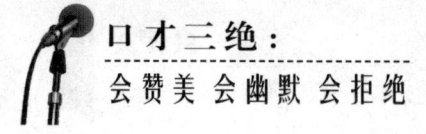

身一般，终其一生都受到缠住不放的强力支配。我们必须记住，把自己置身于对方触手可及的范围之内，便有可能陷入无法对对方要求说"不"的泥潭之中。如果打算拒绝对方，尽量置身于对方触手可及的范围之外。

说"不"时，关系亲近者在远处，不亲近者在近处

有一种说法是："和他交往要保持距离""和他之间还有一段距离"。这除了用比喻的方式表示交往的亲密度之外，也同时表达了两者间的物理距离。这种距离的大小，可以表示主观上想侵犯对方身体领域的程度，从而能判断出他的一些内心想法，知道他想干什么。

比如，男女间的亲密度，也可依两人并行时的距离来推测一个大概。刚相识的一对恋人，是有旁人一眼就看得出的明显距离的，但是随着约会次数的增加，恋爱的感情萌芽之后，两人间几乎成为亲密状态了。一对以身相许成卿卿我我的恋人，即使在很宽阔的沙发里，他们必然也会靠近对方的身边坐下，这当然并不是没有足够的空间，而是反映了他们如胶似漆的心态。像这种情况，如果是你身边的一对情侣，如果你不想让人烦，你就识趣点儿，给别人留一点空间，走开。

又如，在大学的教室里，如果有学生想积极参与讨论，这些学生大多数会坐在教室前面的位置上，反之，有些学生不常来上课，占用上课的时间出去打工，他们一定会坐在教室后面的，对于本科目不感兴趣的人，也会选择坐在教室后面。

座位的物理距离表示着跟对方的心理距离。美国的文化人类学者荷尔博士，将日常生活中人与人的物理距离分为四类——密接距离、个

Part13　肢体语言密码中NO的含义

体距离、社交距离、公共距离。这四种距离的空间范围分别为：0～0.5米、0.5～1.2米、1.2～3.5米、3.5～8.3米。理所当然，亲密度越低，距离就越大。

所谓"密接距离"，指的是爱情关系、亲友关系、孩童缠住双亲或兄姐的关系，其距离总是很贴近，一般以0.15～0.4米居多。这个距离，就是上述关系人彼此间所具有的距离，是别人不可侵犯的领域。人与人之间，依其所处之状况，自然而然有一定的彼此间的距离，比如工友间的距离当然密接，总经理和一般员工间的距离通常都比较疏远。

因此，有一种做法，就是有意地瓦解这种在社会上习惯化了的正常距离关系，以非正常化的方式加以使用，把人与人之间的关系也予以非正常化——即传达"不能接受"的心意。陌生人在1～1.5米之间，而朋友则在0.3米或0.5～1米之间。如果你更靠近些，则是表示敌意或者亲近。如果你拉开距离，你是在"说"你意识到对方在身旁，但是不愿意和他交流，自然，对对方的请求说"是"就更别提了。

一个关系亲密的人要拜托你一件难办的事情时，当然会采用"我们见面详细给你说"的方式。对方是想乘机建立亲密关系来让你入套，你必须反其道而行，用心理上、物理上都较远的电子邮件、短信、电话等方式说"不"。相反地，总经理的命令，多半都会从远方的总经理室间接地传达下来的。这时，你若遇到无论如何也得说"不"的情形时，你不妨越过以往的社会距离，改取密接距离，直接走入总经理室去见他，把你之所以对命令说"不"的原因直接陈述给他。

人们对个人空间的需要随着心情而改变。比如，感到愤怒或压力很大时，个人空间会增大，通常情况下很舒服的距离也变得令人不安。个人空间也因文化的差异而不同。印度人、法国人、西班牙人、俄罗斯人和拉丁美洲人的个人空间通常要小于北美人的个人空间，喜欢与别人靠得更近一些。阿拉伯人实际上根本不需要个人空间。他们面对任何人都

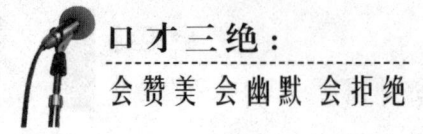

像我们对待亲近的人那样靠得很近。对于他们来说，感受对方温润的呼吸是一种非常重要的交流方式。

一位电梯设备承包商向朋友抱怨道，无论是顾客，还是邻居，和他在一起时总是很烦躁，每次在他说话的时候都要往后退。于是他再向前靠近一点，希望跟对方保持合适的距离，可是对方又会再次后退，感觉就像他在满屋子追赶他们一样。他还补充说，即便每天刷4次牙也毫无作用。他说这话的时候，朋友也向后退了点距离，试图躲开他的"追赶"。朋友告诉他，他自己以为社交和商业上合适的距离对很多人来说，都已经是亲密距离了。经过有意识的训练，他最终学会了让自己站在距对方1.2米之外、让对方来决定站在哪儿。

也就是说，要有效地利用个人空间，不仅需要考虑你和别人的距离，你们的相对位置也是很重要的。当对方是小孩或者是坐下的时候，为了实现平等的、开诚布公的交流，你需要让自己和对方处于同一高度，而不要居高临下地俯视对方。

当他人有求于你，请你一起就餐的时候，如果你想说"是"，那么，同坐一桌的时候，你就可以和对方紧挨着坐，而不是坐对面，这样让人感觉更加亲近。当然，和对方面朝同一个方向，转过头来说话就更不好了。因此，这种空间位置更适应于说"不"的情况。

总之，你的姿态将"告诉"对方你愿不愿意和他交往，以及你对他说的话感不感兴趣，或者是持肯定还是否定的态度。

Part14　大声拒绝，
让你不失人缘的N种拒绝方法

彬彬有礼地说"不"，而不是公然对抗

在日常的工作和生活中，很可能会遇到这样的情形：一个素行不良的熟人隔三差五地纠缠你，非要向你借钱不可，但你知道，如果借给他便像"肉包子打狗——去不回头"；你的顶头上司在增减人员上向你提出一些建议，但是这些建议又不符合公司现实情况。诸如此类的事你必定非常想说"不"，可是转头又会寻思说"不"之后，就会伤和气，引人恶感，被人误会，甚至种下仇恨的种子。

要避免上述情形发生，在说"不"时就不应采取一种公然对抗的态度。正确的做法是彬彬有礼地说"不"。这样做既能传达出说"不"的信号，又不会伤害对方的自尊，让其难堪，同时也不会损害彼此的正常关系。

一位青年作家想同某大学的一位教授交朋友，以期今后在文艺创作和理论研究方面携手共进。作家热情地说："今晚6点，我想请你在海天楼餐厅共进晚餐，我们好好聚一聚，你愿意吗？"事情真凑巧，这位教授正在忙于准备下星期学术报告会的讲稿，实在抽不出时间。于是，他热情地笑了笑，又带着歉意说："对你的邀请，我感到非常荣幸，可是我正忙于准备讲稿，实在无法脱身，十分抱歉！"他的拒绝是有礼貌而

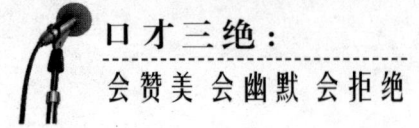

且愉快的，但又是那么干脆。

如果你想对别人的意见表示不同意，请注意把你对"意见"的态度和对人的态度区分开来，对意见要坚决拒绝，对人则要热情友好。

在德国某电子公司的一次会议上，公司经理拿出一个他设计的商标征求大家意见。

经理说："这个商标的主题是旭日。这个旭日很像日本的国旗，日本人民见了一定乐于购买我们的产品。"

营业部主任和广告部主任都极力恭维经理的构想，但年轻的销售部主任却温文尔雅地说："我不太赞同这个商标。"经理听了感到很吃惊，全屋的人都瞪大眼睛盯着他。

年轻的销售部主任没有同经理争论那个带红圈圈的设计是否雅观，而是说："我恐怕它太好了。"

经理感到纳闷，脸上却带着笑说："你的话叫我难以理解，解释来听听。"

"这个设计与日本国旗很相似，日本人喜欢，然而，我们另一个重要市场——中国的人民，也会想到这是日本国旗，他们就不会引起好感，就不会买我们的产品，这就与本公司要扩展对华贸易营业计划相抵触吗？这显然是顾此失彼了。"

"天哪！你的话高明极了！"经理叫了起来。

这个事例中的年轻主任用彬彬有礼的态度说了一句"我恐怕它太好了"，先抚平了经理的不悦，使其不失体面。后来他用更充分的理由，委婉地表达了一个信息：不赞成这么做，并指出反对经理意见的充分理由，如此一来，经理不仅没有感到下不了台，听后还心悦诚服，并对年轻主任产生了好感和由衷的赞赏。

由此可见，在沟通过程中，当你不同意对方观点的时候，最好不要直接用"不"这个具有强烈的对抗色彩的字眼，更不能威胁和辱骂对

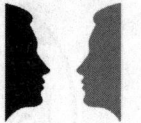

Part14　大声拒绝，让你不失人缘的N种拒绝方法

方，应尽量把否定性的陈述以肯定的形式表示出来。尤其是向有权威的人士表示反对或拒绝的时候，更应如此。马基雅维利有这样一句名言："以我所见，一个老谋深算的人应该对任何人都不说威胁之词或辱骂之言，因为两者都不能削弱敌手的力量。威胁不会使他们更加谨慎，辱骂则会使他们更加恨你，并使他们更加耿耿于怀地设法伤害你。"

总而言之，"不"字是一个情绪强烈的负面词，无论是对上司，还是对朋友使用它时，一定要面带微笑，语气亲切，彬彬有礼，即使是对素不相识的推销人员，也应如此。倘若盛气凌人、态度傲慢不恭地拒绝对方，相信没有几个人能够坦然接受得了。

运用"破唱片"技巧，重复说"不"

亲人、朋友、甚至陌生人有时都会让你做一件你不愿做的事，一遍又一遍地跟你提起，给你一大堆有吸引力的理由，对你的拒绝却横加抱怨。他们以为只要不断努力，时间一长，总会把你说服的。如果你屈从了他们，你可能会对他们感到愤怒，对自己也感到厌恶。

幸好有一条简单易学又有效的说"不"技巧，由热夫·旺德拉创制，这一技巧能够让你从容地应对哪怕最难缠的要求。这种技巧叫做"破唱片"。因为它需要你像破唱片一样，一遍又一遍地重复同样的话。

在使用该技巧时，可以先使用应对批评的那三招。第一，如果不明白对方的话，询问具体内容。第二，一旦清楚了之后，同意对方说的事实或者同意对方有发表意见的权利。第三，通过自我透露，表明不愿意按对方说的去做，可以加上你的理由。在这之后，如果对方仍然坚持，则使用破唱片的技巧，他说什么都表示同意，但始终用同样的话拒绝他

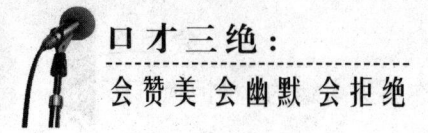

的要求。没有人能够和破唱片争论,所以对方最后将不得不放弃。

下面的对话是教授谈话技巧的老师开设的培训班上的练习,它很好地展示了如何使用这个技巧。

对话一:斯坦要求吉纳维芙帮助募集慈善募金

斯坦:呃……吉纳维芙,你好!

吉纳维芙:你好,斯坦。有什么事吗?

斯坦:噢,是这样,我来是给你一个为大家做善事的机会。

吉纳维芙:哦,我需要做些什么呢?(询问具体内容)

斯坦:你知道,我每年都替"联合之路"募集资金。

吉纳维芙:很高兴你这样做,斯坦。等一会儿,我去拿钱包。

斯坦:吉纳维芙,今年我需要你更多的帮助。我要开车出去旅行。

吉纳维芙:哦,那太不巧了。斯坦。

斯坦:如果你能替我向邻居募集的话,你就帮我大忙了。同时自己也做做善事。

吉纳维芙:没错,确实是善事,而且又能帮你的忙,但是我不想去收钱。(同意对方说的事实以及自我透露)

斯坦:我相信你没问题的,周围的人都很喜欢你。

吉纳维芙:多谢你这样说,但是我不想去收钱。(破唱片)

斯坦:当然,你知道,只要花1个小时的时间。

吉纳维芙:我知道只要1个小时,但是我不想去向邻居收钱。(同意对方说的事实以及破唱片)

斯坦:这也是一个很好的机会,可以和艾迭、夏洛特、艾丽丝以及其他朋友接触一下。此外,你说过想找机会认识一下街区里的人,现在就是机会了。

吉纳维芙:确实是不错的机会,能会会老朋友,结识一些街区里的人,但我还是不想向邻居收钱。(同意对方说的事实以及破唱片)

Part14　大声拒绝，让你不失人缘的N种拒绝方法

斯坦：你知道，"联合之路"为受灾的人们提供很大的帮助。像德克萨斯州暴发的洪水，甚至那次洛杉矶水坝的决口。

吉纳维芙：说得没错，但是我不想向邻居收钱。（同意对方说的事实以及破唱片）

斯坦：你为什么不愿意做呢？我就想不明白。

吉纳维芙：我知道你可能想不通，但是我确实不想去。（同意对方有发表意见的权利以及破唱片）

斯坦：吉纳维芙。你好像对其他人一点都不关心。

吉纳维芙：我知道你可能会这样想，但是我还是不想去。（同意对方有发表意见的权利以及破唱片）

斯坦：我觉得你是不想帮我这个忙了。

吉纳维芙：你说得没错，我确实帮不上忙。（同意对方说的事实）。

对话二：莎伦要求玛吉帮忙照顾孩子

玛吉（拿起电话）：喂？

莎伦：你好，玛吉，我是莎伦。今晚愿意帮我照顾小孩吗？

玛吉：谢谢莎伦，但不想做。今晚我只想自己在家休息一下。（自我透露）

莎伦：噢，知道了⋯但是我问孩子们想要谁照顾，他们都大声喊道："我们要玛吉！"

玛吉：我很高兴他们喜欢我，我也很爱他们，但是我今晚只想自己在家休息一下。（自我透露以及破唱片）

莎伦：玛吉，如果你答应的话就是帮我大忙了。不然我还得到处打电话找别人。

玛吉：我知道这样有些麻烦，但是我就想休息一下。（同意对方说的事实以及破唱片）莎伦：我知道，我知道。玛吉，我觉得你现在变得比较孤僻了。

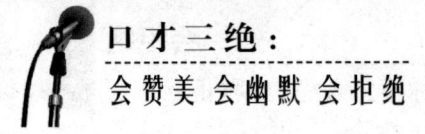

玛吉：也许吧，但是今晚我只想自己在家休息一下。（同意对方有发表意见的权利以及破唱片）

莎伦：我有个提议，我把孩子们带过去，让他们提早睡下。那样你就差不多是一个人待着了。

玛吉：没错，是差不多一个人呆着。但是今晚我只想自己在家休息。（同意对方说的事实以及破唱片）

莎伦：听着，这不是身为邻居应该做的事情吗？我的意思是，邻里之间应该互相帮助。

玛吉：你说的没错，但是今晚我只想自己在家休息一下。（同意对方说的事实以及破唱片）

对话三：伯尔尼要求埃里卡放弃她的节食计划

埃里卡：伯尔尼，我们今晚去哪儿吃饭？

伯尔尼：商业街新开了一家圣西哥餐馆，去那里怎么样？

埃里卡：除此之外什么都行，伯尔尼。墨西哥食物油腻太重，我要坚持我的节食计划。（自我透露）

伯尔尼：嗯，但是墨西哥菜好吃啊。

埃里卡：确实是好吃，但是我要坚持节食。还有别的建议吗？（同意对方说的事实以及破唱片）

伯尔尼：哎呀，一天不节食又不食要你的命。

埃里卡：确实不会，但是我还是要坚持节食。（同意对方说的事实以及破唱片）

伯尔尼：实际上，埃里卡，我觉得你应该稍微放轻松一些。那样对你的心理有好处。

埃里卡：也许吧。但是我真的想减肥，所以我要坚持节食。（同意对方有发表意见的权利、自我透露以及破唱片）

伯托尼：埃里卡，没人能够把节食坚持到底的。你早晚会放弃的。

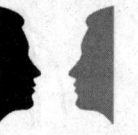

Part14　大声拒绝，让你不失人缘的N种拒绝方法

所以为什么不现在放弃呢?

埃里卡：大多数人确实都放弃了，但是我不会。我要坚持下去。（同意对方说的事实以及破唱片）

伯尔尼：好的，好的，告诉你吧，我有一张这家餐馆的优惠券——两个人收一个人的钱，今天晚上就过期！如果我们现在不用的话，就丢掉好了。

埃里卡：我知道这样会让你另外多花钱，伯尔尼，并且你将错过这么好的机会，但是我还是要坚持节食。（同意对方说的事实以及破唱片）

反复说"真伤脑筋""该如何是好呢"

当他人托你帮忙办什么事情的时候，可以反复地说"真伤脑筋""该如何是好呢"。一方面它们含有"我很想对你委托之事说'是'"的意思。另一方面，求人办事者也绝对捕捉不到之所以令你伤脑筋或不知如何是好的缘由来。尽管交谈已经持续了好一阵子，结论却始终是"伤脑筋"，则最后对方还是认输，不得不先自行告退："那么，我改时间再来麻烦您了。"当然，对方也不会觉得不愉快。最后，对方反而会同情我方的这种立场。

据说，好莱坞的女演员安·巴克丝达便是用"伤脑筋"巧妙说"不"的高手。

安·巴克丝达是老练的女演员，而她的高明的拒绝方法，也同样老练，由于她是难得的配角人才，所以，每个礼拜都有至少两部剧的剧本送到她那里。"请看一看，如果中意，请您参加演出。"不一会儿，制片人就会打电话来，请她参加演出。

于是，她就在电话中不断地发出"伤脑筋"的语句。据说大致是这

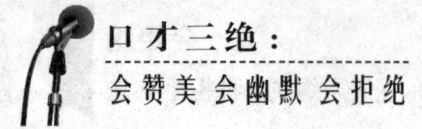

样的：

"那个剧本很好看，可是，我觉得伤脑筋的是……"

"而且那个角色也很富挑战性，真是伤脑筋……"

"跟我演对手戏的是谁啊？啊！是他！我真想和他共同演出一次呢，这就更叫我伤脑筋了。"

"导演非常中意于我？真的？唉，伤脑筋，伤脑筋。"

安·巴克丝达说"不"技巧一点也不次于在银幕上的演技。

本来，"伤脑筋""该如何是好呢"等的语句里，就有一种在自我的周围架设心理墙壁的作用。因此，对方被这一道无形的墙阻隔住了，不易进来，每次交谈就连续不断地说出这些句子，则这道墙壁越发坚固，对方终于要依附在我方的自我，主动放弃说服。

而且，由于不说出"伤脑筋""该如何是好呢"的缘由，所以，对方也不知道为了引出我方的"是"而必须破除哪些障碍？因此，能进一步给对方错觉，我方之所以不肯点头称"是"，原因是对方并没有想方设法将障碍破除掉。最后，弄得对方反而要向你说"抱歉"。

就算是对方要追根究底地盘问你"伤脑筋的缘由"，你也大可继续说"你这么一再要问我伤脑筋的缘由，我也回答不出来呀，真是伤脑筋"，只管一遍一遍提及"伤脑筋""该如何是好呢"就是了。

利用俗语直截了当地拒绝

有一位姓孙的女士因公出差，在火车上与一位看起来很有涵养的男子坐在一起。这位男子主动和她搭讪，孙女士觉得一个人坐着也挺乏味的，于是就和他攀谈起来。

开始时这位男子还算规矩，和孙女士只是谈谈乘车难的感受以及

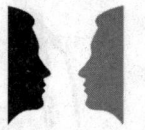

Part14　大声拒绝，让你不失人缘的N种拒绝方法

交流交流对当今社会上一些不合理现象的看法。可不知怎的，谈着谈着，这位男子竟然话题一转，问了孙女士一句："你结婚了吗？"孙女士一听顿生厌恶，于是她态度平和地对那位男子说："先生，我听人说过这样一句话，前半句是'对男人不能问收入'，所以我才没有问你的收入；后半句是'对女人不能问婚否'，所以你这个问题我是不能回答了！请原谅。"

那位男子听孙女士这么一说，也觉得有点突兀，尴尬地笑了笑，不再说话了。

孙女士利用俗语直截了当地传达了"不"的意思。我们不能不佩服孙女士说"不"的能力。寥寥数语，既表达了对对方失礼的不满，又没有让对方下不了台，可谓一举两得。

日本有一位教育界的前辈，每当学生来向他借书时，不问借书的理由为何，一律采取拒绝的态度。经了解得知，那些被拒绝的学生们平时表现都不错，但是这位教育界的前辈一度借书给他们，却没想到这些学生们从来没有归还过。他为了消除研究工作上的不便，所以不得不这么做，以便求得"自我保护"。他拒绝学生的说词，颠来倒去总是这么几句："本来很想借给你，可是你不知有句俗语说：'借书给人者，傻瓜。还书者，傻瓜么？'所以，我只能说很抱歉。我真的不能借给你。"几乎所有的学生听完这番话后，都会怏怏而归，俗语的威力由此可见一斑。

俗语可以说是人类的智慧累积，是经过长久的历史千锤百炼出来的，故含有对方和自己所共有的已经了解的一些真理。已经具有无法轻易否定的分量，而且表达方式简洁，不必思考就能凭直观了解，不须提示"因为如何所以才如何"式的推测或想法，就直接说出结论，也是俗语的强处。

由以上说明看来，与其花费千言万语来做"不"的借口，倒不如使

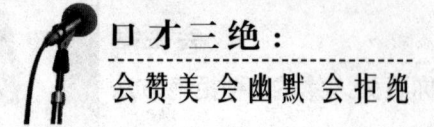

用一句恰当的俗语更能漂亮地表达我方的心意。而且，是彼此已经了解的"共有财富"才这么说，所以不致给被拒者感觉不愉快，很是便利。在日常生活中，我们不妨也准备一些俗语来拒绝对方。比如，当朋友向你借钱时："亲兄弟还明算账呢。"

不要生硬地拒绝对方的求助，应该让对方意识到你是为了他的"利益"而拒绝的。你可以这样说："我呢，从内心里非常同情您，也非常想帮助您，但对这件事我并不在行，一旦干坏了，既耽误你的时间，又浪费你的财物，影响也不好。我还费力不讨好。您不如找一个更稳妥的人办吧。要拜托我处理这件事，我真的很担心最终落得个'赔了夫人又折兵'的惨淡结局啊。"

在表示拒绝之意的话语中，添加一些俗语，你将收到满意地说"不"效果。

运用含糊回避法传达"不"

清初，有位诗赋名家叫周宛云，当时慕名请教他的人络绎不绝，都以能见他一面、聆听他的教诲而深以为幸。

刚开始时，周宛云见别人千里迢迢向他求教，格外尽心，是非曲直，好坏褒贬，一点也不隐瞒，以为只有这样，这些求教于自己的人才会有所收获。谁知这些人拿着诗稿都是兴冲冲而来，经他批评一番之后，一个个垂头丧气而去。时间一长，外面议论周宛云老先生的话便多了起来：有人说他狂傲，有人说他自以为是，有人说他浪得虚名，有人说他黑白不分等，不一而足。

周宛云老先生十分后悔，对朋友诉苦说："我既不想招来别人的怨恨，更不想把他们狗屁不通的诗说成是天下绝作，这样该如何是好

Part14　大声拒绝，让你不失人缘的N种拒绝方法

呢？"朋友淡然一笑，抚慰他说："你呀！既不说他诗好，又不说不好，只说一句'真不容易'不就结了？"

周宛云老先生豁然开朗，对朋友这一妙招点头称是。

这一天，又有老头骑着毛驴带着上百卷诗稿前来向他求教，他改变以前的做法，和颜悦色地问老头："您做诗到如今有多少年头了？"老头颇为自豪地说："快40年啦！"周宛云老先生用手拍拍诗稿："在40年里，竟能做出一百多卷诗来，真不容易呀！"老头连连说："哪里哪里！"心满意足而去。

从此以后，向周宛云请教的人都高兴而来，满意而归。他们回去都向别人说："宛云老先生说我的诗不容易，真是有眼光！"

在现实生活中，谁都不喜欢被否定，被拒绝，但有时候我们又必须去拒绝他人，这时，我们可以用含糊回避法。上述故事中的周宛云"真不容易"便无形中运用了此法。"真不容易"有很多种意思。可以理解为写得好不容易，也可以理解为你的水平能写出这种诗也就很不容易了，还可以说能把诗写得如此糟糕很不容易。

那么，"含糊回避法"究竟是什么意思呢？就是当对方提出某些问题、要求时，不明确表态，即以不具体、不清晰、语言含糊不清的答复来间接表达拒绝的意思。这样的表达可以让对方听了不得要领，不能再提出新的要求。比如，甲画了一幅画，自觉不错，问乙觉得如何。乙一看，心里直嘀咕，一点也不漂亮，可是乙回答"还可以"。他虽然回答得很模糊，但如甲明智一点，就会明白乙的意旨所在。

有时，在拒绝别人时，语言表达虽然明白清楚，但是答非所问，避重就轻，让对方不得要领，效果也是一样的。

比如，有一位女士对美国前总统林肯说过："总统先生，你必须给我一张授衔令，委任我儿子为上校。"林肯看了他一眼，女士继续说："我提出这一要求并不是在想求你开恩，而是我有这样做的权利。因为

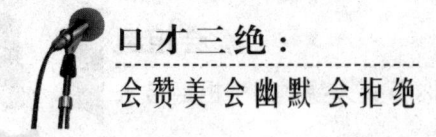

口才三绝：
会赞美 会幽默 会拒绝

我祖父在列克星敦打过仗，我叔父是布斯堡战中唯一没有逃跑的士兵，我父亲在新奥尔良作过战，我丈夫战死在蒙特雷。"林肯认真地听着女士说的话："夫人，我想你一家为报效国家，做得已经够多了，现在是把这样的机会让给别人的时候了。"这位女士本意是恳求林肯看在家人功劳的份上，为其儿子授衔。林肯当然明白对方的意思，但他却以装糊涂的方法拒绝了。

又如，第二十四届奥运会在韩国汉城（即韩国首都首尔，当时称为汉城）举行，当中国代表团到达汉城时，记者纷纷围上来，问中国代表团团长李梦华："中国能拿几块金牌？""中国能超过韩国吗？"李梦华答道："10月2日以后（奥运会结束之日），你们肯定能知道。"记者又接着问道："中国新华社曾预测能拿8至11枚金牌，你认为这是客观的吗？"李梦华回答道："中国有充分的言论自由，记者可以按他们的想法写。"

大凡国际赛事，自己队能拿多少奖牌，自己心里一般是有底的，有的甚至还落实承包到具体运动员。但是赛场上变幻莫测，决定能否夺魁的因素变数很大，无论对于谁来说，都没有十拿九稳的把握。能拿多少奖牌，关系到国家的荣誉，不能出尔反尔，视若儿戏，更不能授人以柄。因此，对记者提出的这样的问题，一般都要拒绝回答。但这又有别于正式严肃的外交场合，所以拒绝时不妨来点语言游戏，或避而不答，或避实就虚，轻松诙谐，又能达到自己想要的目的，何乐而不为呢？

在拒绝时，尽可能把"不"说得含糊一些，这样做既能让对方明白你的立场，也能充分保留对方的面子，避免对方心理上的挫败感。事实上，这种模糊拒绝法还有一种形式，即抽象式拒绝，把话题不断抽象化，就可以逃开对方的要求。在很多时候，如果用具体的话来拒绝会遭到对方的反感，你大可将话题不断抽象化，谈论的问题看上去比正题还要重要。事实上，这时已把对方诱入距离正题非常遥远的烟云中去了。

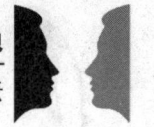

Part14　大声拒绝，让你不失人缘的N种拒绝方法

比如，你的一位同事在帮他的表弟推销家具，如果你的同事向你推销时，你又不想要。这时不妨对他说："谢谢你的好意推荐，这样的家具确实比较便宜，只是我也弄不清楚究竟怎样的家具更适合现代家庭，据说有些人对家具的要求是比较复杂的。我的信息也太缺乏了。"听了这番话后，这位同事多半会带着莫名其妙或似懂非懂的表情离开，因为他已经从中嗅出了"不买"的气息，而想要继续说服你什么"更适合现代的家庭"，却是个非常笼统又模糊的概念，这样，即使同事想发动新一轮的"言词进攻"，也会由于找不到明确的目标而不得不放弃。这样，也就达到了拒绝他人的目的了。

又如，当你要拒绝他人的求婚时，由于对方的态度极其认真，因此你一本正经地说理，问题就始终得不到解决。而且，要正面说出"不想和你结婚"，通常会伤害到别人，让对方在心理上承受挫败感和失落感。倘若把"甲和乙的婚事"这种具体的要求，故意提高到抽象的"一般的结婚"问题上去，就另当别论了。

"被你求婚，我好开心。不过我认为不可太沉溺于感情。"

"不，我很冷静。"

"我不是这个意思。我想和你好好谈一谈你我对结婚有什么样的看法？"

"好的呀！"

"结婚到底是怎么一回事呢？"

你一旦把对方诱入到抽象的水准中，以后就可将此水准不断提高。"对男女的结合来说，一夫一妻制是不是理想的形态""究竟男人和女人是什么呢？"……就这样，把话题越说越抽象，越扯越远，在不知不觉中，对方就被你给巧妙地拒绝了。

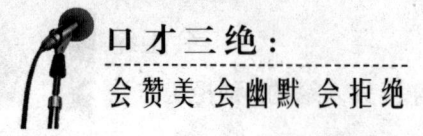

口才三绝：
会赞美 会幽默 会拒绝

恰当自嘲，化解掉被他人拒绝的尴尬

人生在世，不论地位高低，身份贵贱，总会碰到一些求人的事。因此，作为求人的一方就难免会遭遇拒绝。当某人向你提出了一个要求或恳请的时候，你又不好意思明言拒绝他。这种情况下，恰当自嘲，能够缓和气氛，不至于让对方感到过于尴尬而影响你们日后的正常交往。自嘲，即自我嘲弄，表面上是嘲弄自己，但实际上却另有他意。

当年，广州的一些进步青年创办的"南中国"文学社，希望鲁迅先生给他们的创刊号撰稿。鲁迅先生并不想写，于是就说："文章还是你们自己先写好，我以后再写，免得人说鲁迅来到广州就找青年来为自己捧场了。"青年们说："我们都是穷学生，如果刊物第一期销路不好，就不一定有力量出第二期了。"鲁迅先生风趣而又严肃地说："要刊物销路好也很容易，你们可以写文章骂我，骂我的刊物也会销路好的。"

1934年，《人世间》杂志开辟了"作家访问记"的专栏，并配合刊出接受采访的作家的肖像。该杂志的编辑写信给鲁迅先生，要求应允前去采访，并以书房为背景拍一张照片，再拍一张鲁迅先生与许广平、周海婴的合照。

鲁迅写了一封十分幽默的信予以拒绝："作家之名颇美，昔不自重，曾以为不妨滥竽其例。近来悄悄醒悟，已羞言之。头脑里并无思想，寓中亦无书斋，'夫人及公子'更与文坛无涉，雅命三种，皆不敢承。倘先生他日另作"伪作家小传"时，当罗列图书，摆起架子，扫地欢迎也。"

可能鲁迅先生在很多人的心目中是冷峻而严肃的。听到鲁迅先生这个名字，总会想起很多词语：深邃、沉重、倔强、勇敢、有毅力……诚然，这些都是鲁迅先生的性格特征，但绝不是他的全部，鲁迅先生还是一个全身被幽默感充斥着的人。他的幽默不是哗众取宠、一笑了之，

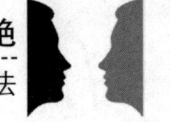

Part14　大声拒绝，让你不失人缘的N种拒绝方法

而是一种从骨髓里溢露出来的世事洞明、人情练达和犀利深刻。他通过恰到好处地自嘲，在拒绝对方请求的同时，让被拒绝者的尴尬变成了笑声，在笑声中展现出了他非凡的智慧和人格魅力。

1.盛情难却时，帮你巧妙回答

亲戚、朋友或者同事有事求你帮忙，囿于种种原因你不能帮忙。这时，你如果能够运用自嘲的语言，既能表达自己的拒绝意图，又不至于伤害了你们之间的感情，避免尴尬局面的出现。

有一次，和美国前总统林肯关系非常要好的一位报界友人邀请林肯到一个编辑大会上发言，林肯并没有做过编辑，对编辑工作一无所知，所以出席这样的会议肯定是不合适的。但是直接拒绝友人又不太好，于是林肯给他的这位朋友讲了一个这样的小故事："有一次，我在森林里遇到一个骑马的妇女，我停下来让路，可是她也停下来，目不转睛地盯着我看。她说：'我现在才相信你是我见过的最丑的人。'我说：'您大概讲对了，可是我又有什么办法呢？'她说：'是的，你生了这副丑相是无法改变的，但你还是可以待在家里不出来嘛！'"友人不禁为林肯的幽默的"自嘲"而哑然失笑，同时也明白了林肯的意思，于是就不再勉为其难。

2.谈判陷入僵局时，帮你以退为进

有一个时期，前苏联与挪威曾经就购买挪威鲱鱼进行了长时间的谈判。深知贸易谈判诀窍的挪威人，卖价高得出奇。前苏联的谈判代表与挪威人进行了艰苦的讨价还价，挪威人就是坚持不让步。谈判进行了一轮又一轮，代表换了一个又一个，仍然没有结果。后来，前苏联大使柯伦泰使用了幽默的拒绝法赢得了谈判的成功。

她对挪威人说："好吧！我同意你们提出的价格，如果我国政府不同意这个价格，我愿意用自己的工资来支付差额。但是，这自然要分期付款，可能要我支付一辈子。"

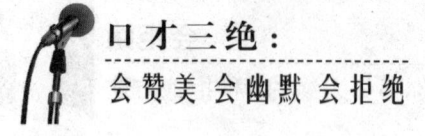

口才三绝：
会赞美 会幽默 会拒绝

挪威的绅士们从来没有遇到过如此高明的谈判对手，堂堂绅士能把一位女士逼到这种地步吗？因此，在忍不住一笑之后，就一致同意将鲱鱼的价格降到最低标准。而柯伦泰用幽默的手段完成了她的前任们历尽艰难也没有完成的谈判。

由此可见，谈判陷入僵局，双方难以达成一致意见时，如果恰当地运用自嘲，就能以退为进，收到意想不到的效果。

又如，某蔬菜公司一位副科长到外地调运蔬菜，卖方想趁机捞一把，因而报价很高，双方的谈判眼看就要搁浅，这让副科长心急如焚。然而，为了稳住对方，他摆出一副无可奈何的样子自嘲道："其实，你们把我给看高了，我只不过是个小科长，还是个副的，手里能有多大的权力？再说，天气这么热，我花大价钱办一笔赔本的买卖，这个责任我担当得起吗？"他这一番"自嘲"既表明了自己在价格上的态度，又让对方感到在价格上使他让步是强人所难。于是，卖方不再坚持自己的要价，双方顺利地完成了交易。

3.面对挑衅时，帮你有力攻击

面对别人的挑衅，当你出于一些因素的考虑，不便于公开直接回击时，幽默风趣的"自嘲"会是你一件反击的利器。它会让你以退为进，在无声无息中表明你的立场和态度，有力给对方以回击。

20世纪50年代初，美国前总统杜鲁门接见傲慢的麦克阿瑟将军。在会面中，麦克阿瑟拿出烟斗，装上烟丝，然后把烟斗叼在嘴里，取出火柴。当他准备划火柴点烟时，才停下来，对杜鲁门说："我抽烟，你不会介意吧？"显然，在他已经做好抽烟准备的情况下，这不是在真心征求意见，如果杜鲁门说介意，那就会失风度。面对这种挑衅，杜鲁门看了一眼麦克阿瑟，说："抽吧，将军。别人喷到我脸上的烟雾，要比任何一个美国人脸上的烟雾都多。"这时，傲慢的麦克阿瑟慢慢地把火柴放回了火柴盒，取下嘴里的烟斗放在了桌子上。

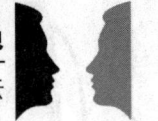

会拒绝

Part14　大声拒绝，让你不失人缘的N种拒绝方法

杜鲁门这句"抽吧，将军。别人喷到我脸上的烟雾，要比任何一个美国人脸上的烟雾都多"，言下之意"我是美国总统，没有任何人敢随便在我面前抽烟，也只有你傲慢的麦克阿瑟能提出这样无理的要求吧！"在总统自嘲式的说"不"之后，傲慢的麦克阿瑟将军也不得不作出让步。

故意转移话题，从侧面说出"不"

在人际交往过程中，总会在一些事情上产生分歧，或遇到一些令人尴尬的问话，比如涉及国家、组织的秘密，涉及个人收入、个人生活、人际关系等问题。在这种情况下，继续谈论已经发生争议的话题，会发生更多的不愉快，两个人即使是缄默不语，也不能解除尴尬的局面；如果用"不能告诉你"来回答，那会使你显得粗俗无礼；如果套用外交用语"无可奉告"来作答，那又会给提问者造成心理上的失望与不快。最简单最直接的办法就是掌握"顾左右而言他"的语言艺术，采用故意转移话题法，这样能够让两个人顿时轻松不少。

所谓"故意转移话题"，就是在对方还没有完全表达出想说的话时，就将其话断开，转向其他的话题。事实上，这对于拒绝对方而言也不失为一种好的方法。

两个青年去拜访老师，在谈话中提到："老师，听说您的夫人是教英语的，我们想请她指教，行吗？"

老师为难地沉默了片刻，说："那是我以前的爱人，前不久分手了。"

"哦？对不起，老师……"

"没什么，喝点水吧。"

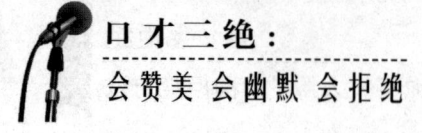

"老师,您的书什么时候出版?快了吧……"

这样转换话题,特别是提出对方很愿意谈的话题,就会使谈话很快恢复正常,气氛活跃起来。

在说话过程中,当对方有意无意地触到我们心中的隐痛、忌讳或者自己不愿回答的问题时,如果一时没有好办法应答,那么,就干脆使在场者的注意力从自己身上挪开。问话者见我方对其问题不予理睬,在尴尬的同时会很快意识到自己的鲁莽和无礼,从而不再追问。

某单位一张姓女子结婚,在单位散发喜糖,刚巧该单位有一位尚未谈对象的35岁的大龄女青年。大家吃着糖,突然一位中年科员笑着对那位女青年说:"喂,什么时候吃你的喜糖啊?"大家都望着那位女青年。那位女青年脸微微一红,把脸转向邻近的一位女同事,然后指着那位女同事身上的一件款式新颖的上衣问:"咦?这件上衣什么时候买的?在哪个商店买的?"两个人便兴致勃勃地谈起了那件衣服。

在大庭广众之下问大龄女子什么时候结婚的确是一件很不礼貌的事情。女青年碰到这个尖锐的问题时处境非常尴尬,回答不好可能会引起大家的闲话,再说这事也没必要让大家来参与。于是她立刻把话题转移到同事的衣服上,借以回避对方的无聊问题。问者受到毫不掩饰的冷落,自然也认识到自己的失礼,没有理由责怪女青年对自己的置之不理。

这种转移话题的方法固然可以达到摆脱窘境的目的,但是它又未免太过生硬,效果并不是非常好,有的人使用更为婉转的方式来"言其他",会显得更漂亮、干脆。这种方法就是岔换法。岔换法是针对对方的话题而岔换新的话题,字面上看是回答了对方的问题,而实质意义却是不相干的两个问题。它给人的感觉通常是干脆利落,能显示出一种较为强硬的表达气息。话题调头言其他,经常会被用于解窘,但是我们应该尽量圆滑地去利用这一方法,使它更加不着痕迹地化解尴尬。

Part14　大声拒绝，让你不失人缘的N种拒绝方法

归纳起来，大致有以下几种方法供我们"顾左右而言他"。

1.节外生枝法

谈话总是要围绕一个中心内容来谈，如果你对此不感兴趣，或不想多谈，你可采用节外生枝的方法，转移话题。比如，谈论某个人的是非，可你不想谈，那么你可先听对方说，然后说些和被谈论人无关紧要的事，说自己的事，说说话人的事，说近来发生在身边的有趣的事。

2.巧转视线法

谈话中，眼睛看向窗外，表现出对外面的天气或景物的关注，评论天气的好坏，气候的变化；谈话中，把视线集中在对方的穿着打扮上，夸她的服饰有档次、有品位，夸她的肤色青春靓丽，向她讨教护肤的方法，讨教如何购买化妆品等。

3.先声夺人法

未等对方完全摊开话题之前，你就另立个话题，然后天南地北地说起来，不时地还向对方征求意见，让他发表高见，并向他讨教解决问题的方法，让他为自己指点迷津，态度极为诚恳。不给对方喘气儿的机会，再提话题的时间。

4.锦上添花法

锦上添花法，即由对方话语中的某一点引出新的话题。

朋友甲在交谈中夸耀自己的孩子："我女儿这次数学考试又得了满分！哎，你儿子怎么样？"乙的儿子数学较差，如果他不愿意公开，就可以说："哦，满分？你女儿真聪明，语文一定也考得不错吧！"听到人家夸奖自己的女儿，甲喜笑颜开，又开始介绍女儿的语文成绩。

5.补充引渡法

这种方法表面上为对方的谈话作补充说明，实际上暗度陈仓、转换话题。

小王说："博览会上羊毛衫的款式真多……"如果他滔滔不绝地介

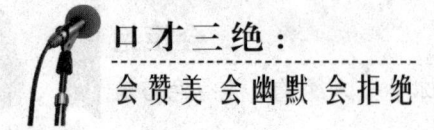

绍起羊毛衫的款式，而你又不感兴趣，那么，不妨抓住他说话的间隙，插上一句："我昨天也去看了，不是还有各种名牌冰箱吗？"这样，就能把话题引到"冰箱"上去。

需要注意的是，有的人一讲到兴头上，往往收不住，给"补充引渡"带来困难。这时，你就要针对他的特点，用他同样感兴趣，甚至更加感兴趣的话题去"诱惑"他。一般来说，他会不经意间转换话题的。

6.追问转移法

对对方的回答不断地追问，也能达到转换话题的目的。

有人总是抱怨自己不被领导赏识，是个人才但是缺乏机遇，听到的次数多了，难免使人厌烦。特别是有的人还很不"识相"，不管人家爱听不爱听，依然喋喋不休。这时，你不妨趁机追问："你认为一个人成才需要哪些条件？成才既然需要主客观条件，那么主观因素与客观条件相比，哪一个更重要呢？""客观条件很差，由于主观努力而终于成才的，这一类例子你多少了解一些吧？"利用一次或多少连续追问使他逐渐偏离原来的话题。

7.另起炉灶法

另起炉灶法简洁明快，往往用明白的语言刹住对方的谈锋，迫使话题转换。这种方法虽然直截了当，但也要顾全对方的面子，尤其是在对方谈兴正浓的时候。你可以对只顾自己口若悬河的人说："这件事咱们有机会再谈吧，我先告诉你一件事……"；也可以在听到不愿听下去的话题时说："我们不谈这个，谈谈……好吗？"既注意到了礼貌，又达到了转换话题的目的。

8.装疯卖傻法

对方说西，你就说东；对方说人，你就说事；对方谈工作，你就谈家事，装作没有领会对方的谈话意图，来个云山雾罩，犹抱琵琶半遮面。让自己疯傻，让对方无奈。

会拒绝

Part14 大声拒绝，让你不失人缘的N种拒绝方法

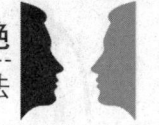

徐霜和赵兵是大学同学。很巧的是，他们毕业后又同时考入了一家事业单位。时间过得很快，转眼间他们在一起工作3年了。赵兵一直暗恋徐霜，想趁着七夕情人节向徐霜表达爱慕之情。徐霜对此虽然心知肚明，但却不想将友情朝着爱情方面发展，她认为还是保持一种淡淡的友谊比较好。于是，就出现了下面的对话。

赵兵：我想问问你，你是不是喜欢……

徐霜：我喜欢你给我借的那本公关书，我都看了两遍了。

赵兵：你看不出来我喜欢……

徐霜：我知道你也喜欢公共关系学，以后咱们一起交换学习心得吧？

赵兵：你有没有……

徐霜：有哇！互相切磋，向你学习，我早就有这个想法。

赵兵：……

徐霜3次都把赵兵的话断答，使得赵兵明白了她的想法，于是，不再问了。这比让他直率问出来，徐霜当面予以拒绝，效果当然要好很多。

当然，运用这种方法说"不"：一要看准时机；二要灵活打断；三要主动出击。此外，还需要做到正确的断答，才思敏捷，口语技巧娴熟。这是因为，首先，断答前要摸准对方的心理，"你一张口我就知道你要问什么""未闻全言而尽知其意"，这与"错答"比起来，要求会更高。其次，要能抢得自然而恰当，比如从"喜欢"（人）而引论到"喜欢"（书），能瞒过在场的其他听话人。最后，断答往往需要几个回合才奏效，因为抢一两次，对方可能还不能领悟到答话者的真正意思，或者略略知道而不甘心，继续发问，这就要求"连抢"多次，才能不漏破绽，达到目的。所以说难度大，技巧性强，但如果运用的得当，效果也会很好。

故意转换话题还有一种情况，在两人的交谈中涉及第三人的名誉

或利益，这时更要当机立断，改变话题。如当有人在会话中损害了某个人的名誉时，你就要以坚定的语气说："我对他（她）的印象很好，还是让我们谈谈其他事吧。"或者，当有人诽谤一位双方都很熟悉的朋友时，你可以用吃惊的语气说："是嘛，可是他对你评价非常高，常常讲你的好。"这种明显的转换话题往往能够马上制止闲言碎语。

要拒绝时，对无关的话语也不说"是"

在催眠术里有一种方法，是先向对方问出一定会回答"是"的问题。要在对方连连称"是"的当儿，使对方在无意识中形成想以肯定的方式来聆听催眠者的话的心理准备。催眠者是想利用它来导致催眠状态。这种心理准备称为"心理组合"，在这里，重要的是一旦心理被组合于某个方向之后，就很难察觉还有别的方向。

推销员或保险业务员等当然对此技巧十分擅长。他们的话都是从乍听之下与工作没有关系的地方开始的。"今天天气不错"这种节令性寒暄，其实多半含有为了从客户引出"是"而设计的提问。客户会在没有什么戒备之心的情况下回答"是"。这便是他们笼络客户心理的计策。

美国电机推销员哈里森，就曾讲了一件他亲身经历的有趣的事：

有一次，他到一家新客户的公司去拜访，准备说服他们再购买几台新式电机。不料，刚踏进公司的大门，便挨了当头一棒。

"哈里森，你又来推销你那些破烂了！你不要做梦了，我们再也不会买你那些玩意儿了！"总工程师恼怒地说。

经哈里森了解，事情原来是这样的：总工程师昨天到车间去检查，用手摸了一下前不久哈里森推销给他们的电机，感到很烫手，便断定哈里森推销的电机质量太差。因而拒绝哈里森今日的拜访，推销更是

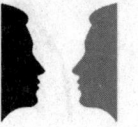

Part14　大声拒绝，让你不失人缘的N种拒绝方法

无门啦！

哈里森冷静考虑了一下，认为如果硬碰硬地与对方辩论电机的质量，肯定于事无补。他便采取了另外一种战术，于是发生了以下的对话：

"好吧，斯宾斯先生！我完全同意你的立场，假如电机发热过高，别说买新的，就是已经买了的也得退货，你说是吗？"

"是的。"

"当然，任何电机工作时都会有一定程度的发热，只是发热不应超过全国电工协会所规定的标准，你说是吗？"

"是的。"

"按国家技术标准，电机的温度可比室内温度高出42°C，是这样的吧？"

"是的。但是你们的电机温度比这高出许多，喏，昨天差点把我的手都烫伤了！"

"请稍等一下。请问你们车间里的温度是多少？"

"大约24℃。"

"好极了！车间是24℃，加上应有的42℃的升温，共计66℃左右。请问，如果你把手放进66℃的水里会不会被烫伤呢？"

"那——是完全可能的。"

"那么，请你以后千万不要去摸电机了。不过，我们的产品质量，你们完全可以放心，绝对没有问题。"结果，哈里森又做成了一笔买卖。

哈里森的成功，除了因为他的电机质量的确不错以外，他还利用了人们心理上的微妙的变化。

当一个人在说话时，如果一开始就说出一连串的"是"字来，就会使整个身心趋向肯定的一面。这时全身呈放松状态，容易造成和谐的谈话气氛，也容易放弃自己原来的偏见，转而同意对方的意见。

美国著名的保险业务员约翰·科尔兹也说："当客人对我们发出

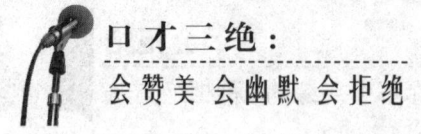

的五个或六个问题有了回应时,你可以认定有八九成的成功机会了。"从无关痛痒的质问引出客人的"是",来在客人心中装配好"心理组合",以便他们对最终目的说出"是"来。为对付这个情况,对于似乎毫无关系的话,也绝对不说"是"。不妨牢记"沉默是金"的警示,并执行到位。或者,对于"今天天气不错"的问题,可以拿这样的回答来支吾过去:"天气预报好像说会下阵雨呢!"总而言之,让对方有意建立的"是"的心理组合,无法如愿。

反过来说,我们也可以建立不说"是"的心理组合。要坚持"不"时,对于即使没有关系的话也不说"是"。采取这个方法,也许会使对方听了不舒服,觉得是一种讽刺,但是,面对试图说服的人,要断然拒绝,这是非常奏效的方法。

夸大的"是"就是表达"不"

唐朝诗人李白在诗中写道:"白发三千丈,缘愁似个长。"天下哪有三千丈的白发,这只是夸张的说法。

夸张是故意夸大或缩小表述对象的实际情况,突出其某种特征或品性的一种修辞手法。比如,"他们看见那些受人尊敬的小财东,往往垂着一尺长的涎水。"这是一种增大的夸张。"一个浑身黑色的人,站在老栓面前,眼光正像两把刀,刺得老栓缩小了一半。"这是一种缩小夸张,并且先用比喻,再用夸张。除此之外,还有一种称"超前"的夸张,比如,"憨老汉真是饿极了,那位大嫂刚把一碗黑面端进来,他接住,嘴还没沾上碗边,半碗黑面早就咽下肚了。"

夸张能够使得表述对象的某种特征更突出。夸张必须和事实有较大差距,往往是不可能的事,夸张并不是希望人相信所说的是事实,而

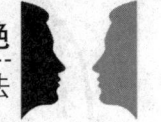

Part14　大声拒绝，让你不失人缘的N种拒绝方法

是处于情理之外，又在情理之中。其实，夸张的功用不仅局限于文学领域，在人际交流沟通中，有时候故意使用夸张的表述往往有助于使事态朝着对自己有益的方向发展。

举个例子，在实际生活中，如果你想称赞对方冰雪聪明，可以说："你是个充满智慧的人。"然而，一旦将此话予以夸大的表述，说成"你简直是个充满智慧的人"，对方会觉得你在对他进行讽刺和挖苦，从而面露不悦之色。凡事都是"过犹不及"，过分夸张的遣词用语，往往表达着和那些语句相反的意思。

当欧洲就要进入第二次世界大战的时候，英国某政治家，忧虑一天比一天沉重地压在英国上面的纳粹德国的威胁，对当时的首相温士顿·丘吉尔这样说道："这简直是绝望的情况吧，你意下如何呢？"以倔强闻名的丘吉尔，原想一口加以否认，但这样似乎无法解除对方的忧虑，于是乎，这样回答对方："真是无可言喻的绝望呀，我竟然觉得年轻了20岁！"

丘吉尔在对方的"绝望"之上，冠以"无可言喻"的夸大形了的容词，强烈地否定了绝望。当你想要表示拒绝之意时，运用此招很能发挥功效。

想拒绝时，最好不要提对方的名字

名字，对于一个人来说，是任何语言中最甜蜜、最重要的声音。名字，是身份与自尊的象征。人性的本能告诉我们，记得我们名字的人，一定是尊敬我们的。名字里所蕴含的奇迹，完全取决于我们交往的人，没有人可以取代。名字使人出众，使人在许多人中显得独立。

如果你想与一个不太熟悉的人早一点建立亲密关系，记住对方的名

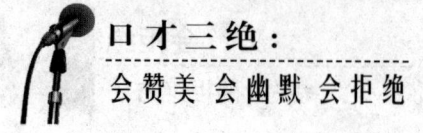

字,并把它叫出来是个不错的选择。如此一来,可以很快地拉近和对方的心理距离,进而把自己所想的事情轻松地说出来。比如,在某次派对中,你遇到了一位比自己年长的男性,选择一个恰当地时机将"某某先生"改称为"某兄",则能大增社交效果。也就是说,我们所做的要求和我们要传递的信息,只要从名字与称呼着手,往往能达到事半功倍的效果。

"早安,您是……"男推销员说着,一边友善而爽快地伸出手来。这样一来,秘书也不好意思不报出自己的名字来。

"你好,我是张旭娟,"秘书一边回答,一边跟男推销员握手,"我有什么地方可以效劳吗?"

"是啊,您一定能帮得上忙,张女士。"年轻的男推销员重复了秘书的名字,轻快地说道,"我们公司刚刚派我接管这个地区的业务,我想勤快一些,亲自拜访所有顾客。虽然今天早上我没有先约好时间,但是,如果您能让杨先生抽出一点时间来,我保证不会逗留太久,不会耽误杨先生其他的事情。"

从心理学分析,这位年轻的男推销员的高明之处在于,在起初就先听好并记住对方的名字,这对他来说是最重要的。然后他重复说出对方的名字,是为了强调对方名字的重要性。接着又说:"是啊,您一定能帮得上忙。"这样一来,就以很微妙的手法,让张女士负起责任,因为张女士本来就在问,有没有什么地方可以效劳的。于是,张女士被引向她这边来。

接着,男推销员又用"勤快"和"亲自"这两个字眼,来表示必须要见杨先生,并且进一步把张女士拉进这个事件中。最后,男推销员又说,如果"您"能让杨先生抽出一点时间来,这就显得,是张女士个人给予她的恩惠。男推销员还说,"我保证"不会逗留得太久,这样一来,张女士就不用担心会不会因为这个没有事先约好时间的访客而打扰

会拒绝

Part14　大声拒绝，让你不失人缘的N种拒绝方法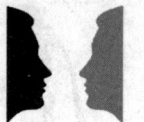

到老板。

先听好对方名字，然后重复说出对方的名字对拉近彼此心理距离的作用由此可见一斑。通常情况下，见一次面就能记住别人名字的人，常容易与他人接近，因此，在交谈中不断称呼别人名字，并冠之以"兄""先生""姐""女士"等词语，容易产生亲近感。那么，我们如何把这件事运用到说"不"的场合呢？鉴于与对方之间的心理距离越近，越难说"不"，所以，当你想对对方说"不"时，便应杜绝这种亲密的表示，即对方的名字一概不提，这样会无形中拉大与对方的心理距离，因此较容易把"不"字说出口。即便是对方为了引出你的"是"而连连称呼你的名字，你也绝对不可提到对方的名字。

稍加观察，便会发现初次见面的企业界人士都有交换名片的习惯。而绝大多数的人都把接受的名片放在面前说话。这种做法除了是一种礼貌，还能使一方在交谈中能叫出另一方的名字，进而使沟通更为顺利。所以，如果你想要与对方说"不"，就不要交换名片，或者即使收到名片也不去当场仔细过目。常常看见一些人把收到的名片立刻放进口袋或者表现出一副不太情愿的样子，也算是一种"不"的沉默表示了。

此外，如果使用"你们"之类的非固有名称的称呼来替代名字，则对于保持和对方之间的心理距离应该更加有效。因为这种非固有名称的字眼，表示你没有把对方承认为一个人。

多余的敬语，会拉大双方的心理距离

避免与对方套近乎，而是给人一种最好对你"敬而远之"的感觉，比较容易把"不"说出来。即便是对方试图与你套近乎，你也要保持头脑清醒，以免做了感情的俘虏，给对方可乘之机。现在的问题是，我们

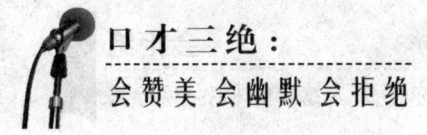

如何才能让给人一种"敬而远之"的感觉呢?不妨过度使用一些敬语。过度、多余的敬语可以有效地帮助我们传达"不"的愿望和信息。

有位常年从事房地产交易的人说,生意能否谈成,可以从客人看过房屋后打来的电话里得知一个大概。

大部分客人在看过房屋之后,会留下一句"我会用电话和你联系",然后回去。不多久,他们就打来电话了。从电话的语气中,可以明了客人的心意。

若是有希望的回答,那语气一定是亲密的,然而一开始就想拒绝的客人,则多半会使用敬语,说得彬彬有礼。根据多年的经验,这位房地产经营老手一下子就能判断出交易的大概结果。

据说在法院的离婚判决席上出现的夫妻,很多都会连连发出敬语,好像彼此都很陌生似的。这也是想用敬语来设置彼此间的心理距离,互相在拒绝着对方的表现。

所以,当你想要对对方说"不"时,可以连连发出敬语,使对方产生"可能被拒绝"的预感,并形成对于你说"不"的心理准备。

一年夏天,笔者在法国乘坐地铁时偶然遇见两个女子。只听一方向另一方抱怨:"嫁给一个法国人真是郁闷。被带到他的本家去,介绍我是他老婆,但是他爸爸妈妈对他用tu或toi交谈,对我则一直用vous,已经拜访过几次了,始终是这种情况。"

顺便说明一下,在法文里第二人称单数的代名词有两种。同样是外国语,英文只有You,而法文则对亲密的人用tu(toi),对其他的人则用vous,两者有别,能够显示出说话人与被指称者亲密度。

不难看出,那名女子从丈夫本家的人所使用的敬语里,感受到自己被当做外人看待了。难怪她郁闷不已。

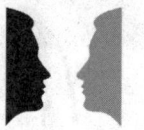

Part14　大声拒绝，让你不失人缘的N种拒绝方法

运用巧问反诘法间接地传达"不"

除了利用俗语直截了当地传达"不"的意思，我们还可以运用巧问反诘法，有效地对言语伤害或攻击说"不"。所谓"反诘"，就是借着对方的话反问回去，让其无法回答，正所谓"以其人之道还治其人之身"，用对方的话去拒绝对方，自然铿锵有力。

举个例子，在酒席间，男同事甲一时兴起，说道："对了，我讲一个笑话给你们听……"说着说着，便眉飞色舞地讲起了庸俗露骨的黄色笑话。身边的女同事自然听得很不愉快，此时可采取反诘法对骚扰说"不"，可以这样说："看你说得那么津津有味，栩栩如生，莫非是你的亲身经历？"此话一出，当事者通常会自觉无趣，不敢再胡乱说话。

又如，史纲因为完成了一个大项目，领到了丰厚的奖金。邻座的同事张硕眼红地说一些酸溜溜的话："不错啊！分了这么大个红包，是不是中午该请客了？"史纲考虑到张硕跟自己的关系一般，而且明显察觉出他这样说纯属心态问题，所以就没跟他客气了，史纲是这样反诘的："是呀！当初要是跟我一起做事啊，你现在估计也有的红包拿了。"这样的话不软不硬，恰如其分、有效地拒绝了张硕的醋意，又从侧面告诫他：不要做事的时候躲到一边凉快，分钱的时候就眼红嫉妒。

反诘拒绝法是一种相对比较强硬的拒绝、反抗方法，如果使用得当，可以让我们迅速从不快的局面中脱身。但正因为它让人无从辩驳的特性，也很容易使我们陷入一逞口舌之快的误区，使彼此之间结下心结。因此在使用的时候，一定要区分情况，而且说话注意点到为止——让对方知道你的不快即可，切忌将拒绝升级为口水大战。

在谈判的过程中，并不能一味地妥协，有些时候则要求我们不得不说"不"！当然，这个"不"字只要运用得恰到好处，对我们的谈判战略是有利的，可以保护我们的利益不受侵害。一次次的实践表明，我们

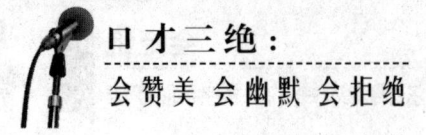

完全可以通过提问在谈判中将"不"说出口,进而对别人的要求有效地加以拒绝,与此同时,也不至于把彼此的关系推向恶化的边缘。

在一次中美关于某种工业加工机械的贸易谈判中,当中方代表面对美方代表高得出奇的报价的时候,便巧妙地采用了提问题的方法来加以拒绝。中方主谈一共提出了四个问题:

(1)不知贵国生产此类产品的公司一共有几家?

(2)不知贵公司的产品价格高于贵国某某牌的依据是什么?

(3)不知世界上生产此类产品的公司一共有几家?

(4)不知贵公司的产品价格高于某某牌(世界名牌)的依据又是什么?

上述问题使美方代表十分吃惊,他们不便回答也无法回答这些问题,因为他们明白自己报的价格确实是太高了,最后设法自找台阶,把价格大幅度地降了下来。

某国领导人举行记者招待会,一位西方记者问:"总统先生,你刚才说贵国已经是独立自主的国家,而不是别国的附属国。请问,你说的'别'国是指谁?"这位领导人的应变能力超强,他立刻回答:"所有在座的人都明白这个别国是谁,你也明白,是不是?"

这位领导人采取的正是提问题的方法,从而巧妙地回绝了记者的刁难。在人际交流沟通过程中,遇到类似问题的时候,不妨试试此招。

1.试着将欠妥的"问答题"改为"选择题"

下面是一个被管理界引用多年的经典案例。

你有没有遇到过以下的情形:你的一位员工在公司办公室的走廊与你不期而遇,员工忙停下脚步:"哎呀,老板,好不容易碰上你了。有一个问题,我一直想向你请示一下该怎么办。"

接下来,他如此这般将问题汇报一番。尽管你有事在身,但还是不太好意思让这位急切想把事情办好的员工失望。你非常认真地听着,可

会拒绝
Part14 大声拒绝，让你不失人缘的N种拒绝方法

实际上你也是心急如焚，因为你也有很重要的事务要处理。

几分钟后，你看了看手表："噢，不好意思，我现在正有急事处理。这个问题，看来我一时半会儿答复不了你。这样吧！让我考虑一下，过两天再给你回复好不好？"你赶忙离开，不知不觉中也背上了一个重重的心理包袱。

两天后，员工如约打来电话："老板，前两天向你请示的问题，你看我该怎么办？"忙乱中，你想了一下，才记起他讲的是哪一件事。"哦，实在不好意思。这两天我特别忙，还没有顾得上考虑这个问题，你再过几天来看看，好吗？""没有问题，没有问题。"员工非常能体谅你。

一周之后，你又接到他的电话。不等他开口，你已经感到十分歉意，并再一次请求员工"宽限"几日……此刻，你似乎有些焦头烂额，因为现在你的内心已满是内疚，你不知不觉已成为问题的真正中心……

这里提供一个巧妙的应对策略，即，不要"问答题"，而要"选择题"。事实上，只需要把上述案例稍微修改一下。

有一天，你的一位员工在公司办公室的走廊里与你不期而遇，员工忙停下脚步："哎呀，老板，好不容易终于碰上你了。有一个问题，我一直想向你请示该怎么办。"接下来，他如此这般将问题汇报一番……

你一直在认真倾听，并不时点头，几分钟后，你对他说这是一个非常不错的问题，很想先听听他的意见，并问："你觉得该怎么办？"

"老板，我就是因为想不出办法，才不得不向你求援的呀。"

"不会吧，你一定能找到更好的方法，"你看了看手表，"这样吧，这件事我一时半会儿也拿不出更好的主意，我现在正好有急事，不如这样，明天下午四点后我有一点点空，到时你先拿几个解决方案来一起讨论讨论。"

第二天，员工如约前来。从他的表情看得出，他似乎胸有成竹：

241

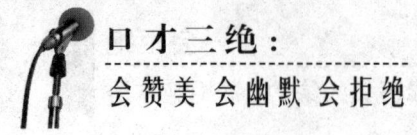

"老板,按照你的指点,我们已有了五个觉得都还可以的方案,只是不知道哪一个更好,现在就是请您拍板了。"

2.如果问题柔中带刺,易让提要求者主动放弃

生物学家巴斯德,在一次实验室工作时,突然一个男子闯进来,指责他诱骗了自己的老婆。争论中双方提出决斗。清白占理的巴斯德完全可以将对方赶出门去,或者奋起决斗,但是那样并不能解决问题,甚至会造成两败俱伤的恶果。面对这种情景,巴斯德是这样对男子的决斗提议说"不"的。

只见巴斯德沉着地说:"我是无辜的……如果你非要决斗,我就有权选择武器。"对方同意了。巴斯德指着面前的两只烧杯说:"你看这两只烧杯,一只有天花病毒,一只有净水。你先选择一瓶子喝掉,我再喝余下的一瓶,这该可以了吧?"那男子怔住了,他一下子陷于难解的死结面前,只得停止争论与挑战,尴尬地退出了实验室。

该男子之所以最终主动放弃了先前的要求,无疑正是巴斯德提出的柔中带刺的难题所致。在现实生活中,面对他人无理的要求或不想接受的任务时,我们也可以用这种方法说"不"。